Il sorriso di Niccolò

尼科洛的微笑

Storia di Machiavelli

马基雅维利传

[意] 毛里齐奥·维罗利 著　　段保良 译
Maurizio Viroli

东方出版中心

图书在版编目（CIP）数据

尼科洛的微笑：马基雅维利传 /（意）毛里齐奥·维罗利著；段保良译．—上海：东方出版中心，2021.7（2025.9重印）

ISBN 978-7-5473-1861-4

Ⅰ．①尼… Ⅱ．①毛… ②段… Ⅲ．①马基雅维利（Machiavelli, Niccol 1469—1527）—传记 Ⅳ．①K835.467=331

中国版本图书馆CIP数据核字（2021）第133588号

上海市版权局著作权合同登记：图字 09-2021-0646

尼科洛的微笑：马基雅维利传

著　　者　［意］毛里齐奥·维罗利
译　　者　段保良
责任编辑　陈哲泓
装帧设计　陈绿竞

出版发行　东方出版中心
地　　址　上海市仙霞路345号
邮政编码　200336
电　　话　021-62417400
印 刷 者　上海万卷印刷股份有限公司

开　　本　890mm×1240mm　1/32
印　　张　11.25
字　　数　181千字
版　　次　2021年7月第1版
印　　次　2025年9月第2次印刷
定　　价　59.80元

谨此纪念皮耶尔·保罗·达托雷

（Pier Paolo D’Attorre）

目录

2013 年版序

在《尼科洛的微笑》第一版（1998）发表十五年后重新修订，我首先注意的是不改变已写好的文本的性质，让非专业人士知道尼科洛·马基雅维利是谁。我一直深信，他的人生故事，可能比对于他的政治和历史著作的解释更引人入胜，而且不理解他的人生经历，就无法理解他的政治和历史著作。由于这个原因，我没有改变以他的微笑为中心这一叙述面目，这种微笑，有时是发自他对人类弱点的善意理解和同情，有时是发自他对时代和命运的恶意的一种挑战，有时是一副面具，用来掩饰那种让他的灵魂备受煎熬的痛苦。贯穿于第一版写作的想法仍然有效，且值得在这里重申，那就是，马基雅维利不仅给我们留下了一个政治智慧宝库，而且留下了一份弥足珍贵的生活智慧遗产。

在我看来，这种智慧首先是尼科洛的一种特殊天赋，能掌握好生命中轻与重的事物间的平衡。他浸淫于有关政治的伟大思想，也知道如何讲最搞笑的故事；他思考和平与战争，也思考恋人和爱情；他撰写了《君主论》《李维史论》《论战争艺术》和《佛罗伦萨史》，也撰写了《曼陀罗》。

“但你让他笑得太多了。”诺贝托·博比奥在一封给我的私信中针对《尼科洛的微笑》第一版这样说道。重读这本书，我承认他说得对。或许，我过于强调马基雅维利的轻的那面，以便冲淡他在盎格鲁-撒克逊文化中至今仍然盛行的严酷形象。无论如何，在这一版中，我已突出了那个最严肃的马基雅维利，作为国务秘书，他毫不犹豫地在信中严厉斥责不称职的官员，命令对冒犯者予以严惩，授权对俘虏施加酷刑。总的来说，马基雅维利的形象似乎更真实了。

重读过去所写的文字，我不免注意到，有些段落甚至整页纸都需要重新表述，有些地方需要补充实质性的内容。这一版尽管在架构和主旨方面与第一版相同，但在一些重要方面是全新的，而且我希望，写得更严密。其中一处最重大的修订，涉及马基雅维利与美第奇家族之间备受争议的关系。毫无疑问，成为第二秘书厅秘书（1498 年 6 月 19 日）以前，马基雅维利大概跟“豪华者”洛伦佐的儿子朱利亚诺·德·美第奇走得十分近，甚至近到了为后者写谄媚诗的地步。事实上，尼科洛 1513 年初因遭到谋反指控而入狱，他后来能活着走出监狱，要归功于弗兰切斯科和保罗·韦托里兄弟这两位美第奇家族的热心支持者，而且他多年汲汲营营，想要受雇于这个强大的家族。在他生命的最后岁月，从 1520 年起，马基雅维利确实在多方面为教宗克雷芒七世——本名为朱利奥·德·美第奇——效劳。

不过，我在本书中记载的马基雅维利生平中的这些事迹，却不能使我们得出结论说，至少从1512年美第奇家族返回佛罗伦萨掌权时起，直到他去世（1527）为止，他始终是一个美第奇派。如果我们用美第奇派来指那种随时准备不择手段维护美第奇家族利益的支持者，那么马基雅维利从来就不是美第奇派，他的著作中充满了对美第奇家族统治方式直言不讳的批评。一个例子就足够了：美第奇家族在共和国各机构中攫取和维持权力的方法是施恩施惠，马基雅维利在文中对这种做法予以严厉谴责：

> 因此应当研究他们获得名望的途径，这其实不外乎两种：奉公和营私。奉公，是指一个人为了公共利益，提供可取的建言，做出优秀的行动，从而获得名望。像这样的声誉之路应该开放给公民，对他们的建言与行动要建立奖赏制度，好让他们得到荣誉和满足。经由这些途径得到的名望是光明磊落的，因而不会有危险。但是，如果名望是通过前面说的另一途径即营私取得的，那就非常危险且后患无穷。营私，是指对某个私人给予好处，借钱给他，把女儿嫁给他，帮他对抗官员以及给他类似的私人恩惠，使他成为党羽，由此让那个得到支持的人敢于腐化公权和破坏法律。

> 因此，制度健全的共和国应当像前面说的，对通过奉公来寻求人望的人门户洞开，对通过营私来寻求人望的人门户紧闭，就像罗马人那样。为了奖励勠力奉公的人，罗马规定了凯旋式和其他种种给予公民的荣誉；为了惩罚形形色色通过营私来壮大自己的人，规定了罚则。可是这样还不够，因为人民会被伪善的表象所蒙蔽，所以罗马就又设立独裁官，赋予他王权，把那些犯规的人拉回来。①

事实上，马基雅维利并不是美第奇家族的追随者，毋宁说，他希望美第奇家族做他的追随者。他意识到，佛罗伦萨和意大利的利益，需要凭借美第奇家族来获致，反对他们或没有他们是不行的。因此，他敦促他们，首先应成为意大利的解放者，其次应支持恢复共和政权，最后应在罗马涅区创建一支国民军，以对抗对意大利构成威胁的皇帝的军队。他错了，他欺骗了自己，他吞下了苦果，但这是另一回事。关键在于，他不是美第奇派，原因很简单，他爱的不是美第奇家族，而是他自己的祖国。

除此之外，我觉得有必要修订关于 1498 年至 1512 年

---

① Niccolò Machiavelli, *Discorsi sopra la prima deca di Tito Livio*, 3.28, in *Opere*, a cura di Corrado Vivanti, Einaudi-Gallimard, Torino 1997, vol.I, p.489.［译注］出自马基雅维利本人的引文，我在修订译文的过程中尽可能参考已有的中译本，有的地方根据自己的理解作了更动。在此谨向潘汉典、冯克利、吕健忠、李活、薛军、徐卫翔、刘训练、王永忠等译者表示感谢。

马基雅维利作为秘书为佛罗伦萨共和国效力的那几章，以便更清楚地表明，他不是终身正义旗手皮耶尔·索德里尼的“拎包小弟”（*mannerino*），甚至不是佛罗伦萨政治斗争中的某个派系的拥护者。相反，他是一名始终专心致志地为共和国效力的官员，有着极强的个性，经常向上司坦率地说出自己的想法，丝毫不顾及会伤害他们的感情。就这段时期而言，与第一版相比，关于他同秘书厅的“士兵”（*stradiotti*）亦即部下之间的关系，尤其是他同比亚焦·博纳科尔西的关系，我给出了一幅更丰富的图画。对于这位在才智和眼界方面都比自己高明的上司，比亚焦抱有真诚的喜爱，但也有几分毫不掩饰的嫉妒。

本书再版，适逢《君主论》成书五百周年，这是马基雅维利最著名、最有争议的作品，我不可能不重写书中涉及《君主论》的文字。一些解释者尤其是意大利国内的解释者认为，《君主论》的永恒魅力在于其中对“政治自主性”的发现，也就是说，揭示出政治行动的普遍原则，而且特别致力于创建一套不能依据道德伦理标准来评判的国家秩序。这一论旨最杰出的主张者贝内德托·克罗齐写道：“众所周知，马基雅维利发现了政治的必然性和自主性，政治超越于或者说脱离于道德的善恶之外，有其自身的法则，对它进行反抗是徒劳的，不能通过圣水把它逐出现实世界。这个概念渗透在他所有作品里，尽管对它的阐述，没有伴随着通常被误以为属于哲学的那种教谕式的、经院哲学式的严谨，尽管有时候，它被想入非非的偶像扰乱，被在政治德性与权力野心的邪念之间摇摆不定的人物扰乱，但不得不说，它是一个深刻的哲学概念，而且代表一套关于政治之哲学的真正基础。”① 追随克罗齐的脚步，马基雅维利最权威的解释者之一费德里科·沙博也重申了这个概念：“然而另一方面，马基雅维利去世以后，他作为思想家的伟大成就，他对人类思想史作出的伟大贡献，是他对政治的自主性和必然性的毫不含糊的承认……因此，彻底抛弃了中世纪的统一性的马基雅维利，成为现代精神的创始人。”②

这种解释尽管得到许多权威人士的支持，在《君主论》的文本中却找不到充分根据。众所周知，这种学说所依据的马基雅维利的文本，出自《君主论》第十五至十八章，这几章构成该作品的一个明显独立的部分。奇怪的是，把政治自主性的理念归于马基雅维利的学者们并未注意到，这几章的总主题是“论那些使世人尤其是君主受到赞扬或责难的事物”。马基雅维利在这里阐明，一切人尤其是君

---

① Benedetto Croce, *Elementi di politica*（1925）, in *Etica e politica*, a cura di Giuseppe Galasso, Adelphi, Milano 1994, p.292.

② Federico Chabod, *Del "Principe" di Niccolò Machiavelli*（1925）, in *Scritti su Machiavelli*, Introduzione di Corrado Vivanti, Einaudi, Torino 1993, pp.99—100.（费德里科·沙博：《马基雅维利的〈君主论〉》，收入《马基雅维利论稿》，卡拉多·维万蒂“导论”，都灵：埃诺迪出版社，1993）［译注］原文的这条注释和索引部分，把 Corrado Vivanti 误作了 Carlo Vivanti，径改。

主要想获得赞扬和免受责难，应该如何行为：恰恰不同于政治自主性的原则——根据这个原则，应该存在着评判世人行为的普遍伦理法则与用来评判君主的特殊法则。在这些文本中，找不到任何证据可以使我们相信，马基雅维利认为用来评判世人和君主的法则截然不同。这一点的另一个证据，正是在第十八章末尾出现的整个讨论的总结："对于不能够向法院申诉的一切人的行动，尤其是君主的行动，人们就注意结果。"如果他真的阐述过政治自主性这一主旨，那么这就是最糟糕的教诲，只应当作为一种历史趣闻被记住。

关于政治行动与伦理原则之间的关系，他留给我们的东西要更多、更有价值。在他的全部著作中，他始终告诫和教导愿意投身于政治行动的人们去追求具有明确的伦理价值的理想：创建能保障公共利益和法治的优良政治秩序；维护祖国的自由与尊严；反对腐化堕落，承认唯有德能是取得最高荣耀的资本；仇恨一切形式的暴政。政治非但不具有脱离于伦理的自主性，反而要从伦理中得出其目的和手段。后者实际上是正当的——考虑到马基雅维利的那句老生常谈"目的证明手段"，前提是手段要服务于道德上有价值的目的，救世主的目的与僭主的目的可谓天壤之别。如果政治家追求一个道德上有价值的目的，被迫变得"不仁慈"甚至"邪恶"，他的行动是可原谅的——却不能被证明是正当的，仅仅是因为，目的在伦理上是高尚的，而手段是必要的。

有一个论旨，如今已成为政治和哲学思想史的所有百科全书的常识，那就是认为《君主论》具有恒久的理论价值，是因为它开启了现代政治现实主义。这个看法也面临着严肃的反对意见。事实上，在《君主论》以及他的所有政治著作中，马基雅维利是一个独特的现实主义者，他着眼于实际的现实，但也懂得如何想象出许多与他当时的现实迥然不同的现实，并矢志不渝地要设法把想象的愿景变成现实。他撰写《李维史论》，目的在于激励一些有博大胸怀的年轻人把他从李维著作中辛苦萃取的罗马政治智慧付诸实践；他创作《论战争艺术》，是希望有人能够复兴罗马的军事体制和纪律，使缺乏武力的意大利变得强大；他晚年的伟大作品《佛罗伦萨史》，充满了志在把佛罗伦萨和意大利从腐败堕落和派系斗争的折磨中解救出来的教诲。没有哪个政治现实主义者写过诸如此类的东西。

在我看来，《君主论》的意义就在于，它是一部关于国家创建者和政治救世主的著作。安东尼奥·葛兰西比其他人更好地理解这一点。他争辩说，《君主论》是一部“活生生的书”，其中贯穿的思想是救世主神话：“《君主论》的乌托邦特征在于，那个君主其实并没有在历史现实中存在；他不是直接可观地出现在意大利人民面前，而是一个纯理论的抽象，一个领袖和理想首领的象征。可是随着强烈戏剧效果的推进，贯穿这本小书的激情和神话的因素在结尾部分，通过祈求一位‘现实存在’的君主，被集中起来，获得了生命。”① 马基雅维利撰写《君主论》，不仅是为了绘制创建者和救世主神话，而且是因为他想象，对其祖国的拯救同时也是对他的拯救，使他脱离他在被解除秘书职务和遭到囚禁之后所陷入的迷乱和失落。马基雅维利在描写创建者和救世主时，回到了他自身的存在，他终于生活在他自己的世界里，与他真正的伙伴们交谈：“我在只属于我的精神食粮中汲取营养，这是我天生就适于食用的。在那里，我毫无顾忌地和他们交谈，问他们出于什么动机而做出那些行动，他们亲切地回答我的问题。在四个钟头里，我毫不感到疲倦，我忘记了一切烦恼，我不怕穷，也不怕死，我完全被他们迷住了。”②

在探讨了《君主论》以后，我重新思考了关于爱情的那些章节，插入了几条暗示马基雅维利与年轻男子搞同性恋的新材料。对于这个问题我始终存疑：如果马基雅维利真的有这种习惯，而他的某些敌人却没有注意到这一点且没有去告发他，这在我看来是不可思议的。他与里恰小姐

---

① Antonio Gramsci, *Note sul Machiavelli, sulla politica e sullo Stato moderno*, in Id., *Quaderni del carcere*, a cura di Valentino Gerratana, Einaudi, Torino 2007, vol.III, p.1556.［译注］参看安东尼奥·葛兰西：《现代君主论》，陈越译，上海：上海人民出版社，2006，第 2—3 页。

② *Niccolò Machiavelli a Francesco Vettori*, 10 dicembre 1513, in Niccolò Machiavelli, *Opere*, a cura di Corrado Vivanti, Einaudi-Gallimard, Torino 1999, vol.II, p.296.［译注］参看马基雅维利：《书信集》，段保良译，长春：吉林出版集团，2013，第 511 页。

的事情，就遭到了匿名举报。另一方面，我不想改变我对于马基雅维利的性情的看法，那就是，拥抱爱情而且把爱情视为一种好色的激情，仿效新柏拉图主义哲学家们的说法，是一种爱美的欲望。

对第一版最彻底的修正，涉及马基雅维利的临终忏悔这一麻烦问题。实际上，我赞成朱利亚诺·普罗卡奇的论点，那就是，马基雅维利并非像他十三岁的儿子皮耶罗明确写到的那样，是向一个名叫马泰奥的修士忏悔，而是向修士安德烈亚·阿拉曼尼忏悔，安德烈亚是因参与 1522 年反美第奇阴谋而逃亡法国的路易吉·阿拉曼尼的堂兄弟。尼科洛在大限将至的时候，选择一个有真诚信仰的人而不是任何神父或修士，来做他的忏悔神父和陪伴他的人，这促使我们重新思考他的宗教情感这个复杂的问题。

正如我在全书中指出，马基雅维利激烈地谴责和无情地嘲笑修士、神父尤其是教廷的腐化堕落，他几乎从来不去教堂，他相信宇宙存在着许多与基督教观念不相干的神秘力量，相信人类事务在很大程度上是受到异教的命运女神的支配。他的宗教情感主要指向他的祖国，他宣称他爱祖国甚于爱自己的灵魂。他写他的祖国，为他的祖国而写作，就证明了这一点。马基雅维利在 1513 年 12 月 10 日那封著名的信中写到他所注重的一个仪式，“黄昏时分”，他在门口换掉了“沾满尘土的衣服”后，进入了书房，从那里进入一个更神圣的地方，即“古人”对他“热心款待”

的“往昔宫廷”，在那里，尼科洛的灵魂尽情享用真正滋养其精神的食粮，这种食粮赋予他生命和力量，使他摆脱烦恼，摆脱对贫穷和死亡的恐惧。①

马基雅维利既没有提到上帝或基督，也没有提到宗教，却找到一条道路，让自己走向永生和变得像上帝一样。这条道路，不同于教会所指明和掌管的道路，无需经过忏悔、游行、祈祷、斋戒、苦行。但这条道路难道不同于上帝和基督给人指明的“真道”（vera via）吗？我并不这样认为。实际上，马基雅维利认为，基督教——如果人们对之加以正确的诠释——命令我们热爱祖国，为祖国服务，要我们变强大，以便能够保卫祖国，使之免于外敌入侵、暴政和腐败。

在他那个时代的佛罗伦萨的智识和精神视野中，这种关于基督教的政治和道德内容的观念司空见惯。在私人信函中，马基雅维利谈到了把无辜者从众人的邪恶中拯救出来的上帝。1513 年 6 月 26 日，在他出狱几个月后，他向他的外甥乔万尼·韦尔纳奇吐露了一种引人注目的思想：“我收到了你的几封来信，最近一封是 4 月写来的，你在信里抱怨说没有收到我的任何信件。我的答复是，自从你离

---

① Niccolò Machiavelli, *Opere*, a cura di Corrado Vivanti, Einaudi-Gallimard, Torino 2005, vol.III, pp.423—428. 又见 Christian Bec, *Cultura e società a Firenze nell'età della rinascenza*, Salerno Editrice, Roma 1981, pp.228—244.

开以后，我遭遇了太多的麻烦，所以我不给你写信并不奇怪。我还活着实际上就是个奇迹，我的公职被剥夺了，差点儿还丢了性命，所幸上帝和我的清白让我保住了性命。我不得不忍受各种不幸，包括牢狱和其他东西。但多亏了上帝的恩典，我现在很好，而且设法努力活下去，所以我会尽力而为，直到老天变得更加慈悲。”①

使人们变得不朽的世间荣耀是人类的成就，但这并非完全与上帝无关。在马基雅维利看来，正是“老天”或上帝给予人们成就不朽的机会，“因此，老天不会赐予一个人比这还厚重的礼物，也不会为他指明一条比这还光荣的道路”，他在写给朱利奥·德·美第奇的文章中敦促他恢复佛罗伦萨的共和政府。他补充说：“上帝已将这么多的恩典赏赐给您的家族以及圣座，其中最大的恩典是，赋予您成就自身不朽的权力和质料。”② 因此，上帝爱那些追求此世荣耀的人；在此世的不朽，若是出自真正的荣耀，将通往在天堂中的不朽。上帝安慰受苦者，拯救被压迫者，保全无

---

① Machiavelli, *Opere*, cit., vol.III, pp.387—388；例如，见1515年8月18日、1515年11月19日和1516年2月15日的信件。［译注］这里提到的三封书信，参看马基雅维利：《书信集》，前揭，书信248、249、250。

② *Discursus florentinarum rerum post mortem iunioris Laurentii Medices*, in Machiavelli, *Opere*, cit., vol.I, p.744. 马基雅维利的上帝，首先是统治者、君主、立法者、强者的上帝。马基雅维利借卡斯特鲁乔·卡斯特拉卡尼之口断定：“人应当尝试一切事情，无所畏惧；上帝喜欢强者，因为我们看到，他总是借强者之手来惩罚弱者。” *Vita di Castruccio Castracani*, in Id., *Opere*, cit., vol.II, pp.269—270.

辜者，支持和认可此世的荣耀，这种说法可能是一些现成的说辞或修辞手段。但这些说法也可以作为一种证据，证明他相信一个与基督教的上帝相差无几的上帝，这最适合用来解释他的如下原则，那就是，一个人要爱祖国甚于爱自己的灵魂。

最后，我修改了文中的一些表述，使之变得更温和，经过这么多年以后，原来的一些表述显得过于扎眼了，那是我当年研究尼科洛的生平时对他崇拜的结果。这倒不是说，这种崇拜随着时间的流逝而冷却了；相反，在研究了他的生平之后，我一直致力于研究他的政治思想，这种崇拜越发强烈和纯粹了。在准备本书再版时，我多次被问及，我更欣赏他这个人还是更欣赏他这个政治作家；如果我不得不回答这个问题，那么我会说，这二者之间的竞争更激烈了；但是，尼科洛的生平仍然是一种伟大的人生教诲，尤其是在这个缺乏伟大典范的时代。

2013 年 4 月 3 日写于普林斯顿

1998 年版序

我写作这本传记，不是希望在史料和证据的丰富或准确方面胜过在我之前研究过马基雅维利生平的学者们，特别是罗伯托·里多尔菲。他的《尼科洛·马基雅维利传》始终是一部无与伦比的经典，也曾是我的主要指南。我在这里想做的是，以一种新的方式重述同一些故事，聚焦于先前被忽略的许多地方，随手纠正某些习以为常的观点。

我一直沉迷于马基雅维利，沉迷于他的政治思考和著述，尤其沉迷于他对生活和其他人报以微笑的方式。我写下这些文字，是想理解他的微笑包含的意义。这种微笑，流露在他的书信里，流露在他的作品里，流露在他的几张肖像画里。我认为他的微笑象征着一种对生活的伟大理解，甚至比他的政治思想还要深刻的理解。

我在行文中尽量少作引用，引文出处则以缩略语在文中注明，缩略语表见后。读者会发现，在马基雅维利及其通信人的书信和当时的文献档案里，有许多相当粗野的话。在其他传记作家笔下，这些话被修改或删除了，我让它们原封不动，因为那是他们的语言。

缩略语表

P（后接章数）= *Il Principe*，in *Opere*，a cura di Corrado Vivanti，Einaudi-Gallimard，Torino 1997，vol.I.《君主论》，收入《马基雅维利全集》第一卷，科拉多·维万蒂编，都灵：埃诺迪-伽利玛出版社，1997

L（后接页码）= *Lettere*，*Legazioni e Commissarie*，in *Opere*，a cura di Corrado Vivanti，Einaudi-Gallimard，Torino 1999，vol.II.《书信、外交和政务文件》，收入《马基雅维利全集》第二卷，科拉多·维万蒂编，都灵：埃诺迪-伽利玛出版社，1999

LC（后接页码）= *Legazioni e Commissarie*，a cura di Sergio Bertelli，Feltrinelli，Milano 1964，vol.III.《外交和政务文件》，收入《马基雅维利全集》第三卷，塞尔焦·贝尔泰利编，米兰：费尔特里内利出版社，1964

LCSG（后接卷数和页码）= *Legazioni*，*Commissarie e Scritti di Governo*，Edizione Nazionale delle Opere，Salerno editrice，Roma 2002.《外交和政务著作》，收入《马基雅维利全集》"国家版"，罗马：萨莱诺出版社，2002

D（后接卷数和章数）= *Discorsi sopra la prima deca di Tito Livio*，in *Opere*，a cura di Corrado Vivanti，Einaudi-Gallimard，Torino 1997，vol.I.《论李维罗马史前十卷》，收入《马基雅维利全集》第一卷，科拉多·维万

蒂编，都灵：埃诺迪-伽利玛出版社，1997

Opere（后接页码）= *Opere*，a cura di Corrado Vivanti, Einaudi-Gallimard，Torino 1997，vol.I.《马基雅维利全集》第一卷，科拉多·维万蒂编，都灵：埃诺迪-伽利玛出版社，1997

SL（后接页码）= *Scritti letterari*，in *Opere*，a cura di Corrado Vivanti，Einaudi-Gallimard，Torino 2005，vol. III.《诗文集》，收入《马基雅维利全集》第三卷，科拉多·维万蒂编，都灵：埃诺迪-伽利玛出版社，2005

IF（后接卷数和章数）= *Istorie Fiorentine*，in *Opere*，a cura di Corrado Vivanti，Einaudi-Gallimard，Torino 2005，vol.III.《佛罗伦萨史》，收入《马基雅维利全集》第三卷，科拉多·维万蒂编，都灵：埃诺迪-伽利玛出版社，2005

Ridolfi（后接页码）= Roberto Ridolfi，*Vita di Niccolò Machiavelli*，Sansoni，Firenze 1969. 罗伯托·里多尔菲：《马基雅维利传》，佛罗伦萨：桑索尼出版社，1969

Procacci（后接页码）= Giuliano Procacci，*Machiavelli nella cultura europea dell'età moderna*，Laterza，Roma-Bari 1995. 朱利亚诺·普罗卡奇：《现代欧洲文化中的马基雅维利》，罗马、巴里：拉泰尔扎出版社，1995

Martelli 1998（后接页码）= Mario Martelli，*Machiavelli politico amante poeta*，in «Interpres»，17（1998），pp.211—

256. 马里奥·马尔泰利:《马基雅维利: 政治家、诗人和情人》, 载于《解释者》第 17 卷（1998）第 211—256 页

Bausi（后接页码）= Francesco Bausi, *Machiavelli*, Salerno editrice, Roma 2005. 弗兰切斯科·包西:《马基雅维利》, 罗马: 萨莱诺出版社, 2005

尼科洛的微笑

马基雅维利传

致　谢

值此新版《尼科洛的微笑》付印之际，谨向马尔切洛·吉松迪（Marcello Gisondi）和我的妻子加布丽埃拉（Gabriella）表示感谢。他们以一贯的热心，耗时费力地仔细审阅了这部我十分珍爱的书籍的手稿。

1

面具和脸孔

相传，尼科洛·马基雅维利在1527年6月21日临终时，还给在他弥留之际陪伴身边的忠诚朋友们讲他做过的一个梦，几个世纪之后，这个梦成为著名的“马基雅维利之梦”。

他说，在梦里他看见一伙衣着破烂，形容邋遢、凄惨的人。他问他们是谁，他们回答说：“我们是品德高尚、受到祝福的人，我们正走在通往天堂的路上。”后来，他看到一伙服饰端庄，形容高贵、肃穆的人，他们在严肃地谈论着重大的政治问题。在他们中间，他认出几位伟大的古代哲学家和史家，如柏拉图、普鲁塔克、塔西佗等，他们写过许多讨论政治和国家的极重要的作品。他又问他们是谁，要去哪里。“我们是被诅咒下地狱的人。”他们答道。给朋友们讲完这个梦后，马基雅维利说，他更乐意待在地狱里，在那里他可以跟古代世界的伟人们讨论政治；他可不喜欢待在天堂里，待在那群受到祝福而品德高尚的人中间，他会饱受煎熬的。

这个梦让人想到另一个梦，西塞罗在他论共和国的文章中记述的著名的“西庇阿之梦”。根据西塞罗的记述，大西庇阿曾托梦给他的孙子[①]西庇阿·埃米利亚努斯，告诉他：“所有保护过、帮助过祖国，为祖国开疆拓土的人，天堂里有一处特别的地方是为他们准备好的，他们可以在那里享受永恒的幸福生活。人世间所做的一切事情，没有什么比人们按照正义聚合在一起，也就是所谓的国家，更令统治着整个宇宙的至高的神喜悦了。国家的统治者和护卫者是从那地方（银河）来的，他们也回到那地方去。”

马基雅维利想必是熟悉“西庇阿之梦”的，他临终时就这段故事给出自己的讲法，其中包含的道德观迥然不同。在他的梦里，以立功或立言的方式创建过、英明地统治过和革新过共和国的伟人，并没有像在古人那个梦里一样获得奖赏，在宇宙中的那个光明的地方享受永恒幸福，而是被罚入地狱，因为他们在成就使自己变得不朽的事业时，已违反了基督教的道德标准。在马基雅维利的笑谈里，地狱比天堂更好，更有趣。他的用意在于重申古人那个梦的寓意：真正的政治家是像神一样的，应该得到永恒的荣耀；

① ［译注］原文 nipote 有二义：侄，孙。历史上，大西庇阿既是小西庇阿的姑父，又是小西庇阿的养父的父亲，所以这里的 nipote 译为“侄子（内侄）”和“孙子”都说得通。关于两人的关系，参看沃格林：《希腊化、罗马和早期基督教》卷一，段保良译，上海：华东师范大学出版社，第 163 页译注。

同时嘲笑基督教的天堂和地狱。

我们无法确切地知道这则马基雅维利之梦的传闻是否纯属捏造。我提到它是因为，我觉得它是介绍这个人的最好办法，我们将从这里开始介绍他的生平和思想。在这个梦的故事里，我们可以看到尼科洛的人格的每一个方面：吊儿郎当，玩世不恭，天生有一种极其微妙的智慧，不关心灵魂、永生或罪的问题，沉迷于实际事务和伟大人物。在他的思维方式里，最伟大的人物是一些君主和共和国的统治者：为其人民制定了优良的法律的人，领导其人民摆脱奴役、获得自由，是像摩西那样的人。伟大来源于参与政事，为国家和政府建功立业，来源于影响黎民百姓的生计和命运的决策。简言之，马基雅维利认为，伟大来源于政治。他临终时说他喜欢在地狱里跟伟大的政治家们一起，而不喜欢在天堂里跟圣徒们享受永生，是没有什么好奇怪的。

如果说这个故事里有任何奇怪之处，那就是他在生命的最后日子里还有力气说笑。弥留之际的尼科洛早已成了一个伤心、失望、听天由命的人。他差不多60岁了。他的脸上写满疲倦，他的双唇因痛苦而扭曲，他的双眼已经失去了流露在那些流传下来的、照他年轻时的样子画的肖像画里的那种智慧、嘲弄和讽刺的神情。他凝视的目光迷失在不远处，他的思绪转向了过去。他不再能够像他会见君主、教宗、国王和皇帝时那样，保持挺拔而自信的姿态，他满身疲惫——太多的旅行，白天黑夜纵马驱驰，太多不顾后果的与时间赛跑，太多破碎的希望，太多未实现的梦，尤其是，太多从对手们那里来的愚蠢、恶毒和残忍。

终其一生，马基雅维利都在不遗余力地劝说意大利的权贵们去把祖国从异族的统治中、从入侵者和占领军的暴行中解救出来。而就在他去世前的几个星期，意大利的悲剧在一场决定性的、骇人听闻的战争中到达了顶峰。1527年5月6日，一支由西班牙步兵团和波旁公爵查理指挥的一帮可怕步兵所组成的军队猛攻罗马城墙。这座永恒之城，其防御力量不过是一群可怜的乌合之众，他们是从枢机主教和高级教士家里的马厩中、从手工作坊和客栈里招募来的装备拙劣的贫民。几个月前刚解散了军队的教宗立即到教廷的堡垒圣天使堡中避难。几个钟头的战斗过后，罗马落入西班牙人和德国雇佣兵手里：前者渴望暴力和抢劫，后者则是一些头脑发热的新教徒，渴望暴力和抢劫、报复他们深恶痛绝的罗马天主教徒。他们联手实施了“罗马之劫”。

马基雅维利曾预先告诉过意大利的权贵们如何才能避免这样一出悲剧。没人听他的。那么，除了嘲笑和讲讲他梦里的故事之外，他还能做什么呢？可是，他的笑丝毫不能温暖他的心，不能减轻他心中沉重的忧虑。如果他在笑，那是为了抑制哭泣。他的笑隐藏但并未减轻他对不义和荒谬的愤慨，这种不义和荒谬出于统治者无力保护其臣民免受暴力、侮辱和饥馑的侵害的世界。在这个世界里，那些本来可以英明地统治，能够以稳定的制度、公正的法律和训练有素的军队来扼制人类的野心和兽性的人，如果穷困潦倒，出身卑微，或缺少有权有势的朋友，就注定得不到重用。

这就是尼科洛的处境："我出身寒门，早年就学会了如何忍受艰苦而不是享受奢华。"（*L*，237）这倒不是说他曾经挨过饿，尽管他一度不得不以粗茶淡饭度日。他的意思是说，他没有生在富贵人家，因而无望当选公职或做生意发财。家族纽带和跟有权有势者的友谊决定一切。不具备任何一者的人只有旁观的份儿，无论他们多有才干，多有学识。对于在佛罗伦萨无权无势的人来说，"甚至连狗都懒得对着你吠"，尼科洛在他最优秀的剧作、1518 年写的《曼陀罗》中如是说。

不可否认，马基雅维利一姓是佛罗伦萨的一个古老的名门望族，该家族的许多成员曾在市政府里担任过要职，但尼科洛的父亲贝尔纳多·迪·尼科洛·迪·博宁塞尼亚却属于族中的一个贫寒分支。靠他的地产所得的微薄收入，他勉强能够养活妻子巴尔托洛梅·德·内利，两个女儿，普里马韦拉和玛格丽塔，以及两个儿子，生于 1469 年 5 月 3 日的尼科洛和生于 1475 年的托托。

贝尔纳多是一名法学博士，但跟当时佛罗伦萨的绝大多数律师和公证人不同的是，他从职业中挣不到什么钱，不过，他或许还是因为聪明才智而受人尊敬的，伟大的人文主义者、曾任共和国秘书的巴尔托洛梅奥·斯卡拉曾让他参加过一次关于正义及其在 1483 年起草的法律的讨论。

贝尔纳多嗜书如命，颇不惜血本地攒了一小间私人藏书室，收集了不少希腊和罗马的哲学家尤其是亚里士多德和西塞罗的书籍，几部修辞学大师的作品，以及多卷意大利史。有时候他只能借书，或以他地里的出产作为交换物租书。有一回，为了获得一部即将出版的李维《罗马史》的副本，这是一本重要而要价不菲的书，贝尔纳多答应为佛罗伦萨出版商尼科洛·德拉·马格纳编纂书里的地名索引。这项任务耗神而乏味，花了九个月才完成，获得的回报是他可以留下这本书。多亏了他父亲的坚韧努力，尼科洛得以随心所欲地反复阅读这部作品，阅读这位罗马史家叙述那些让一个小小城市变成一个自由、强大的共和国的政绩和战绩。尼科洛长大成人后，依据李维的著作写了《论李维罗马史前十卷》（以下简称《李维史论》），这是他最重要的作品，包含了他全部的政治思想，尤其是他关于如何建立一个伟大、自由的共和国的思想。

尼科洛与他的父亲十分亲密。从现存文献来看，贝尔纳多和尼科洛更像是一对朋友而不是父子，他们像朋友一样相互戏谑和取笑。有一回，尼科洛在佛罗伦萨城里穷得几乎要断炊，贝尔纳多派人从乡下给他带了一只肥鹅。尼科洛回了一首十四行诗表示感谢，诗的结尾是几句充满感激的话："等到游戏做完，那么 / 我的贝尔纳多先生，您会买下 / 一些鸭和鹅，您自己却不吃。"（*SL*，7）

贝尔纳多和尼科洛都天性乐观，酷爱交往，喜欢谈笑和讽刺。贝尔纳多于1500年5月去世，几年后，圣十字教堂的一个修士告诉尼科洛，有几具尸体被偷偷地埋到马基雅维利家的墓地里去了。让这个修士惊愕不已的是，尼科洛回答说：“嗯，由他们去吧，家父是一个很喜欢说话的人，陪他的人越多，他就越喜欢。”（*Ridolfi*，56）贝尔纳多不能给予尼科洛财富或权力，但尼科洛仍然爱他，而且或许恰恰因此而对他有一种特殊的感情，不受敬畏之情的拘束，做父亲的要是有钱有势，常常让做子女的既敬重又害怕。

在他父亲去世前几年，1496年10月11日，尼科洛的母亲死了。很遗憾，我们对巴尔托洛梅女士几乎一无所知。我们既找不到信件，也找不到其他成文的记录以了解她长什么样，或者她觉得丈夫和孩子们如何。正如发生在许多人尤其是女性身上的情况那样，时间的破坏力使和她有关的文献和记忆湮灭了，我们必须接受这个损失。而时间没有毁掉的，也给有些人的偏见毁掉了：他们认为，巴尔托洛梅·德·内利的生平不值得在一个记事本里记上哪怕是一页纸或者是在一封信里写上哪怕是一行。我们只知道，她是个博览群书的女子，写过一些诗和宗教颂歌。或许正是从她那里，尼科洛获得了诗人的天赋，亦即以诗人的眼光看待世事人情和写作“神妙辞章”的天赋，诚如一个伟大而苛刻的意大利文学批评家所言。

马基雅维利家请不起名师来把孩子们培养成博学的人文主义者。不过他们还是给了尼科洛和托托良好的教育，让他们对拉丁语、语法和珠算有令人满意的理解，而且根据他们家里流通的书籍来判断，让他们通晓修辞艺术，就是教人如何更雄辩地写作和演说，以征服、劝说和感动读者与听众。尼科洛大约四十五岁时，在一封致友人的信中记述了他的教育，他说命运的安排使他对丝织毛纺以及盈利亏损之事一窍不通。就是说，他不熟悉使佛罗伦萨闻名遐迩的加工羊毛和蚕丝的手工艺，也不熟悉银行和贸易业务以及佛罗伦萨人所擅长的其他本事。

后来，马基雅维利通过进一步的研究丰富了孩提时代所获得的知识储备。他研读罗马诗人的作品，其中最重要的是维吉尔，其次是几个描写爱的、他所谓的“二流”诗人，比如提布卢斯和奥维德。尤其值得一提的是卢克莱修和他的《物性论》，这是一部描述自然——海洋、植物、动物——之起源以及人之处境的伟大诗篇。这首诗，尼科洛不仅读过，还辛苦地抄录过。他这样做或许是想提高拉丁语修养，但更可能是希望留一个副本，想读的时候就拿出来读一读。他对卢克莱修特别着迷。卢克莱修的庄严而阴郁的诗文表明，人非但不像自己所骄傲而自负地想象的那样是宇宙的主宰，而毋宁说是自然和命运的玩物。人一生下来赤身露体，号啕大哭，其哭声充斥虚空。在世间的所有动物中，只有人能够对其同类干出骇人听闻的残忍行径，而且没有其他生物具有如此强烈的生存欲望以及如此渴求永恒和无限。

除了抄录卢克莱修的诗文，年轻的马基雅维利在1493年至1494年间还创作了两首直白露骨的谄媚诗，献给朱利亚诺·迪·洛伦佐·德·美第奇（1479—1516）。第一首题为“如果你有弓箭和羽翼”，歌颂这个十四五岁的贵胄公子的俊美：

如果你有弓箭和羽翼
快快乐乐的少年人，
你就会成为神——发箭把每个人消灭。

你的嘴巴和言辞
就是你所拥有的弓和箭矢；
太阳底下没有哪一个人
能在你射箭时不受伤害。
因此当你射出箭羽
就在睫毛眨动那一刹那
很快就中招被拿下——在所有凡人的行列。

你有阿波罗的头发
柔顺金色，还有美杜莎的眼睛：那人最终会变成石头，
只要他观察你，也就是看到摸到你：
不管是聪明人还是笨蛋
都会落入你温柔的陷阱；
所以我不冒这个险——把你交给那平等的世界。

朱庇特啊，如果你眷顾
天底下能见到的最美的那人，
那么迟早你会明白
诱拐花花公子乃是个错误。①

在第二首诗《牧歌》中，马基雅维利明确表示愿意听命于朱利亚诺，供他差遣：

而如果我看到我的歌为你所喜悦，
这些诗行在你赞扬中获得巨大荣耀，
回荡在这山谷和土岗永不止歇；

因为我的思绪如此一直萦绕于
将你讨好，我的唯一愿望
那就是听从你那指挥的号召；

而尽管我是生长于那一帮
粗鄙无文的牧人，一边说着你
我一边比起往常来飞得更高。

在往高处走我将会发现
我会知道那赠礼被接纳，
而我带着对你的赞美前来。②

① ［译注］马基雅维利：《戏剧·诗歌·散文》，徐卫翔等译，长春：吉林出版集团，2012，第341—342页。
② ［译注］马基雅维利：《戏剧·诗歌·散文》，前揭，第348页。

我们将会看到，马基雅维利后来在一些戏剧性的情形下，再次写诗给朱利亚诺·德·美第奇，乞求援助。但这种卑下的谄媚之辞不会再从他的笔端冒出来了。

此外，马基雅维利还研究过古罗马的一些修辞学家的著作。这也是环境使然。在马基雅维利时代的佛罗伦萨，无论政治生活还是宗教生活，言语的力量无处不在。官员们向公众讲授对共和国的热爱，牧师们在布道时讲授基督之爱。他们都很清楚，言语可以培养人们对自由和正义的热爱，激发信仰，鼓励奉献，以及最重要的是在人们心灵中铭刻对美德的热爱和对邪恶的憎恨。就他们所涉及的话题、使用的论据和征引的权威而言，公民雄辩术与宗教雄辩术经常难分彼此，这使佛罗伦萨成为崇尚修辞学的国度，在那里修辞学是一切艺术的女王。他家里有修辞学的主要作品。贝尔纳多·马基雅维利写道："我记得我在 12 月 16 日那天归还了数日前从马泰奥·卡尔托拉那里借的西塞罗《修辞学》新书，还归还了数日前从扎诺比·卡尔托拉那里借的几部书。"从这些书中，尼科洛不仅学到了在外交谈判中如何说服对方的艺术，还学到了如何令人心神摇荡的写作技巧。由于对修辞学的熟稔，尼科洛成为一名优秀的谈判专家，一位能撰写在读者心中留下不可磨灭印象的作品的著作家。

他还研读了古代哲人、特别是史家的作品：修昔底德，讲述了那场将希腊搞得四分五裂的斯巴达与雅典之间的战争；普鲁塔克，讲述了古希腊和罗马的伟大的政治家、将领和立法者的生平；塔西佗，叙述了提贝里乌斯、卡里古拉和尼禄的腐化和欺诈；还有最重要的李维的作品，这是他父亲以无比艰苦的努力换回来的，他父亲曾骄傲地把它拿到装订工那里装订（交付了“三瓶葡萄酒和一瓶醋”作为付报酬的抵押物）。这些读物在尼科洛身上激起了两种激情：对古典的热爱和对历史的热爱。在古希腊和罗马的英雄身上，他找到了伟大的德行、勇气和智慧的典范，这些典范使现代的腐化、堕落和愚蠢相形见绌。历史使他懂得了人类的激情、希望和谬误。通过研读过去发生的事，他领悟到了目前正在发生的事的意义，因为——据他说——同样的激情和欲望，在每一座城市、每一个民族中都存在。

在现代作家当中，他最喜欢但丁，其次是彼特拉克和薄伽丘。在马基雅维利看来，但丁是文体和智慧的大师。他在诗中极力模仿但丁的文体，在书中和写给朋友的信中常常凭记忆引用但丁。薄伽丘的作品让他对生活产生了一种充满愉悦的、精灵古怪的、玩世不恭的看法，使他永远让他的朋友们乐不可支的是，他总是敏于理解一句俏皮话、一段笑话、一个滑稽故事。他从不讨人厌烦，从不尖酸刻薄；他总是能够对人性的弱点，首先是他自己的弱点，抱有一种同情。

大多数人，无论古人还是今人，都喜欢夸耀自己的德行；尼科洛却乐于强调自己的罪恶，有些罪恶他本来没有，有时他竟然也说自己有。在他成为政论家、剧作家、史学家之前，他就在佛罗伦萨城里享有盛名，因为他对一切人和事的无所畏惧，因为他的无与伦比的俏皮话，他讲的故事和他搞的恶作剧。他的朋友们给他取绰号为“马污”（il Machia）[①]，显示了他诙谐、玩世不恭的天性。

在古代和现代的大师们的带领下，尼科洛形成了一种对人生的独特见解，这是一个丰富的整体，混合了慷慨、对丰功伟绩的热衷、各种强烈的感情、对生命之脆弱的领悟，以及对美的热爱，这种热爱，部分地源于对生活之残酷和人之恶意的深刻理解。有些事情他从书本上学不到，他在佛罗伦萨的街道和广场上、公用的长椅上、教堂里、酒馆里学到了，佛罗伦萨是他生命中一所特殊的学校，既宏大又残酷。实际上，佛罗伦萨迫使他过了一种值得讲述的生活。

① ［译注］Machia 读音近于 Màcchia，后者意为污渍、斑点、瑕疵，因此译为“马污”。

2

刻骨铭心的事件

15 世纪末的佛罗伦萨，既庄严宏伟，又多灾多难。其教堂、公私建筑物、街道和广场的美丽，其公民的高超手艺和勤劳，其艺术和学术生活的活力，这一切因素使佛罗伦萨在意大利几乎是无与伦比的。唯有威尼斯可与之抗衡。

然而，佛罗伦萨的辉煌遭到了其政治制度弱点的逐渐破坏，这些政治制度只能在一些短暂的时期内维持和平与为公民提供正义和安全。在托斯卡纳的晴朗天空下，在佛罗伦萨的清新空气中，人类的种种激情，无论卑劣抑或高贵，都表现得格外强烈。城里各处广场和街道常常是敌对党派之间进行残酷战斗的场所，每个党派都想赢得对佛罗伦萨的控制。那些战斗在街道上留下了斑斑血迹，血债还要血来偿。

在雄伟的宅第里，几个大家族的富有滋养着他们的傲慢，鼓励着一贯的道德堕落。与此同时，缺乏一支训练有素的常备军，意味着佛罗伦萨的自由总处于危险之中。佛罗伦萨人依赖雇佣军将领和士兵来保卫自己和维持对托斯卡纳的其他城市的统治。这些武装的雇员为出价最高的主子卖力气，如果佛罗伦萨的对手给的钱更多，他们便会毫不客气地接受。老盟友法国国王的保护也同样不可靠：法国不过是把佛罗伦萨的独立作为一种手段来削弱西班牙在意大利的势力。当法国国王不再愿意或不再能够保护佛罗伦萨人的时候，他会很快地抛弃他们，让他们听凭宿命的安排，我们后面会看到这一点。

佛罗伦萨令人又爱又恨——爱它的美丽和优雅，恨它缺乏政治智慧以及它的太多公民身上的可鄙的自私自利。马基雅维利也抱有这些矛盾的情感，它们在他的一生中挥之不去，支配了他的思想和行动。

马基雅维利的佛罗伦萨是富裕的。这个城市的手工作坊生产的毛织品和丝织品出口到广泛、遥远的地区。它的银行家擅长将制造业和贸易中增加的财富用于投资。凭借金钱和灵活的外交手腕，佛罗伦萨建立了广阔的版图，囊括了像比萨、利沃尔诺、阿雷佐和皮斯托亚这样一些重要的城市和军事要塞。从这些城市和乡村——佛罗伦萨主要是基于自身的利益统治它们的——佛罗伦萨城获得了新的财富，提高了自身在意大利半岛上的其他当权者眼里的威望。然而，它也要为此付出代价：时不时会有某个隶属的城市威胁要叛乱或真的叛乱，战争，维持权力所需的巨额开支。

对于这些战争，佛罗伦萨的几个显赫家族作出了巨大贡献，无论是好是坏，他们都是该城的政治生活的核心。

尤其是美第奇家族，在这个城市的历史和生活中留下了深深的、长久的印记。这些富有、狡猾而坚定的银行家，基于一个靠施恩施惠和庇护关系这等精明手段而长时间形成的朋友和同盟的关系网络，在佛罗伦萨建立了一个庞大而持久的权力体系。美第奇家族会帮助某些商人搞贸易或者度过财政危机；他们会借钱给其他家族置办嫁妆，以便他们能够合乎礼仪、合乎家族利益地把女儿们嫁出去；他们还通过执法者或征税人帮助其他家族解决问题。这样一来，美第奇家族就成了这个城市真正的统治者，尽管他们永远不厌其烦地声称自己是公民，和“其他任何公民”一样，而佛罗伦萨则继续维持着自由共和国的外表。

在被仇敌们流放的老科西莫 1434 年从流亡之地胜利归来后，美第奇家族的权力开始大大增强。在短时期内，科西莫就使那些或许会以财富和声望而阻碍其计划的人要么陷入一贫如洗的境地，要么被流放。为了让自己随心所欲，他随时愿意触犯法律和违反道德。对于批评他寡廉鲜耻和指责他“爱自己甚于爱祖国，爱生前甚于爱身后”的人们，他会答复说：“国家不是靠念主祷文（玫瑰经）就可以控制得了的。”

也就是说，要想维持和扩大政治权力，就不能总是遵守基督教的道德标准。若有人对他说，他的行径是在祸害佛罗伦萨，他会答复说：“与其失去一座城市，宁可去祸害它。”在他眼中，美第奇政权的利益比全城的幸福更重要。尽管如此，当彼时已是大富大贵的科西莫于 1464 年在佛罗伦萨去世时，佛罗伦萨的全体公民把他作为佛罗伦萨的伟人来追悼，他被隆重地追谥为“国父”。

老科西莫死后，他的儿子皮耶罗继任美第奇政权的首脑。皮耶罗体弱多病，无力满足国事的需要。他死于1469年，留下两个儿子，洛伦佐和朱利亚诺。洛伦佐和朱利亚诺尽管年轻，但在短时间里就展示出继承他们祖父的事业和加强美第奇政权所需的才能。尤其是洛伦佐，为了解决一场关于某些矾矿的所有权和开采事宜的纠纷，他不顾佛罗伦萨领袖公民们的反对，发动了对沃尔泰拉的战争。洛伦佐因此名声大振。

这场战争于1472年结束，佛罗伦萨获胜。佛罗伦萨的军队在阿斯托雷·詹尼的指挥下，攻陷了沃尔泰拉的薄弱防守，烧杀抢掠，就连妇女和老人也不放过。捷报传到佛罗伦萨，人们欢呼庆祝，而洛伦佐也巩固了他对该城的统治。

他的权力不断增大，招致了其他大家族的怨恨和嫉妒，尤其是帕齐家族，这些家族认为他严重地、接二连三地打压了他们。帕齐家族的头领是雅各布，但最早密谋去行刺洛伦佐和朱利亚诺为家族报仇雪恨并摧毁佛罗伦萨的美第奇政权的是雅各布的侄子弗兰切斯科。比萨的枢机大主教弗兰切斯科·萨尔维亚蒂参与了这次阴谋，也是出于同样一种对美第奇家族的仇恨，教宗西克斯图斯四世的雇佣兵队长焦万·巴蒂斯塔·达·蒙泰斯科一开始也出于同样的仇恨而参与了这次阴谋，后来在阴谋的实施过程中却见风使舵。

美第奇家族（斜体字年份表示当权时间）

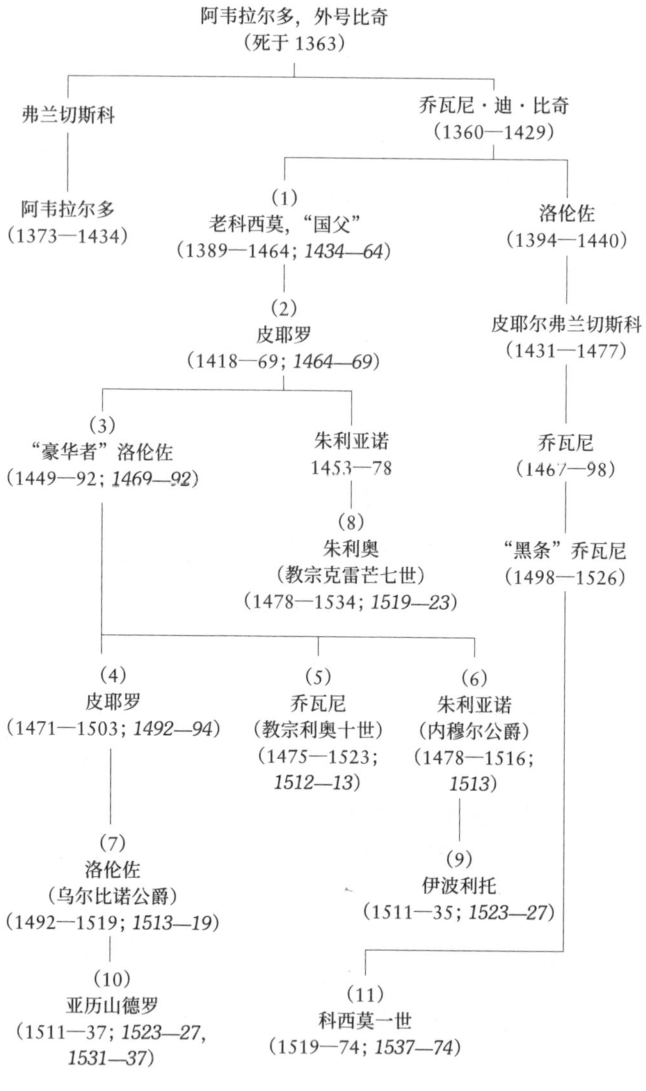

几度拖延之后，阴谋者决定于1478年4月26日在圣雷帕拉塔大教堂里，当佛罗伦萨枢机主教做弥撒时实施他们的计划。在枢机主教举起圣体那一刻，他们抽出身藏的匕首，向朱利亚诺和洛伦佐刺去。朱利亚诺被贝尔纳多·班迪尼和弗兰切斯科·德·帕齐刺死，洛伦佐侥幸逃脱，躲进圣器室里。看到刺客没有把美第奇兄弟两人都杀死，大主教萨尔维亚蒂就企图占领佛罗伦萨的政府所在地、古老而防御坚固的宫殿旧宫，却没有成功。萨尔维亚蒂被捕，还穿着祭司的礼服就在这座宫殿的窗户上被吊死了。帕齐家族的长老雅各布以一个约百人的武装团伙头目的身份露面，企图用自由的名义鼓动佛罗伦萨人民起来反抗美第奇家族的暴政。他的呼吁没有得到响应，于是他往罗马涅区的方向逃命，在逃亡途中被捕，也被绞死。他葬在帕齐家族的墓地里，但后来他被革除教籍，他的尸体被人掘出，重新埋在城墙外没有被祝圣过的地里。不过这似乎还不够，他的尸体被再度掘出，剥光衣服，套上曾经用来绞他的套索，被人拖着走过佛罗伦萨的大街小巷，最后被抛入阿尔诺河。

这些事件发生的时候，尼科洛·马基雅维利九岁。即使他没有看见枢机大主教萨尔维亚蒂被推出旧宫的窗户绞死，没有看到那个事败遇害的帕齐，肢体被挑在矛尖上高高地举起或被拖过街道，他也肯定在后来几年中听到过人们谈论这些事情，这些街谈巷议在他心中留下了深刻的印象。多年以后，当他写到帕齐家族的阴谋时，尤其是当他写到失败一方企图煽动民众叛乱时，他评论说，统治者若是有权有势而且慷慨大方，就像美第奇家族那样，那么平民对于以自由的名义作出的呼吁是充耳不闻的，尤其是如果他们从来没有尝到过自由的滋味。关于雅各布·德·帕齐的可怕命运，他指出，即便是最富裕、最有权势的人，也可能因为轻率、过度的野心或者仅仅是一点对财富的残酷幻想而遭遇一种悲惨的命运。

挫败帕齐家族的阴谋后，洛伦佐发现自己的权力以及佛罗伦萨的独立受到了更严重和凶险的威胁。曾积极支持那次阴谋的教宗西克斯图斯四世跟那不勒斯国王、阿拉贡的费迪南德结成同盟并向佛罗伦萨宣战。佛罗伦萨没有一支真正的军队，只有来自米兰公爵的有限支援，而从威尼斯人那里是得不到任何帮助的，因此它几乎不可能抵抗教宗及其盟友的愤怒之举（正如一个世纪前的八圣徒之战中发生的情况一样）。唯有外交上的折冲才能让佛罗伦萨免于进退维谷之境，而承担起这项工作的，正是洛伦佐本人。经过一番艰苦而秘密的准备之后，洛伦佐于 1479 年 12 月赴那不勒斯，跟费迪南德国王商定一份和约。1480 年 3 月，他带着一份签好的条约返回佛罗伦萨，被拥戴为祖国的救星，并被尊为该城真正的统治者。

如今，战争是避开了，年轻的尼科洛所生活的佛罗伦萨又回到了承平时期的种种罪恶里。青年人——尤其是如今这个城市的至高无上的统治者美第奇家族的朋友们——除了注重“衣着的华美和谈吐的机敏”，余事一概不理，谁要是擅长以言辞冒犯和伤害他人，谁就“更聪明，更受尊敬”，许多年后马基雅维利如是回忆（*IF*，VII. 28）。

最终，一个名叫吉罗拉莫·萨沃纳罗拉的多明我会修士散布了一种谴责这股不断蔓延的腐化之风的有力的、先知般的言论。萨沃纳罗拉于 1489 年夏天来到佛罗伦萨，开始在圣马可修道院花园里的一丛突厥蔷薇旁给见习修士们讲授哲学课程。几天过后，他的名声传开了，前来修道院听讲的人越来越多，听众极力劝他把课程变成向全市人民宣讲的长篇布道。

萨沃纳罗拉于 1489 年 8 月 1 日登上了圣马可教堂的讲坛，开始宣讲启示录。他作了许多预言，这些预言，他在后来几年里不断地重复：教会将要遭劫，后来它很快就会被革新，最后，一场大洪水将席卷意大利。他顿时声名鹊起。在 1491 年的大斋节期间，萨沃纳罗拉在佛罗伦萨的圣母玛利亚大教堂布道，这是佛罗伦萨唯一能容纳前来听他讲道的人群的教堂。在这座美丽的教堂内，他重申了他对教士腐化的谴责。萨沃纳罗拉预言，受到祝福的教会就要受惩罚了。他同样严肃地谴责了富人的贪婪和不义，谴责他们强迫借债的穷人付高额利息。

萨沃纳罗拉以最严厉的措辞抨击了统治各个城市的僭主们。1491 年 4 月 6 日听他布道的公民们立即明白，他的矛头对准的是“豪华者”洛伦佐。在萨沃纳罗拉看来，一个城市里的一切善和一切恶，均出自其首领，在首领身上，即便是轻微之罪，干系也是重大的，因为要是他坚持走正道的话，全体市民就会变得正直。僭主们是些不可救药之人，因为他们傲慢，因为他们喜欢被奉承，因为他们不愿意归还他们抢到的赃物。他们纵容邪恶的官员为所欲为，屈服于阿谀奉承，不顾穷人的死活，不敢惩罚富人，剥削农民和穷人的劳动并放任自己的手下这样做，操纵选举。总之，他们在日甚一日地考验人民的耐性。

当时二十出头的尼科洛无疑听过萨沃纳罗拉布道。然而和他的佛罗伦萨同胞们不同的是，他没有被那个修士的滔滔雄辩折服。他不相信意大利之弊病的原因在于意大利人的罪恶，更不相信通过斋戒、祈祷，戒除肉欲、赌博和跳舞的享乐，佛罗伦萨人就可以平息上帝的愤怒并重新建立和平与融洽。

不过，他确实同意萨沃纳罗拉所言：一国人民的罪恶，根源在其君主的行为中。他赞赏萨沃纳罗拉的高超的道德修养和广博的知识，且赞赏他以之说服“既不粗鲁又不无知的”佛罗伦萨人相信他是直接受到了上帝的启示的。尼科洛的确认为，萨沃纳罗拉除了谎言和错误之外，还是有预言天赋的，也就是有解释那些预示着重大事件的征兆的能力。由于这个原因以及由于萨沃纳罗拉高尚的道德品质，尼科洛在谈到他的时候总是带着敬意，尽管尼科洛从来不是他的信徒。

最初显示佛罗伦萨和意大利面临巨大变化和灾难的迹象，出现于1492年春天。一道闪电摧毁了圣雷帕拉塔教堂的圆顶，掉下来的一些大石块落到了美第奇家族的宅邸附近。一颗彗星出现在天上，人们听见狼群嚎叫。在新圣母玛利亚教堂里，一个心智失常的妇女叫喊说一头双角着火的公牛正在烧毁这座城市。人们听见许多狮子打架，其中一头特别好看的狮子死了。萨沃纳罗拉告诉听众，这些都是“豪华者”洛伦佐即将死亡的预兆。

洛伦佐死于1492年4月6日。他最严重的错误就在于将佛罗伦萨变得俯首帖耳，据说甚至在他临终之际，当他向神父——这个神父不是别人，正是萨沃纳罗拉——忏悔罪过的时候，他仍拒绝恢复市民的自由，尤其是选举当政者的自由和由公共议事会商议和批准法律的自由。尽管如此，洛伦佐已打造了一个脆弱却绝妙的意大利五大国——佛罗伦萨共和国，南方的那不勒斯王国，北方的米兰公国，亚得里亚海沿岸的威尼斯共和国，以及以罗马为中心的教廷辖地——的政治平衡体。靠他的审慎，他防止了任何一股势力扰乱意大利和平的野心或向国外的野心敞开大门的做法。

洛伦佐死后，没有谁能够或者愿意继续他的政策。前来佛罗伦萨出席他的盛大葬礼的意大利君主们恰当地吊唁了他的死亡。洛伦佐淡出人们的视线后，马基雅维利1525

年前后在《佛罗伦萨史》中写道："罪恶之树就开始发芽，不久就毁坏意大利并使之长期颓败荒芜，因为晓得如何消灭它们的那个人已不在人世。"（*IF*，VIII. 36）

3

共和国的诞生与先知之死

在闪电摧毁圣雷帕拉塔教堂圆顶那天，萨沃纳罗拉说：“看哪！到底是上帝之剑，来得这么迅速，这么突然。”灾祸真的来了。在米兰公爵卢多维科·斯福尔扎的请求和金钱的支持下，法国国王查理八世于 1494 年进军意大利，借口是维护法国对当时由阿拉贡的阿方索二世占据的那不勒斯王国的主权要求。他带领着一支四万人的军队，这支军队从人数和纪律上都远远高过以往任何一支意大利统治者发动起来的军队。

随查理八世及其军队进入意大利的，正如弗兰切斯科·圭恰迪尼所言，是“一场大火和瘟疫”，引起了政权的更迭和统治方式的变化，深刻地改变了意大利诸国之间旧有的势力均衡。在他到来之前，意大利五大国，就是教宗国，那不勒斯王国，威尼斯共和国，米兰公国和佛罗伦萨共和国，每一国主要关注的都是不让别的任何一国变得过于强大以及抵制任何扩张的企图。就算最终爆发战争，意大利的武器进步十分缓慢，大炮的使用十分原始，攻陷一座城堡要花整整一个夏季的时间，还是引用圭恰迪尼的话来说，“战争以死人很少或根本不死人而结束”。

法国军队像一阵突如其来的风暴，使意大利的政局陷入一片混乱。没有哪个君主或统治者关心意大利的共同利益。在恐惧的驱使下，他们每个人都只顾自己的利益。没有人出半点力去阻止这一来自邻国的征服。战争变得极度暴力，远比过去暴力，使用火力越来越猛的大炮意味着一座城市可以在几天甚至几个钟头内被拿下。战争和政治变得迅速而残酷。

怀着维持摇摇欲坠的政权的希望，洛伦佐的儿子和继承人皮耶罗·德·美第奇前往驻扎萨尔扎纳的法国军营拜访法国国王。为了博取好感，皮耶罗割让了连接波河与托斯卡纳的萨尔扎纳、彼得拉桑塔和里帕弗拉塔等要塞，此外还割让了比萨和利沃尔诺这两处要塞，这些地方防御着敌人进入佛罗伦萨的北方前线和西部海岸线，对佛罗伦萨的权力和安全来说至关重要。

佛罗伦萨城里一片愤怒。即便是跟美第奇家族关系最密切的佛罗伦萨人也开始质疑皮耶罗的举动，他早就因为傲慢的作风而辜负了众人的好意。据当时的史料记载，佛罗伦萨的领袖、公民之一皮耶罗·卡波尼在大议会中发表了一个值得纪念的演说，标志着佛罗伦萨的精英和平民爆发了针对皮耶罗及其追随者的公开造反。

皮耶罗·卡波尼说，皮耶罗·德·美第奇的过错既多又严重。他没有跟米兰公爵和那不勒斯国王一道努力，阻止查理八世进军意大利；他没有征求最贤明、最有经验的公民的意见；实际上，形势越危急，他就越喜欢秘密行事。但他最严重的错误是把佛罗伦萨的要塞拱手让给法国国王，仿佛它们是“破铜烂铁”似的，不顾它们是佛罗伦萨之统治的耳目，是“我们的祖先”以“无数的热血、努力和代价”攻克的。

皮耶罗·卡波尼最后激励听众从乡民中招募重装骑兵，多多益善，把他们补充到目前城里的军队中去，并敦促他们派出一个包括萨沃纳罗拉在内的六个杰出公民组成的代表团去拜会国王，告诉他全市居民的意愿已不再像美第奇家族当政的时候了。

1494 年 11 月 8 日，皮耶罗·德·美第奇回到佛罗伦萨，立刻察觉到空气中的寒意和冲他而来的普遍敌意。在拼死一搏中，他带着一支武装队伍试图闯入旧宫。执政团亦即政府代表们堵住了宫殿的大门，召集平民前来支援。宫殿前面的市政广场上到处是武装起来的人，皮耶罗被迫在其扈从的保护下退回家里避难。没过多久，他就被宣布为悬赏捉拿的叛徒和罪犯（抓到活的赏一万弗罗林，死的赏四千弗罗林）。由于害怕自己会因曾经当权而丢了性命，皮耶罗往北边博洛尼亚的方向逃命去了。

他的逃亡标志着持续了整整六十年的美第奇政权的终

结。不过，佛罗伦萨人根本没有时间庆祝他们重新获得自由。查理八世已兵临城下。佛罗伦萨人完全晓得，他的军队正伺机侵袭该城，蹂躏其人民，掠夺其财富。

一个由萨沃纳罗拉率领的代表团劝法国国王不要实行洗劫佛罗伦萨的计划，他们承诺付给国王一笔相当大的现款，完全支持他征服那不勒斯王国的计划。他们还同意为国王及其部分军队提供住处。

于是，国王派出的使者在许多住宅的门上标上了要来此寄宿的法国男子的名字，结果，“整座城都被打上了记号”。马基雅维利在提到这个他肯定亲身经历过的事件时写道：“法国的查理国王用几支粉笔就可以控制意大利。”这个国王兵不血刃就征服了意大利，这简直是所有意大利人尤其是那些导致意大利受此羞辱的君主的奇耻大辱。

查理八世于1494年11月17日进入佛罗伦萨。编年史家们将之描述为佛罗伦萨城在很长时期以来发生的一件最“盛大、光荣和美妙的事情”。贵族子弟和德高望重的公民、高级官员穿着最精美的衣服聚集在一起，欢迎国王，向他致敬。

国王的军队进入佛罗伦萨时的排场盛大而奢华。王室的队伍由七千名瑞士士兵领头，他们组成七个方队，四周是二十五面旗帜。他们齐步前进，井然有序，寂静无声。据编年史家记载，人们听到的唯有鼓声和婉转的管乐。接着是七百名重装骑兵，骑在装饰华丽的战马上。然后是五百名骑兵弓箭手和一千多名步兵弓箭手。在佛罗伦萨人眼里，这些弓箭手从外貌和举止上看都是些真正残暴的家伙。在他们之后是王室卫队，由一些身材无比高大的人组成，模样十分凶悍，看得佛罗伦萨人一齐发抖。最后来的是国王本人，全身上下穿着白色的装束，就连头盔也是白色的，手持一支出了鞘的宝剑。

无论这支队伍多么壮观，这仍是一支由一个国王指挥的外国军队，他们来到佛罗伦萨，意在攫取金钱或进行抢劫。那种普遍的惊叹之情很快就发展为怀疑和仇恨。这个伟大的国王一旦下马，可以被就近看到，人们就发现他只是一个矮小的、面容苍白的人，有毛茸茸的红头发，蓝眼睛，大鼻子，大嘴，瘦骨嶙峋的双腿，脚上穿着一双便鞋，看上去像牛马的蹄子一样。这个暴躁而没有头脑的国王轻易就被布雷西亚主教和圣马洛主教玩弄于股掌之中。国王的傲慢，其士卒的专横，以及最重要的是，他要求让美第奇家族重返佛罗伦萨，这一切让佛罗伦萨人愤怒异常。在一次剑拔弩张的谈判中，皮耶罗·卡波尼警告查理八世及其顾问说，市民是会造反的。他用了如下的著名措辞：“最虔诚的君王啊，我们将敲响我们的警钟，你将吹响你的号角，我们要让你看看，我们的人民是如何武装起来的。”

除了这场临时的摩擦之外，战事得以避免。查理签署了一份与佛罗伦萨结盟的条约，并在圣雷帕拉塔的圣坛上庄严地起誓遵守条约的规定。尼科洛·马基雅维利在 1494

年这个冬季想些什么，感觉如何，他的相关书信和著作都没有存留，所以我们不得而知。但我们可以肯定，那幅给法国蛮子提供寄宿和像款待主子一样款待他们的情景必然让他反感，并使他仔细思考那些没有让这个城市逃过这场奇耻大辱的佛罗伦萨统治者的种种过错。他很可能也置身于圣雷帕拉塔教堂的人群中间，听到国王发誓要信守与佛罗伦萨的友谊，但他是不可能相信这些话的。

查理八世最终离开了佛罗伦萨，佛罗伦萨人立即开始在美第奇家族留下的烂摊子上重建国家。因反对美第奇家族而结合在一起、领导了造反运动以及在法国占领期间统治佛罗伦萨的公民们由于赋予新的政治制度以何种形式这个问题而陷入分裂。一些人只想限制美第奇家族的势力并建立一个由市民中年长的社会政治精英统治的寡头制政体；另一些人希望在佛罗伦萨建立一个真正的“平民”政体，在这个政体里，立法和任命官员的权力将委托给一个由大部分公民所构成的集体。

赞成共和政体的有吉罗拉莫·萨沃纳罗拉和保罗安东尼奥·索德里尼。索德里尼是一个颇有威望的公民，曾多年担任佛罗伦萨驻威尼斯共和国的大使。在许多人看来，威尼斯共和国是一个拥有优良政体的国家的典范。萨沃纳罗拉凭借自己的全部权威和雄辩在圣马可教堂的布道坛上宣称，为了避免暴政和腐化，在最高权力也就是立法和任命官员的权力的行使方面，佛罗伦萨必须采纳一种“普遍而文明的生活方式”以及基于法治和全体公民之参与的制度。

佛罗伦萨的新共和国的核心部分是遵从萨沃纳罗拉的建议、成立于1494年12月22—23日的大议会（Consiglio Maggiore，也称Consiglio Grande）。大议会的成员资格要求为，年满29岁的公民，不在“债务人名鉴”中，也就是说没有欠缴税款，其父亲、祖父或曾祖父曾经是“坐办”（seduto）或“观察”（veduto）。“坐办”和“观察”是佛罗伦萨公民中有资格在老共和国的三种最重要的部门——执政团、十六旗官[①]和十二贤人团——任职的人。二者的区别在于，“坐办”是被提名而且事实上入选某一部门，而“观察”则只被提名而未当选，这要么是因为他们已经担任相应的公职，要么是因为他们欠税。如果一个人是“坐办”或“观察”，那他就是所谓政府成员（reggimento），在现代的意义上说，就是佛罗伦萨统治阶级中的一员。

尽管成立于1494年的大议会是该城历史上社会基础最广的会议（它大约有三千名成员），它仍然是由来自佛罗伦萨统治阶级的人们所组成的。大议会负责任命所有官员——这些官员是从一张以抽签方式确定的候选名单上选出的，负责通过或者否决执政团提出的议案。此外，大议会还负责选举一个较小的会议，即八十人会议，其成员至少要

① ［译注］佛罗伦萨在行政区划上分为十六旗（gonfaloni），每旗有士兵一连（compagnia），旗官是士兵连的长官。

年满 40 岁。八十人会议负责向执政团提出建议和任命佛罗伦萨政府驻佛罗伦萨统治下的各城市和领地的大使和专员。

那时，萨沃纳罗拉是佛罗伦萨共和国的精神和政治之父。但大议会是他的最后一个胜利。这名多明我会修士曾经构想并在面临重重的疑虑和敌意的情况下努力创建的这个共和国，却无法保护他免受罗马教廷的仇恨，这种仇恨是由于他痛斥教会的腐化而引起的。1498 年 5 月 15 日，执政团当着教廷特使弗兰切斯科·罗莫利诺枢机主教和多明我会修道会长的面，批准了对萨沃纳罗拉予以刑讯。5 月 23 日，萨沃纳罗拉以异端罪被判死刑。次日清晨，他被绞死于市政广场。他的遗体随后被烧毁，骨灰被撒入阿尔诺河，以免有人把它们收集起来当圣物来崇拜。

此时，尼科洛·马基雅维利 29 岁。他从来都不是那个修士的信徒（piagnone，意为“痛哭派”，人们这样称呼他的信徒）。多年以后，他把萨沃纳罗拉形容为一个“没有武装的先知”，又说，跟一切没有武装的先知一样，他被打败，是因为他只能依靠言辞的力量来维持信徒的团结，保证他们在他最需要帮助的时候不抛弃他。

萨沃纳罗拉通过布道使佛罗伦萨人相信，他以上帝的名义讲话，他的言辞实际上是上帝的命令。马基雅维利评论说，佛罗伦萨人不可能是傻瓜，许多最杰出的佛罗伦萨人都是这个修士的狂热崇拜者。然而，他的一切预言能力、雄辩和高尚品德都不足以保护他免遭道德堕落之人的仇恨，尤其是完全腐化了的教廷的仇恨。

在马基雅维利看来，萨沃纳罗拉犯了许多严重的政治错误。例如，1497 年，五个跟美第奇家族联系紧密的卓越的佛罗伦萨人（贝尔纳多·德尔·内罗、尼科洛·里多尔菲、詹诺佐·普奇、洛伦佐·托尔纳博尼以及乔瓦尼·坎比）以阴谋推翻共和国的罪名被判死刑，他们就这一判决向大议会提起上诉——这是一部新近的法律所允许的，而当执政团否决了他们的上诉权时，萨沃纳罗拉没有为他们作任何辩护，尽管正是他本人曾经忙于制订这部新的法律并促成了它的通过。相反，据编年史家记载，萨沃纳罗拉派了两个修士到该城的大法官多梅尼科·巴尔托利那里说，上帝希望这五人被处决。

最强烈地反对赋予这五个被判刑的人、以向大议会提起上诉权利的人是萨沃纳罗拉的信徒，他们当中最主要的人物是弗兰切斯科·瓦洛里。萨沃纳罗拉的人说，皮耶罗·德·美第奇已经在进城的路上，他已经在锡耶纳，必须对他的朋友迅速采取行动，任何拖延都会对佛罗伦萨的自由造成致命的后果。与此相反，另一些人认为那部法律允许公民向大议会提出上诉，目的在于避免针对公民个人的不公正行为。根据那部法律，这个城市的真正统治者是人民本身，他们通过大议会表达他们的意志。所以，若这五个被判刑的人真的犯有十恶不赦之罪，那么大议会是会认识到这一点并遵从死刑判决的。

是否允许这五个被判刑的人提起上诉的问题使城市陷入分裂。根据当时的记载，旧宫成了一个“火药桶，一个怒火翻腾的洞穴”，在那里，愤怒的人们手持武器，互相残杀。这五人最终被处死后城市才平静下来，萨沃纳罗拉的支持者占了上风，或者说至少看起来占了上风。马基雅维利后来写道，事实上，这个修士既没有认可他们上诉的权利，也没有抱怨对他们的处决比其他任何行动都更“有损他的名望”。萨沃纳罗拉如今已不是一个献身于该城最大利益的先知，而是显得跟许多人一样“野心勃勃和党同伐异”。萨沃纳罗拉及其支持者的这一胜利实际上是走向毁灭的第一步。

萨沃纳罗拉之死正好是马基雅维利从政牛涯的开始。1498 年 5 月 28 日，萨沃纳罗拉被处决四天后，八十人会议提名尼科洛担任第二秘书厅的秘书，处理与佛罗伦萨的属地和外交有关的事宜。这一提名于 6 月 19 日获得了大议会的批准。尼科洛粉墨登场。

马基雅维利当时是一个默默无闻的青年，毫无政治经验，但是，他亲见的或者听亲见者所讲的重大事件在他心中留下了印记：被拖过佛罗伦萨街头的尸体，被绞死者的尸体挂在旧宫的窗户上摇荡，查理八世入城和佛罗伦萨以及意大利其他国家显而易见的虚弱无力，萨沃纳罗拉的尸体在市政广场上焚烧时火葬堆所发出的恶臭，关于五个被指控犯有阴谋罪的著名公民的死刑判决的激烈讨论。当他踏上旧宫的台阶前去就职时，他早已熟知政治的残酷了。

4

一个很特别的秘书

佛罗伦萨共和国的八十人会议和大议会如何以及为何选择一个无名小卒担此重任，这人既无政治经验，也不是公证人或法学博士，而且尚未表现出任何特别的文学才华，这至今仍是个谜。当然肯定有一个因素是，这两个会议和执政团的成员多数都是萨沃纳罗拉的对手，我们从马基雅维利在 1498 年 3 月 9 日致佛罗伦萨驻罗马教廷的大使里恰尔多·贝基的信中得知，他并不是那个修士的支持者。

应贝基的要求，年轻的尼科洛于 3 月 1 日、2 日前往圣马可修道院聆听萨沃纳罗拉布道，他非常准确地汇报了他听到的一切。不难想象，萨沃纳罗拉预言许多可怕的灾难将降临在他的敌人头上，这并没有让尼科洛不寒而栗，而是让他发笑。他在给贝基的信中写道，这个修士的观点对“不仔细地检讨它们的人”亦即没有冷静地分析它们的人来说“是相当有力的”。他在信末写了这样一句话，说明他对萨沃纳罗拉是如何地不看重：“因而我断定，他伺机而动，且据此为其谎言开脱。”善于趋时而动的萨沃纳罗拉为了让自己的谎言被人相信，竟以这种方式撒谎。

马基雅维利当选为第二秘书厅的首长，这部分是因为第一秘书厅的秘书、相当于共和国首席秘书的马尔切洛·维尔吉利奥·阿德里亚尼的支持。被称为秘书长的首席秘书长期以来均由著名学者担任，人文主义者科卢乔·萨卢塔蒂和莱奥纳多·布鲁尼早年也当过秘书长。阿德里亚尼本人是佛罗伦萨学院的教授，学问非常大。马基雅维利的官职比他低，这种差别在他们各自的年薪中有明显体现：阿德里亚尼的是 330 密封弗罗林（或者说小弗罗林，没有大弗罗林或者说金弗罗林值钱），马基雅维利的是 192 密封弗罗林。

这倒不意味着马基雅维利的工作仅仅是“行政官”。作为第二秘书厅的首长和“共和国自由和平十人委员会”（以下称“十人委员会”）的秘书，该委员会负责监督国防和外交事务，他有像阿戈斯蒂诺·韦斯普奇、安德烈亚·迪·罗莫洛以及好人比亚焦·博纳科尔西这样的助手，博纳科尔西后来成了他的密友和崇拜者。在他们的帮助下，马基雅维利受委托向执政团和十人委员会汇报军事和政治问题，以便他们能够作出适当的、及时的决策。执政团和十人委员会的政客们的任期只有数月，而秘书及其助手任职的时间长达数年，因此在佛罗伦萨共和国的政治生活中发挥着重要作用。

所以，马基雅维利是一个首长，或者用今天的话来说，是一个“领导”。然而他也是一个极不寻常的首长，懂得如何把下属变成朋友，以及如何把第二秘书厅变成一个“帮派”，纵然互相倾轧和勾心斗角之事在所难免。这些能力从他下属的信中可以明显地看出来。在马基雅维利出使法国宫廷期间，阿戈斯蒂诺·韦斯普奇于1500年10月从佛罗伦萨（用拉丁语）写信给他说：“我读了您写给马尔切洛［阿德里亚尼］阁下、其他两位阁下及比亚焦［博纳科尔西］那封信的全文，他们都非常渴望见到您。因为当您风趣、诙谐和令人愉快的谈话回荡在我们的耳畔时，我们这些因无休止的工作而疲惫不堪、筋疲力尽的人就会放松、感到高兴并打起精神来。还有其他许多事情也等着您回来办，这些事情见面再谈。”（*L*，28—29）

秘书厅的成员们在见解、教育背景和政治信念方面都相近，因此容易团结。尼科洛是这个群体的核心——因为他敏捷的心智，他博得阵阵笑声的俏皮话，以及他不同寻常的活力。他一生都扮演这一角色：“您不在这里，已不曾听闻有赌博、酗酒以及其他事情……您不在这里，总是没有人把这帮人聚在一起。”（*L*，404—405）这段话是佛罗伦萨的一个贵族菲利波·德·内利在1525年9月写信给年纪渐老的马基雅维利时说的，而其中包含的感情跟二十五年前秘书厅的同事们表达的感情一模一样。

听命于像马尔切洛·阿德里亚尼这样“严肃而高傲”

的人与听命于像马基雅维利这样的人是十分不同的，后者总是忙于国家大事，喜欢旅行，对秘书厅里每天都在滋长着的微不足道的勾心斗角、飞短流长和互相倾轧毫不在意。他的下属经常发现，“首长”不在，他们必须加倍努力才能赶得上趟，没有他的保护，他们变得易受攻击。他们当然也抱怨，但不是像通常人们对令人害怕和厌恶的上司那样在背后抱怨，而是以平辈的口气直接跟他说。“所以您看，”阿戈斯蒂诺·韦斯普奇于 1502 年 10 月 14 日在信中写道，“您那种成天想着骑马闲游浪荡的性情在哪些地方惹恼了我们。若有什么事情不顺，责怪您自己吧，不要责怪别人。我希望是您而不是别人和我一起战斗，在秘书厅里做我的上司，尽管您试图并敢于承担一切事情，因为这些事情，那最毒的蛇蝎攻击我，纠缠我，把我撕碎，那个卑鄙好斗的讨厌家伙对我下命令。但这已无可挽回了。比亚焦也一样，除了由于这些事情怨恨您，喋喋不休、无礼地把您辱骂，口无遮拦地责备和诅咒您以外，不说也不关心任何事情，认为一切事情都毫无意义。”（*L*，47）

实际上，比亚焦·博纳科尔西致马基雅维利的那些信的特色就是一大串的咒骂和俏皮话。比亚焦批评他在出使期间没给他写信，尼科洛因为出使，成年累月不在佛罗伦萨。但这些抱怨表明他对这个在政治见识以及笔锋辞令的敏锐方面都比自己高明的朋友的极大崇拜，或许还有一丝嫉妒。1500 年 8 月 23 日，马基雅维利出使法国期间，比亚焦给他写信，道出了自己因分离而怀抱的真挚的哀愁：“如果把我在这儿所拥有的一切快乐放在天平一端，把我若是在那儿的话会拥有的一切快乐放在另一端，毫无疑问，和您在一起是使天平倾斜的重物。话又说回来，做人必须要有耐心，因为这是不可能的；您若是继续给我写信，没有您的日子就会不那么难熬，所以我求求您，继续给我写信。”（*L*，23）但是，当他意识到马基雅维利让他相信他给他写了一封私信，其实是拿他寻开心时，比亚焦变得愤怒和刻薄：“尼科洛阁下：说实话，当我看到致卢卡君的信上有您手写的地址时，我感到十分高兴，等打开之后，却感到受骗了；因此，我不会写信跟您说我的计划；不说主教的演说，尽管简短却令人惊叹……若您真的履行了您的职责，那么我有我同诸位公使所进行的讨论的大量报告，新的旧的，都可以给您。”（*L*，41）这是他对尼科洛从法国给他写的一封信的回复，尼科洛于1501年9月受命作为政府特使出使法国，在那里一直待到1502年6月。有时候，比亚焦就像怨妇一样哀叹，当马基雅维利前往伊莫拉访问切萨雷·博尔贾时，他在1502年10月15—18日的信中写道：“尼科洛，我不是在生气，也没有依据这些情况来评价您对我的感情——因为实际上这除了让我焦心以外并没有什么，自从您离开以后我也很忙碌——而是依据其他数不清的事情，如果我想到这些事情，它们就会强迫我不再对您怀有我对您曾经抱有的那种感情。我不希望您因此而感激我，因为就算我想不爱您，想不完全任凭您差遣，我也做不到。我说过，我是受天性驱使被迫如此，尽管它的确不应该有什么理由，因为我不会伤害您，甚至不会少帮您。我若是知道您对您的一切朋友都跟对我一样，我就不会让它在我心中铭刻如此之深的印记。但我知道我不得不抱怨我的霉运和糟糕选择，而不是抱怨您，因为对于有些人，我爱他们如同爱我自己，我选择了他们当我的守护者和主人——对此您最有资格评判了，尤其是对于您自己以及您我都熟悉的那些人——但在他们身上，我无论如何也找不到半点回报。但让我们不要再就这个问题多说什么了，因为您所愿者即我所愿者，就此打住。”（*L*，49）

为了显示自己对朋友具有独立人格，比亚焦经常故作姿态，以洞察秘书厅日常运作中的细微问题的顾问自居。为了使自己在这个不知回报的挚爱朋友眼里显得更加重要，他故意危言耸听，指责马基雅维利对上级不够奉承，对朋友不够关心。责怪马基雅维利出了佛罗伦萨城就忘了朋友的不止博纳科尔西一个人。其他人还指责他不在意也不报答别人的恩惠和好意——人们由此或许得出结论说，尼科洛是个冷酷无情的人，若不是吝惜自己的时间和感情的话。但是这一评价跟许多文献记录极不相符，这些文献记录证明他是秘书厅里每个人的快乐之源，是唯一把那帮朋友团结在一起的人。

事情的真相是，马基雅维利为共和国出使时，总是完全沉浸于政治事务之中。由于这个原因，他极少给朋友写信，对他们的情况或秘书厅的日常运作几乎不闻不问——适合于绘声绘色的故事的例外当然总是有的。尼科洛并没有摆脱官员日常生活中典型的利益交换。当马基雅维利请执政团拨一笔特殊的补偿金时，比亚焦写信告诉他，这个要求可能会被否决，因为执政团说“您是一个自大狂（cheppia）①，行事从来不讨他们喜欢”。为了让朋友不蒙受这样的名声，比亚焦“由尼科洛出钱、但不顾其意愿”地擅自对执政团施惠。他告诉尼科洛说要是他不满意，就见鬼去吧，因为事情就该那么办。

作为第二秘书厅的秘书，马基雅维利的职责是向佛罗伦萨各领地的统治者和官员以及参与战役的专员发送训令。因此，他必须写作反映政府指示的信件，从旧宫发出去。不过，在遣词造句和语调选择方面，他有相当大的自由。从他写作第一份政务文件开始，马基雅维利就向世人证明，他作为共和国的公仆，始终毫不妥协、坚定不移地捍卫公共利益。下面是他写给恩波利执政斯特凡诺·帕伦蒂的信件，该人因疫情暴发，弃城而逃：

> 您从恩波利出走，不论是因为疫情还是您想提出的其他理由，在许多视国家利益高于个人需要、为了

---

① cheppia，本义为“西鲱”，是上溯江河产卵的食用海鱼。用来形容人，意思是逆水行舟，一意孤行。感谢我的妻子加布丽埃拉·阿尔尼亚尼对此作出的说明。

救国而不惜以身犯险的好公民面前，都应该受到严厉谴责；因为专员放弃一片与敌国交界的土地，不啻为因微小失误或敌方侵凌而把它拱手让出。公务在身之人，莫不居安思危，随时准备迎接逆境，展示自身才能和爱国热忱，这是好公民的职责所在。您对这片土地负有守卫之责，却因为想象疫情会造成死亡，弃之而逃，使它更容易被敌人入侵；这实在是智者不为的事情。兹命令如下，鉴于目前之状况，命您仍返回恩波利，以功补过，入夜时关闭港口，尽心尽力守护该地，否则必予惩罚（*LCSG*，I. 23）。

若是需要惩罚那些让共和国蒙受伤害或耻辱的人，尼科洛会毫不留情。1499 年 1 月 17 日，他给佛罗伦萨的卡森蒂诺专员皮耶罗·科尔西尼写信说："鉴于我们一直想惩罚那些诋毁过我们共和国的人，获悉您 15 日来信提到马里奥托·迪·雅各布·达·瓦亚诺和他的侄子，现在命令您，如果碰巧像您希望的那样，上述马里奥托及其侄子被交到您手上，您应马上办理，审查他们是否有通行许可。您若按照我们的意愿行事，我们会感到万分高兴和满足。"（*LCSG*，I. 189）1499 年 2 月 5 日，他甚至毫不犹豫地指示佛罗伦萨驻利沃尔诺专员雅各布·恰基对一些囚犯加以酷刑，因为"心怀怜悯"是"有害的"（*LCSG*，I. 211）。

另一方面，其他一些政务著作向我们表明，马基雅维利能够十分娴熟地选择恰当的措辞，教人以仁慈为怀，尊重属民的安全与自由。1499 年 1 月 13 日，他给圣尼科洛城的执政巴尔托洛梅奥·德尔·托瓦利亚写信说，必须“维持我们的属民对我们的爱戴，因为这对于维护我的自由来说是必不可少的”（*LCSG*，I. 187—188）。受雇于佛罗伦萨的雇佣兵队长加斯帕雷·圣塞韦里诺（“箱子兄”队长）和保罗·维泰利 1499 年 1 月 20 日得到命令，需约束他们的士兵，不得欺压属民。1499 年 11 月 4 日，他给卡斯特罗卡罗城的指挥官写信，让他善待一个名叫圭里诺·德尔·贝洛的人——因为他的父亲对共和国一贯忠诚——并且不要伤害属民的感情（*LCSG*，I. 351—352）。

现在，让我们离开秘书厅，追随马基雅维利代表自由和平十人委员会出使国外。尼科洛喜欢骑马长途旅行，去见识超出佛罗伦萨日常政治生活之外的广阔世界。然而十人委员会分派给他的出使任务既不容易也不安逸。即便是在最简单的场合，他也必须运用自己杰出的口才，始终谈吐自如，举止应对得体，集中注意力，尤其是必须知道自己在跟什么样的人打交道。

让我们看一看十人委员会 1499 年 3 月给他的第一个使命，出访对象是阿皮亚诺的雅各布四世，厄尔巴岛附近利古里亚海岸上的古老港口城市皮翁比诺的统治者。他要去告知雅各布，他无法获得他曾为他那些正在帮助佛罗伦萨跟比萨打仗的士兵们所要求加付的那部分军饷，并再招募四十名重装骑兵。我们或许认为，这很容易嘛。但他必须使用巧妙的语言传达这个坏消息，让皮翁比诺的统治者仍然认为佛罗伦萨对他十分友好，把讨论维持在“宽泛和一般的条款”上。雅各布若有怨言，马基雅维利就要软语相求，劝他要有耐心。简言之，他要拒绝加付军饷的要求，同时维持同一个对佛罗伦萨有用的盟友的关系。

当这个秘书必须去和政治经验丰富且为人狡猾的重要人物打交道时，他的工作就变得尤其困难了，比如他的第二次出使，访问卡塔丽娜·斯福尔扎·里亚里奥的宫廷时就是如此。1499 年 7 月他和她在弗利城堡——通往拉韦纳的重镇、位于佛罗伦萨西北部——见面时，卡塔丽娜 36 岁。她大概是一个出了名的美女：博纳科尔西 7 月 19 日写信给马基雅维利，要他回信时附赠一张“女王陛下的头像”，信要仔细卷起来，以免折坏画像（*L*，15）。

马基雅维利又一次用自己的语言库中最动听的话来表现自己。他必须说服卡塔丽娜续订一份协议，让她的儿子奥塔维亚诺·里亚里奥参与佛罗伦萨收复比萨的战争，而放弃加付军饷的要求。卡塔丽娜回答说，她一直爱听佛罗伦萨人所言，却不大欣赏佛罗伦萨人所为，她希望佛罗伦萨对她过去的贡献报以实质性的酬谢，特别是当强大的威尼斯人从佛罗伦萨北边的卡森蒂诺山来攻打佛罗伦萨时，她与他们作对，使自己的国家陷入了危险的境地。很遗憾，我们永远不会知道，马基雅维利在听美丽的卡塔丽娜说这番话时作何感想。不过我们从博纳科尔西写的一封信里面得知，她礼待这个年轻的秘书，“乐意接见”他。马基雅维利则非常谨慎地向执政团汇报了卡塔丽娜的看法和要求。他的公务文书表明，他试图说服上级接受她的条件。他实际上再三强调，如果她同意接受低于米兰公爵所开出的报酬价格而让奥塔维亚诺为佛罗伦萨作战，她就会没有面子。他 7 月 18 日的信中解释说，如果佛罗伦萨想保持和卡塔丽娜的友谊，就应该拿出实际行动，而不是只作许诺——首先偿清旧债，然后以更优厚的条件征用她儿子的军队。他在信的结尾补充说，执政团若如此行事，便会赢得卡塔丽娜的友谊，因为她对佛罗伦萨是极友好的，他每天都可以从许多“显而易见的迹象”看出这一点（*L*，480）。

除了她的友好而外，卡塔丽娜的个人利益也把她推向佛罗伦萨。法国的新国王路易十二打算进攻她叔叔（“摩尔人”）卢多维科·斯福尔扎所统治的米兰公国。卡塔丽娜知道，她很快就会失去这个强大的公爵的支持，一个可怕的威胁——来自教宗的儿子、罗马涅公爵切萨雷·博尔贾的威胁——正在悄悄来临。而卡塔丽娜仍然一直关心“荣誉”，认为那“比一切都重要”，马基雅维利写道。她想获得在她叔叔以及其他任何人眼里都可以维持她的荣誉和声望的契约条件。她此刻的行为令马基雅维利钦佩。他敏锐地意识到，统治国家的人是无法承受丧失荣誉或声望的。

不过谈判双方的利益是有分歧的：卡塔丽娜希望佛罗伦萨作出为她提供保护的正式承诺；佛罗伦萨及其代表马基雅维利只需要她儿子的军队，一点火药，以及就一些跟卡塔丽娜治地上的佛罗伦萨公民相关的小事件达成愉快的协议。但他们还是互相理解和尊重的。马基雅维利无疑欣赏卡塔丽娜的美丽和智慧以及她捍卫自己荣誉的决心。弗利的这位女主人因为自己的儿子、也就是后来的“黑条”乔瓦尼的重病而感到不舒服、“精力十分不济”，无法接见宾客，而请首席秘书安东尼奥·巴尔德拉卡尼向他致歉，此时，马基雅维利一定被一股母爱的温存所感动。

在谈判期间的某一个时刻，马基雅维利觉得自己肯定已经说服了卡塔丽娜满足于一个口头上的援助承诺，而放弃她对一份书面承诺的要求。后来情况突然逆转。7 月 24 日早晨，卡塔丽娜照会马基雅维利说，她的荣誉要求佛罗伦萨给予她一份保护她的国家的书面承诺，而且他想必不会因为她改变立场而吃惊，因为“事情讨论得越多，他们就越理解对方”。马基雅维利感到非常惊讶和委屈，这在他的言行中有清楚的显示——对于一个懂得如何掩饰自己的真实感受，只要自己愿意就可以假装作出其他感受的人来说，这种反应多么奇怪啊。他被激怒或许是因为他早已把卡塔丽娜可能采取的立场写信告诉了执政团，因此新的决定多少会有损他的声望；或许仅仅是因为，在多次彬彬有礼的、相互理解的、愉快的交谈之后，这种翻脸只会从个人和外交上给他造成伤害。

不管怎么说，卡塔丽娜最终没有得到佛罗伦萨的保护，在切萨雷·博尔贾（人称瓦伦蒂诺公爵）围攻弗利城时，佛罗伦萨没有出半点力。她拒绝了招降条件，撤进城堡里以全部士兵、火炮以及她所能筹集的物资作殊死抵抗。但是，圭恰迪尼叙述说："当她成为那么多有女人气的防守者当中唯一具有男子气概的人时，［城堡］很快就由于防守士卒们的怯懦而被瓦伦蒂诺公爵攻陷了。"（*Storia d'Italia*，IV. 13）城堡被攻陷后，瓦伦蒂诺公爵把卡塔丽娜关了两个星期，然后把她作为罗马教宗的囚徒送至圣天使堡。

马基雅维利在《十年纪第一》一书中简略地提起卡塔丽娜在弗利的统治，该书是一部用韵文写成的 1494 年到 1504 年的意大利史。瓦伦蒂诺公爵在那里"使自己成为伊莫拉和弗利的主人，并绑架了一个女人和她的孩子们"（*Opere*，99）。他在《李维史论》中再一次谈到她，用他自己的风格讲了一个故事。这个故事流传了若干时间，讲的是她在 1488 年反对杀死她丈夫吉罗拉莫·里亚里奥伯爵的阴谋者时所表现出的伟大勇气。马基雅维利写道，弗利的几个阴谋者

> 谋害了他们的领主吉罗拉莫伯爵，还掳去了他的妻子和几个年幼的孩子。他们觉得如果没有成为城堡的主人，他们的性命不可能有保障，可是守城的人不

愿意屈从；卡塔丽娜女士，也就是伯爵夫人，答应阴谋者，如果他们让她进城去，她就有办法把城堡交到他们手中，他们可以留下她的孩子们当人质。基于这样的承诺，他们便让她进城去。她一进到城内，随即就站上城墙，为丈夫之死大声谴责他们，并威胁说不报此仇誓不罢休。为了显示她不在乎她的孩子们，她展露下体给他们看，说她还能够生下更多的孩子（*D*，III. 6）。

（这段故事在《佛罗伦萨史》中也有，文字稍有不同。）

马基雅维利在《论战争艺术》中也提到卡塔丽娜，描述了她如何保卫弗利城堡，抗击切萨雷·博尔贾，“就是那个把法国国工的军队带到那里的人”。马基雅维利的言辞中充满了敬佩：“因此，这个不堪一击的城堡及其指挥官的无能玷污了伯爵夫人的英勇事业。她本来是有勇气等待一支军队的到来的，这种勇气，无论是那不勒斯国王还是米兰公爵都没有。尽管她的努力并没有取得好的结果，但她已经赢得了她的英勇应该得到的敬意。”（*Opere*，671）

多年以后，他对早年出使时有关这个伯爵夫人的记忆依然栩栩如生，通过对其事迹的记述，他使她成为传奇人物，名垂后世。

5

更广阔的视野

在从弗利返回的路上，当他穿过亚平宁的一道道山隘时，尼科洛·马基雅维利一定是在长时间苦苦地想着那个伯爵夫人和等待着她的可怕命运。当他临近佛罗伦萨时，他的思绪或许已转移到了佛罗伦萨共和国的问题上，最重要的是棘手的比萨问题。在佛罗伦萨政府看来，这个问题是个名副其实的眼中钉。佛罗伦萨于 1494 年丧失了比萨，当时皮耶罗·德·美第奇将它连同利沃尔诺、萨尔扎纳、彼得拉桑塔和里帕弗拉塔等要塞割让给了法国的查理八世。

查理国王庄严地承诺一旦他完成对那不勒斯王国的征服就立即归还比萨和其他要塞。但这是一个国王的承诺，更为甚者，这是一个法国国王的承诺。执行这一协议是需要实力的，佛罗伦萨缺的就是实力。法国人很快就忘记了他们的承诺：他们直到 1499 年 9 月才归还利沃尔诺；他们以三万达克特金币的价钱把萨尔扎纳卖给热那亚，把彼得拉桑塔送给卢卡，把查理国王本人曾经占领过的蒙特普尔恰诺送给锡耶纳。为了使灾难达到顶峰，比萨城堡的指挥官不顾其国王要求把它还给佛罗伦萨的命令，反而以两万达克特金币的价钱把它卖给了比萨人自己。

法国归还比萨绝无任何真正希望，一旦这一点昭然若揭，佛罗伦萨就不得不收复比萨，无论是以礼还是以兵，马基雅维利在 1499 年 5、6 月之交写给执政团的一份建议中如是说。马基雅维利解释说，必须收复比萨，以“维护佛罗伦萨的自由”。希望这个城市有可能自愿地回到佛罗伦萨的控制之下是无益的，比萨人恨佛罗伦萨人及其统治甚于世上的一切。认为某个人在成为比萨统治者之后会自动把它交给佛罗伦萨人，这同样是靠不住的，因为道理很明显，任何人要是强大到足以征服比萨，就会强大到足以保有它。

剩下的唯一途径就是使用武力。执政团深信这个途径的必要性，开始着手筹备一场战争。他们募集了钱财，雇用了几支军队，把指挥权授予当时最勇敢的雇佣兵队长之一的罗马男爵保罗·维泰利。“我们在比萨的行动，”比亚焦在 1499 年 7 月 27 日写信给马基雅维利说，“开始变得越来越好。”执政团夜以继日地工作，以确保一切都准备就绪，佛罗伦萨城里的每个人都认为比萨几乎已经被收复了。

然而，佛罗伦萨人的种种希望转眼间就落空了。在令人发指的踌躇、拖延之后，维泰利终于向比萨的城墙开炮。炮火摧毁了一大段城墙，为步兵的决定性进攻打开了一个裂口。占领比萨似乎只是几天甚至几个钟头的问题。但维泰利莫名其妙地没有命令步兵进攻，从而使比萨人有了喘息的机会，得以重整军队和重振士气。维泰利对执政团的种种请求和威胁置若罔闻，让时间在闲散中一天天地过去，到了 9 月初，当他的军队因比萨附近的瘟疫而大批死去的时候，他便拔营走了。

失望令人痛心。佛罗伦萨人早就认为比萨已是自己的囊中之物，哪里能想到，在花费了大量的金钱之后，他们还在原地踏步。市民们的愤怒涌向了维泰利。他被指控因收受了米兰公爵的贿赂而停止进攻。他被捕并受到审讯和酷刑折磨，但维泰利拒不招供。我们无法知道他保持沉默是因为骄傲或者奸诈，还是因为他真的是清白的。但在没有任何证据的情况下，他还是被判死刑并于 1499 年 10 月 1 日被斩首。

在死刑判决之前，就是否应该根据常规的法律来审判维泰利、其罪行是否应该受到一种惩戒性的处罚这些问题，在旧宫和整个城市中都有热烈的争论。尼科洛当然听了那些激烈的争论并明了两派人的意见：一派人认为有必要尊重正义原则；另一派人认为应该抛弃法律的常规部分，以便给国家的更大利益让路，这就意味着处死维泰利，即便他的罪行并没有被证实。

我们看到，两年前已经发生过类似的情况，当时五个杰出的佛罗伦萨公民因密谋反对共和国的指控而被处死，马基雅维利在后来许多年里都谴责这个判决是一个严重的政治错误。然而这一次，身处旧宫的马基雅维利毫不含糊地为共和国说话。当一个来自卢卡的官员批评处死维泰利的决定时，马基雅维利尖刻地反唇相讥说：如果您想继续冒犯我们，那么至少用一个您自己看起来不那么荒谬的方式来冒犯。维泰利导致佛罗伦萨陷入了无休止的伤害和困境之中，至于其原因是腐败还是不称职都无关紧要。他应该受到“无休止的惩罚”。

几年之后，1504 年，马基雅维利以这几句诗谈到维泰利之死：“在猝然的骗局刚刚过后 / 你们就完全复了仇，处死 / 那个引来如此伤害的人。”在这里，他说的是“复仇”而不是正义。他完全懂得，他的佛罗伦萨读者们也完全懂得，复仇和正义是两回事。然而，他没有多说什么。作为秘书，他有责任保持沉默，他小心翼翼地履行了这一责任。

维泰利被斩首之后，比萨难题仍待解决。执迷不悟的佛罗伦萨人试图利用法国国王路易十二前来征服米兰和那不勒斯的机会，靠法国人的帮助收复比萨。当然，他们的帮助开价不菲：佛罗伦萨人必须支付五万金斯库多雇用五千名瑞士步兵，必须支付法国国王用来征服那不勒斯王国的五千名士兵的花费，而且被迫为米兰公国的一支占领军提供武器装备和补给。总而言之，佛罗伦萨人要提供一大笔钱，法国人要为自己征服那不勒斯雇用军队，并承诺让瑞士步兵（在法国的指挥下）帮助佛罗伦萨人征服比萨。

这一协议一旦付诸实践，它的不明智就变得显而易见了。费尽千辛万苦在皮亚琴察召集起来的军队，一开始拒绝向比萨进军。启程之后，他们又在半道上停了下来，到博洛尼亚和埃米利亚的其他城市里去勒索和抢劫。他们到了位于利古里亚与托斯卡纳之间的卢尼贾纳地区后，立即对佛罗伦萨的盟友阿尔贝里戈侯爵发动攻击，推翻了他的统治。进入比萨地界后，这几伙雇佣兵开始抢劫乡村。他们直到最后才极不情愿地架起几门大炮，开始向比萨的城墙开火。这一光辉战役的高潮是瑞士人和加斯科涅人的部队叛变，他们因佛罗伦萨人所提供的葡萄酒和食品的供应不足和粗劣而感到愤怒。几队士兵在雨果·迪·博蒙的指挥下全部撤离战场，而其他士兵则俘虏了佛罗伦萨人卢卡·德利·阿尔比齐——共和国为这次战役付酬的官方代表。

这出闹剧反映了法国人的贪婪欺诈与佛罗伦萨人的怯懦和优柔寡断。马基雅维利再次以韵文向我们描述了这个情况，使我们如同亲见：［博蒙的士兵］一站在比萨人面前 / 就立刻陷入惊慌和混乱 / 他们没有随机应变 / 反而溃逃，因强烈的耻辱 / 而脸红（*SL*，100）。为了收拾这个不幸局面，执政团派马基雅维利在弗兰切斯科·德拉·卡萨的陪同下出使法国国王路易十二的宫廷。目睹了围攻比萨事件的马基雅维利尤其能够胜任去回答法国人对其城市的指责。他能够富有说服力地申论，这一败局的责任完全在法国人一方，特别是不称职的博蒙，他没有能力向他指挥的士兵实行哪怕是最松弛的约束。

1500 年 7 月 26 日，马基雅维利和德拉·卡萨抵达国王在里昂的宫廷，到达时“筋疲力尽但意志坚决”。尼科洛立即明白，作为一个有较大权限的代表或者说公使，就像他以前访问卡塔丽娜·斯福尔扎时那样，与作为一个小共和国派去见基督教世界中最强大的国王的代表，这二者之间大相径庭。这一点从宫廷里的重要人物对待他的方式就可以看出来。比如说，鲁昂枢机主教答复佛罗伦萨公使们的要点，说它们“都是华而不实之辞，表现了对我们的智慧的不信任”；然后他大声发泄他对佛罗伦萨的极端不满，每个人都可以听见他的抱怨；最后，为了突出他的蔑视，他径直一跃上马并“骑马扬长而去”（*LC*，120）。

在马基雅维利和德拉·卡萨跟国王谈话的时候，情况也没有改善。两个公使回到佛罗伦萨对执政团解释说，在里昂这个地方，每个人都被自己的权力感所蒙蔽。他们只考虑自己的直接利益，只尊重武装起来的人或者乐意给他们钱财的人。由于佛罗伦萨不愿意付钱给法国，而且也没有自己的军队，因此他们根本就不理我们，而且坚持把比萨之败完全归咎于我们。

如果说马基雅维利在法国所获得的政治满足非常之少，那么他所获得的物质满足更是捉襟见肘。以共和国拨给的有限预算，他甚至不能负担自己的开支。为了遵循宫廷礼仪，雇用车马，发送公文，以及支付膳宿费用，他不得不花自己的钱。多亏了他弟弟托托的坚持，他的薪水在 8 月增加了。但是在他出使法国期间，除了托托想办法通过在里昂做生意的佛罗伦萨商人带了五十斯库多给他之外，他没有得到佛罗伦萨方面的任何资助。

他是怀着沉重的心情启程去法国的，因为他父亲于1500年5月10日去世了，在他出使法国期间，他的姐姐普里马韦拉也死了。他和他那位善良而不幸的父亲贝尔纳多十分亲密，他和普里马韦拉大概也一样，因为他后来以她的名字给他的一个女儿取名。他于10月25日致执政团的信中流露出巨大的压力，要求批准他返回佛罗伦萨，因为“我已在多方面耗尽力量”(*L*，596)。他当然提到了在法国的花费以及需要处理他父亲去世后的许多事情。但是，当他说“我已在多方面耗尽力量”时，他不仅想到物资，或许也想到他的灵魂。

他在多方面耗尽力量，也在多方面有巨大收获。第一次生活在一个强大的国王附近，马基雅维利弄明白了真正的宫廷是如何运转的。第一样变得清楚的事情是，要想在宫廷里做成任何事情，需要有许多有影响力的朋友，这类朋友可以通过金钱来结交。意大利诸国的公使都想通过选择保护人来赢取国王的友谊。佛罗伦萨也应该做同样的事情，他在8月26日写信给执政团说，因为光有一个合情合理的权利要求是不够的。

然而，共和国希望马基雅维利和德拉·卡萨这两个一文不名的小人物去平息法国宫廷的愤怒，并节制法国宫廷的要求。而从9月14日起，马基雅维利不得不独自支撑，因为德拉·卡萨染病，前往巴黎就医去了。马基雅维利越是努力地解释说佛罗伦萨早已因为比萨战役的费用而花尽了血本，而且要求它付钱给那些根本没有为它作战的士兵是不公平的，法国人就越是变本加厉地坚持说，如果他们不久之后没有收到他们应该得到的三万八千弗罗林，国王就会考虑对佛罗伦萨用兵。

而在佛罗伦萨，似乎没有人懂得当时的形势已经变得多么严峻。执政团不仅在支付三万八千弗罗林一事上继续犹豫不决，而且拖延了很久，直到10月11日才宣布佛罗伦萨派皮耶尔·弗兰切斯科·托辛吉以大使的身份出使法国，拥有马基雅维利所缺乏的签订正式条约的权利。

同一天，马基雅维利向佛罗伦萨汇报说，他曾经告诉鲁昂枢机主教，佛罗伦萨派出的大使正在来法国的路上，这位大使将会解决欠款的问题，枢机主教回答说："等你们的大使来到这里，我们早死了，但有人会死在我们之前。"（*L*，583）几个钟头过后，他要马基雅维利告诉佛罗伦萨，法国希望立即得到答复，佛罗伦萨必须付钱，要么是以朋友的身份，要么是以敌人的身份。

马基雅维利除了接受法国人已经写好的账单，而且是毫不反对地接受，否则只会把局面弄得更加糟糕，并把它封好随信寄回以外无能为力。他希望这封信能像雨燕一样迅速地飞到佛罗伦萨，他却没有付给信使的钱。"我祈求上帝帮我,”他写道,“无论我找到多么少的一点钱,我都会全部花在这件事情上。”他以这些话结束了他的信:“急需告诉公使必须插翅飞到此地。”“要迅速!”(*L*,586—587)

尽管夹在法国人的威胁和佛罗伦萨人的拖延之间,尽管两个亲人的去世令他伤心欲绝,尼科洛仍然向世人证明了他对政治的理解非同寻常地深刻。他作为一个身无分文的小国公使,竟然敢教训鲁昂枢机主教这样的大人物。这个人对他说,意大利人对战争一无所知。尼科洛反驳说,或许如此,但你们法国人对治国艺术一无所知。

他对这个法国人解释说,如果路易十二真的希望征服意大利的部分地方,那么他应该以过去的许多国王为榜样。历史告诉我们,要想成功地占领一个具有不同风俗、语言和传统的外族,就必须削弱其权贵,善待其臣民,保持友善,最重要的是,要警惕其他跟你们一样有权力的强国也想染指。在目前的形势下,法国国王首先最应该保护那些对意大利友好的国家,那就是佛罗伦萨、热那亚、费拉拉、博洛尼亚、曼图亚和弗利。另外,他应该尽其所能削弱教宗和威尼斯的实力,而且最重要的是百分之百地确保西班牙不把它的统治扩张到意大利,西班牙在实力方面如果没有超过法国,至少也与之旗鼓相当。

尼科洛在1500年11月21日的信里汇报说,枢机主教“耐心地”听着,并回答说国王陛下是“极其审慎的”:他“兼听而不偏信”,他听每一个人讲话,但只相信“他亲身接触过的、亲眼看见过的事”(*L*，611)。这仿佛在说：国王精通自己的行当。

不过，许多事件证明他并不精通自己的行当，因为他的所作所为恰恰与马基雅维利的建议相反，他在意大利的扩张计划最终悲惨地失败了。在重新取得米兰后，路易十二立即派出由切萨雷·博尔贾指挥的军队去帮助教宗扩大教廷在罗马涅区的领地，让出了几个曾经在他保护下的小国。后来，根据“格拉纳达条约”(1500 年 11 月 11 日签订)，他同意与西班牙国王“天主教徒”费迪南德分享那不勒斯王国，从而把一个极其危险的对手引进意大利。

如果马基雅维利在教训鲁昂枢机主教时感到了任何满足的话，那就是一个小小的胜利，或许是他在法国的那段困难日子里唯一的胜利。当他终于收到了执政团 12 月 12 日发来的允许他返回的书信时，他已是迫不及待了。他跃上马背，立即动身回佛罗伦萨。尽管如此，他在法国的经历仍然是重要的。它给了他一个在大宫廷里就近研究政治的机会。在他写的信里，我们发现了他的头脑即便是在悲痛和磨难中也能运转自如的一些早年的例子。

6

愤怒的妻子和令人不安的公爵

1501 年 1 月 14 日回到佛罗伦萨后，马基雅维利投入到秘书厅的事务中，并重返他旧日的习惯，与朋友们饮酒作乐。朋友们见他回来都很快乐，比亚焦是其中最开心的。

毫无疑问，他不止一次到恩宠桥的一个可爱的女士那里。她等着他，用安德烈亚·迪·罗莫洛的下流话来讲，“穿着敞露的衣衫”。然而那个冬天，他开始考虑结婚了。在他父亲死后，只有弟弟托托还留在家里。他们的家想必已开始变得寒冷，空荡，寂寞。尼科洛不喜欢寂寞，不喜欢孤独，不喜欢宁静。

是年 8 月前后，他娶了玛丽埃塔·科尔西尼，她来自几乎跟他一模一样的社会背景，这在当时的佛罗伦萨是必要的考虑因素。即便作为已婚男人，尼科洛也从来没有放弃他对女人和风流韵事的渴望，佛罗伦萨人也知道这一点，因为他对此毫不掩饰。比他的不忠——他的妻子大概不知道或者漠不关心——更令玛丽埃塔烦心的是他长时间没个人影，她向他的朋友们抱怨不已。“玛丽埃塔夫人通过她的兄弟写信给我，问您什么时候回来，”比亚焦于1502年10月中旬写信给尼科洛说，此时尼科洛刚结婚一年多，“她说她不想写信，她非常恼火。”（*L*，50）尼科洛曾向她保证他离开佛罗伦萨不会超过八天，但他外出了八十天，直到1503年1月23日才归家！

玛丽埃塔发火了，她决心不再给尼科洛写哪怕是只言片语。尼科洛不喜欢这种杳无音讯，于是请比亚焦出面调解。他在一封信中向年轻的妻子解释说，由于他为共和国出使外国，什么时候返回佛罗伦萨不是他能决定得了的。玛丽埃塔不想听理由。“玛丽埃塔夫人正在生气，”比亚焦11月26日写信汇报，“她不想给您写信。我无可奈何。”（*L*，73）

两个月后，马基雅维利仍然没有回来，玛丽埃塔大发雷霆，公开表示后悔跟这个没心没肺、喜欢满世界乱跑的白痴结婚。比亚焦又汇报说：“玛丽埃塔夫人在诅咒上帝，她觉得她白白糟蹋了她的身子和她的财产。”使人烦恼的是：她不仅声称要背弃上帝，她曾经正是以上帝的名义起誓嫁给尼科洛的，还声称那个无赖冷落了她，而且没有偿付讲好的嫁妆费，或者只付了一部分。对于第一项指责，尼科洛在回家之前几乎无能为力；关于第二项指责，他至少能够承担起还债的责任并在某种程度上减轻玛丽埃塔的愤怒。他明智的朋友比亚焦劝他采取这一措施：“为了您自己的缘故，请设法让她像其他女人一样拥有自己的嫁妆吧，

否则这事儿就没完没了了。”(*L*，77)

除了请比亚焦充当密探与和事佬之外，尼科洛还试图以笑话、俏皮话，拿她的怒气开玩笑，从而使玛丽埃塔高兴起来。玛丽埃塔在她唯一留下来的信件——这是一年之后的一封充满爱意的信——里提到了这一花招：“您把我逗笑是不应该的，因为若是您在这里，我会更加欣喜。知道您在那里没有病倒，我是多么高兴啊！”(*L*，93)

从这封信里，我们可以看到一个恋爱中的年轻女子，真心地为自己远在他乡的丈夫担惊受怕。通过他们新出世的孩子，她还找到一个办法告诉尼科洛她认为他长得英俊：“孩子现在很好，他长得像您：皮肤洁白如雪，头发像黑色的天鹅绒，像您的头发那样。他长得像您，所以在我看来很漂亮。他太活泼了，看上去就像一岁多的孩子。他刚刚生下来就睁开了双眼，家里到处都是他的哭闹声。”(*L*，93)

她希望收到尼科洛更多的信。自从他离开家去罗马，现在已经有一个月了，她只收到了三封信（实际上这个数量是合理的）。尼科洛也希望收到玛丽埃塔的信，害怕她的沉默表示她在生气，就像上一年那样。“如果我没有给您写信，请不要见怪，”玛丽埃塔宽他的心说，“因为到目前为止我一直在感冒，不能动笔写信。”(*L*，93)

遗憾的是，其他出自玛丽埃塔之手的书信没有保留下来。那些书信或许可以使我们对她的性格有更好的了解，或许显示了她不仅仅像马基雅维利的所有传记作家曾经告诉我们的那样只是一个贤妻良母。尼科洛并不认为她是一个了不起的情人，更不是他生命中的唯一至爱，但她是他的妻子，他的伴侣，她根本不会唯命是从和百依百顺。她表达她的看法，发号施令，而且不会被她耍赖的丈夫为了摆脱困境而强加给她的笑话和爱抚所吸引和安抚。我们只能以有限的想象力设想这对夫妇吵架时的情景：玛丽埃塔双手叉着腰，尼科洛眼神低垂，低声下气地作辩解。

玛丽埃塔渴望有更多时间和尼科洛待在一起，这种渴望跟他朋友们的渴望是一样的，却跟他作为秘书的职责要求相冲突。在他从法国回来两个星期之后，他去了皮斯托亚，该城位于佛罗伦萨的西北、亚平宁山脉的另一侧，当时处在佛罗伦萨的统治下。潘恰蒂奇与坎切列里这两个权势家族之间在那里的长期竞争演变为公开的内讧，人们杀人，抢劫，放火。必须不惜一切代价维护和平，扑灭战火，免得招来外国军队干涉。

尽管马基雅维利这次出访皮斯托亚时间短暂（1501 年 7 月和 10 月那两次也同样短暂），但这次出访使他有机会去思考派系内斗的原因和结果。他认识到，佛罗伦萨统治者们长期以来所认可的一个原则完全是愚蠢的，这个原则是，统治皮斯托亚最有效的办法就是激起两派之间的竞争，然后以调解人的身份介入。事实上，派系斗争有可能将敌对的君主或雇佣兵队长——他们受到正在作战的某一方的请求——直接带到佛罗伦萨领土的心脏地带。正如马基雅维利在一份呈报执政团的报告中所言，当务之急是用尽一切可能的办法去“禁止、压制和消灭两个党派”（*Opere*，10）。

在皮斯托亚事件中，那股可能会介入的外国势力就在眼前，而且是致命的。那就是切萨雷·博尔贾，即著名的瓦伦蒂诺公爵，他已经征服了亚得里亚海岸的里米尼和佩扎罗，正在去往博洛尼亚、伊莫拉、法恩扎和弗利的路上，他曾在阿雷佐和基亚纳谷地支持过反对佛罗伦萨统治的叛乱。他确实声称那场叛乱不是他干的，而是雇佣兵队长维泰洛佐·维泰利之所为，他想为他的哥哥保罗报仇。但维泰洛佐·维泰利是博尔贾的党羽，博尔贾从教宗的军营里把他派遣到阿雷佐，仿佛他是在以教宗的名义，为了教宗以及所有信徒的利益而行动似的。除此而外，公爵还于1501年9月3日攫取了皮翁比诺，次年6月又夺得乌尔比诺，因此容易理解，佛罗伦萨正处在致命的危险之中。一个势力强大、狡猾、肆无忌惮的敌人已将它团团围住，这个敌人有教宗和法国国王的支持，他最希望的就是结束佛罗伦萨的共和政体。

为了跟佛罗伦萨算账，瓦伦蒂诺公爵要求执政团派出两个官方的公使跟他在乌尔比诺谈判。执政团选派了杰出的弗兰切斯科·索德里尼，他是沃尔泰拉主教、正义旗手皮耶尔·索德里尼的弟弟，以及在前面几次出使就已显然赢得上级信任的马基雅维利。

在前去谈判的路上，刚出佛罗伦萨城到了庞塔西乌，两人就从一个修士那里获悉乌尔比诺已被占领。在那个时代，修士是消息传播的渠道之一。当天、也就是 1502 年 6 月 22 日晚上，他们写信回佛罗伦萨警告执政团说，博尔贾极其狡诈，攻击速度很快，而且好运气在他那边。对付这样一个人，必须时刻警惕，否则就会遭到圭多巴尔多·达·蒙泰费尔特罗的命运，就是那个被废黜的乌尔比诺公爵，“没闻及他的病音，就传出他的死讯了”（*L*，625）。

他们到了乌尔比诺，瓦伦蒂诺公爵于当夜（当晚的天使经钟敲响后两个钟头）就在富丽堂皇的、刚刚征服的公爵宫殿里接见了他们。他只有几个随从陪同，各道门都已上锁，并被严密把守，这表明他是多么不信任别人，甚至是他的手下。这个 27 岁的雇佣兵队长，他那镶嵌在长长的黑发中间、在火把的照耀下飘忽不定的、极为机灵的脸，很难不给人留下深刻的印象。就在几个月中，他以暴力或欺骗，或两者并用的方式除掉了罗马涅区那几个品行不端而傲慢专横的三流僭主。甚至还有传闻说，他在 1497 年下令谋杀了他的哥哥甘迪亚公爵。

他是个必须小心对付的人，两个公使希望佛罗伦萨的统治者们意识到这一点。他们送回了对公爵的描绘，其价值超过了任何肖像画。那份报告署名为弗兰切斯科·索德里尼，其文风和措辞都是马基雅维利的：“这位大人极其出类拔萃。他在战争事务方面的力量十分强大，没有任何事情会大到在他看来不是小事一桩，对于追求荣誉或扩大领地，他从来就不知疲倦。什么困难，什么危险，他都不害怕：他在人们注意到他从某地出发之前就会到达另一个地方；他的士兵们爱戴他，他招募了一批最优秀的意大利人。所有这一切使他百战百胜，难以对付。在这一点上，我们还应该补充说，他总是很走运。”（*L*，627）

在这两个佛罗伦萨人面前，瓦伦蒂诺公爵一点时间都不浪费。他单刀直入地告诉他们，他愿意成为佛罗伦萨的朋友，但是如果佛罗伦萨不想要他的友谊，那么他打算使用一切必要的手段以保证佛罗伦萨共和国无法对他造成危害。无论他干了什么，他说“我都会得到上帝和人们的宽恕”。上帝是否宽恕他，这根本不重要，他的同伙们是否宽恕他，这更不重要，因为他知道，胜利者总是会被宽恕的。你们的共和国，他补充说，和我的领土接壤的边界线很长，我希望有绝对的把握，以至于我没有什么好怕你们的。

然后，他放出了恐吓：如果我愿意的话，去年我就可以轻易地恢复美第奇家族的政权。我可以对你们实行严厉的统治，可以羞辱你们。我没有这样做。但是请仔细听好并牢记我的话：我一点都不喜欢你们的共和政体，我不信任它。要么改变它，要么把你们一年前许诺的三万六千达克特付给我，表明你们确实站在我这一边，空口白牙可不值钱。我不想去猜测你们的心思。如果你们不愿意和我做朋友，那么你们很快就会尝到与我为敌的滋味（*L*，623）。

这些刺耳的话冒犯了这两个佛罗伦萨人。最让他们不快的是公爵对他们最引以为豪的共和政体的看法。他们针锋相对地回答说：佛罗伦萨有可能是最优良的政体，如果我们对它感到满意，任何人都应该对它感到满意。他们想要说明，他们不是来受羞辱和恐吓的。面对他们的愤怒，公爵纵声长笑道：你们来这里是认为我想要因为维泰洛佐·维泰利在阿雷佐的所作所为而在你们面前为自己开脱吗？毫无疑问，维泰洛佐是我的人，但我对阿雷佐发生的事一无所知。我对你们丢掉了阿雷佐和基亚纳谷地一点都不感到难过，反倒是高兴，我希望维泰洛佐继续他的事业。如果你们想要从我这里得到什么好处，想都别想，因为“你们不配得到它们，你们配得到的正好相反”（*L*，624）。

到这个份儿上，两个佛罗伦萨公使只好打出他们剩下的最后一张牌——法国国王。他们提醒博尔贾，法国国王已经和佛罗伦萨签署了一份为期三年的联盟条约，保证让这个城市不受任何侵犯——佛罗伦萨为此向国王支付了一大笔报酬。公爵连眼都不眨一下，阴险狡诈地答道：“我比你们更加清楚国王心里在想什么，你们会被骗的。”（*L*，625）然后他就不说话了。

次日，博尔贾让他的心腹朱利奥和保罗·奥尔西尼告诉这两个佛罗伦萨人，他要是没有获得路易国王的同意就这样做的话，那他就是一个傻瓜了。我们有这么多士兵，这么多大炮，就算是法国军队真的来了，你们也可以肯定，他们会跟我们一起对你们作战。如果我们决定攻打你们的城市，我们可以骑马日行四十里，远在你们能够为保卫自己做任何事情之前就到你们的城外了。

或许博尔贾只是在说大话，或许他真的需要佛罗伦萨的友谊，这解释了他为什么一直在努力获得它——他有时候承诺给这个城市更多、更可靠的帮助，超过远处不可靠的法国国王所提供的帮助。另一些时候，他又威胁说他要成为一个不易安抚的敌人。马基雅维利和索德里尼知道，法国国王肯定不可靠，而眼前的瓦伦蒂诺公爵已部署了不少于一万六千名训练有素、装备良好的士兵。他们除了匆匆返回佛罗伦萨以争取一点时间并征询执政团的指令而外无能为力。当然了，比起弗兰切斯科·索德里尼，马基雅维利更适合于骑马跑在前头，全速往回赶。在他使劲赶往佛罗伦萨、一路上不停地鞭策坐骑时，公爵的笑声在他耳畔回荡，这笑声远比他那些恐吓的话更让人觉得可怕。

执政团没有兴趣和瓦伦蒂诺公爵结盟。因此，不幸的索德里尼被迫设法应付公爵的一系列要求。不过说老实话，随着时间一天天地过去，博尔贾变得越来越温文尔雅，他非但不大发雷霆和进行恐吓，反而力劝佛罗伦萨人，结盟最符合佛罗伦萨人的利益。他强调说，他们单靠法国的保护，这背后潜伏着显而易见的危险：如果法国的帮助过少，这个城市就容易受到攻击；如果法国的帮助过多，这个城市就要承担巨额债务。博尔贾如今不再提高自己的音量，而是温和地争辩说，只有他，凭着他的权威和他的武装，能够约束得了他的同盟、公开宣称与佛罗伦萨为敌的维泰洛佐·维泰利和奥尔西尼家族。

弗兰切斯科·索德里尼完全赞同他——或许是出于恐惧，或者是因为他认为这个同盟非常合乎佛罗伦萨的需要。他在信中说，博尔贾的话出于至诚，他想要的不过是在坎皮达成的协议得到遵守。在他从乌尔比诺发回的最后一封信里，他绘声绘色地写道，当他给公爵读了那封执政团在其中反复重申佛罗伦萨不希望一个同盟的书信时，他看他“彻底改变了”。公爵的脸上瞬间写满失望。或许正是在那一刻，由于看到自己与佛罗伦萨达成谅解的最后希望消失，他酝酿了一个绝妙的计划，几个月之后，这个计划将让所有人，包括马基雅维利（他正坐在旧宫里沉思自己在瓦伦蒂诺公爵宫廷里短暂逗留期间的所见所闻）在内，大为震惊。

7

政治大剧场

当马基雅维利再次与瓦伦蒂诺公爵见面时，时间才过去三个月多一点——这些时间大部分都是在处理秘书厅的事务中度过的（除了三次到阿雷佐视察该城回归佛罗伦萨的情况）。这次马基雅维利是一个人，见面地点在伊莫拉。命运似乎喜欢让这两个不同寻常的人聚首：博尔贾，擅长伪装的伎俩，极其精于鼓动唇舌和刀枪；马基雅维利，政治研究者，具有无与伦比的能力，善于戳穿面具，从最微末的表情和不经意的措辞变化中捕捉事情的真相。

瓦伦蒂诺公爵和马基雅维利上演了一出猫和老鼠的好戏，起初在埃米利亚大道上，这是博洛尼亚和里米尼之间的主路，然后在伊莫拉和切塞纳，后来又在通往锡耶纳的大路上。这出戏一直持续到 1503 年 1 月 20 日马基雅维利将监视博尔贾的行动这一任务转交给雅各布·萨尔维亚蒂为止。这出戏的各个步骤当然值得追溯，正如马基雅维利本人在那些佛罗伦萨人读之无不钦佩的信中所言。

尼科洛于1502年10月7日抵达伊莫拉，尚未卸下行装，公爵就“亲切地”接见他并与他长谈，明言他除了想要佛罗伦萨的友谊之外别无所求。公爵与几个月前在乌尔比诺接见马基雅维利和索德里尼时判若两人。没有恐吓，只有对佛罗伦萨的尊敬和钦佩。马基雅维利知道，这种变化是由于公爵如今比什么时候都需要佛罗伦萨的友谊，尽管他业已在酝酿一个计划，要自己去解决问题。

公爵碰到的问题涉及同样一些雇佣兵和微不足道的僭主——他曾经利用他们来建立他在罗马涅区的统治，以及其他一些害怕自己会落到圭多巴尔多·达·蒙泰费尔特罗的下场的人。当他们意识到帮助博尔贾是在自掘坟墓时，保罗和詹巴蒂斯塔·奥尔西尼、维泰洛佐·维泰利、奥利韦罗托·欧福里杜奇·达·费尔莫、詹保罗·巴廖尼、奥塔维亚诺·弗雷戈索（代表被废黜的乌尔比诺公爵）以及安东尼奥·达·韦纳弗罗（代表锡耶纳的潘多尔福·彼得鲁奇）商定于10月8日和9日在特拉西梅诺湖附近的马焦内城堡举行会谈。这次会谈的议程是拟定一个互相满意的计划，以推翻瓦伦蒂诺公爵。在几天前的10月5日，乌尔比诺已经对瓦伦蒂诺公爵造反了，这个行动，有人说是以威尼斯的名义举行的，有人说是以维泰利家族和奥尔西尼兄弟为首。

因此，瓦伦蒂诺公爵的国家似乎正处于崩溃的边缘，然而他在马基雅维利面前丝毫没有表现出无奈或忧虑之情。

相反，他表现得信心十足，给人以局面完全在他控制之下的印象。他告诉尼科洛，我的敌人在马焦内的会议是“失败者的会议”(*L*，632)。这个看法跟威尼斯驻教廷大使的观点不谋而合，他评论说，那些阴谋者反对瓦伦蒂诺公爵，无异于吞服慢性毒药。公爵向马基雅维利解释说，阴谋者们如今还活着完全是侥幸，那些傻瓜选择了一个错误的时机向我开战。有法国国王在意大利坐镇以及我那位不仅活着而且身子骨硬朗、精神饱满的父亲亚历山大六世的扶植，我能够依靠的力量远远超过他们。丢了乌尔比诺并不令我烦恼，因为我正好记得如何攻克它的各处要塞。

公爵努力让马基雅维利和佛罗伦萨人相信，他会从即将发生的、与那些可怜的小僭主们的冲突中胜出，因此佛罗伦萨的最大利益就是和他同舟共济，而不是作壁上观，等着看事情如何了结。他补充说，维泰洛佐和其他那些人是我的敌人，也同样是你们的敌人。征服法恩扎之后，维泰洛佐曾拜倒在我的脚下，求我带领军队去进攻佛罗伦萨城。我拒绝了他，甚至还拒绝为皮耶罗·德·美第奇提供庇护。

马基雅维利想更多地了解公爵心目中的盟约以及他针对那些在马焦内的“失败者”的计划，试图从公爵的嘴里套出些消息来。他发表看法，诱他说话，让他道出实情。但公爵并不上当，而是虚与委蛇，让他一无所获。几天后，他再次召见马基雅维利，兴高采烈地向他出示了一封注明日期为 10 月 4 日、来自阿尔勒主教兼教廷派往法国的公使乔瓦尼·费雷里大人的信件。在信中，这位大人通知博尔贾说，国王和鲁昂枢机主教都非常倾向于支持他，而且已经给他派遣了由德·朗凯大人率领的三百名长矛兵。博尔贾甚至给马基雅维利出示了那个主教的签名，证明那封信是真的，法国国王确实站在他那边。他又说："您看看，秘书阁下，这封信是答复我关于进攻博洛尼亚的问题的，您看它是多么有力啊。您想想，我可以得到多么强大的支持来对付那帮人。国王陛下把他们大多数人视为劲敌，因为他们总想在意大利捣乱，损害他的利益。请相信我，这事对我有利，维泰利家族无法等到事情更为不利时才暴露自己，我也无法……期望比这对我更有用的事情了；因为这一回我知道我反对的是哪些人，而且我会报答我的朋友。"（*L*，635—636）

马基雅维利于 11 月 19 日告诉公爵，从第一天起他就已经知道公爵将会获得胜利——这不是奉承博尔贾，而是要表明他也懂得如何判断形势。他给佛罗伦萨写信说，我告诉他："我一直把他视为赢家，如果我一开始把我所想的写下来，今天他读到了就会认为那是一个预言。"（*LC*，721）马基雅维利通过一连串有悖常理的巧妙推理得出结论：公爵最后将会胜出，因为他是"单独一人"，而且面对多个敌人。他的力量恰恰在于他明显的弱点上。单独一人，他可以迅速而果断地行动，他的敌人们为敌意和猜疑所分裂，永远不能就一个有效的行动方案达成一致。

马基雅维利于10月中旬寄给执政团的那些信件毫不含糊地表明他已经敏锐地把握到两个事实：公爵很快就会摆脱其敌人，跟他结盟符合共和国的利益。10月13日他从伊莫拉写信给执政团说，博尔贾“名声极好，十分走运，屡战屡胜”(*L*，645)。与一年前共和国同他就雇佣兵事宜签订一份协议时相比，公爵的领土和势力都有增加，而佛罗伦萨越来越弱小。所以，续订那份协议更有利于增加共和国的而不是他的光荣。

然而在佛罗伦萨，人们却不这样想。执政团更倾向于等待事情有个结果，他们希望公爵与其敌人互相残杀，两败俱伤。他们不顾马基雅维利隐蔽的警告：如果你们继续保持中立，这个最后的胜利者将会毫不感激你们，而且或许会把你们视为敌人。然而，佛罗伦萨方面却嘲笑马基雅维利，例如他的朋友比亚焦在11月15日的信中汇报说：“尼科洛，您要栽跟头了，因为您以为您会在那里达成某种让公爵殿下高兴的协议。”他补充说，若您以为我们想不惜任何代价立即接受一切条件，那您就是个“笨蛋”(*L*，70)。

除了取笑其政治观点而外，比亚焦还把佛罗伦萨最近发生的重要事件告诉了尼科洛。比亚焦向他保证说，洛伦佐·迪·贾科米诺很快就会交付尼科洛买好的酒，还说尼科洛是一个傻瓜，竟同意出五达克特的价钱。“因此您要给搞破产了。”他调侃道（*L*，54)。比亚焦还告诉他，有一次玩牌的时候，安德烈亚·迪·罗莫洛对着安东尼奥·德拉·瓦雷使劲扔了一只木鞋，砸伤了他的肾，两个人闹翻了脸，互相大骂。他们最后肯定会和好的，但安东尼奥首先应该安心养病。最后，在向尼科洛汇报了玛丽埃塔最近的怒火之后，比亚焦告诉他，他要的高领长外套已经做好了——尼科洛要这件衣服或许是打算在公爵面前穿。比亚焦写道，由于您不在这里，它是按我的尺寸做的，希望您穿着合身。如果不合身，“就拿去擦屁股吧”（*L*，53）。真够朋友！

以同样的口气——让他和他接二连三的催促一道见鬼去，比亚焦告诉他找遍佛罗伦萨都找不到一部普鲁塔克的《希腊罗马名人传》，尼科洛曾让他托人把这部书捎到伊莫拉。他不得不写信到威尼斯并等待。马基雅维利想得到这本书的原因是显而易见的。在这一部杰作中，普鲁塔克叙述并对比了古希腊和罗马那些伟大的将领、立法者和统治者。尼科洛希望从古人的传记中寻找先例和趣闻轶事，帮助他更好地理解这个每天与之见面、其一切举止和言语被他悉心地、孜孜不倦地研究的难以捉摸的君主，他希望古代伟人们的生平事迹可以帮助他解读那张神秘莫测的面孔。

马基雅维利不止一次承认他以及任何人都没有能力揣度公爵的心思。执政团必须明了，他在11月13日的信中写道，“我是在和一个喜欢自己处理事情的人打交道”（*L*，705），因此要想知道他想干什么是极其困难的。12月26日，当他的出使任务终于结束时，他甚至更为直接地说到这一点："正如我屡次写信给诸位大人所言，这位大人城府极深，我并不认为除了他自己而外，有人知道他将要做什么。他的高级秘书们曾多次向我断言，他不告诉别人任何事情，直到他下令去办；当时机成熟或舍此别无他法的时候，他就下令去办。"(*L*，774)

12 月 26 日，公爵摊牌了。他干得非常出色，表现了一个伟大的政治表演天才的气派。是日清晨，他将他的得力助手拉米罗·德·洛尔卡的尸体丢弃在切塞纳的大广场上，尸体被砍成两段。在尸体旁边，他下令留下了一个木楔子和一把血淋淋的刀。这种木楔子是屠夫用来撕开动物尸体的。拉米罗或许也遭到了同样的命运。

公爵意欲以此作为信号，表明即使是他的亲信，若严重地冒犯了他，他也毫不手软，同时也是为了安抚那些开始对这个军官的苛刻行径感到愤怒的臣民。对马基雅维利而言，这出令人毛骨悚然的表演具有更深的含义："拉米罗先生这天上午在大广场上变成了两段，他现在仍在那里，所有的人都可以看见他。没有人晓得他的死因，只知道他的死让公爵感到快意，公爵以行动表明他可以凭一己好恶、根据功过去提拔和贬黜他人。"(*L*，774)

这一信号同时也是公爵对其敌人的巨大的让步，尤其是对保罗·奥尔西尼的让步，后者把乌尔比诺反对瓦伦蒂诺公爵的叛乱的全部责任归于拉米罗的残暴行径，当时马基雅维利并没有意识到这一点。几天之前博尔贾遣散了几乎全部法国军队，这同样是一个绥靖之举。关于这一决定，马基雅维利写道：“他宫廷里的头头们被弄得完全不知所措。”（*L*，767）

公爵的伟大之处正是在这里。就在他同造反的首领们尤其是维泰利家族和奥尔西尼家族达成妥协的时候，他却为他们准备了一个致命的陷阱。在将拉米罗的被屠戮的尸体抛在切塞纳的大广场之后，瓦伦蒂诺公爵倾其全军向塞尼加里亚进发，维泰洛佐·维泰利、保罗·奥尔西尼、格拉维纳公爵以及奥利韦罗托·达·费尔莫在那里等着他，打算将这个城市的钥匙移交给他。

现在让我们听听马基雅维利自己是怎么讲的。在《记瓦伦蒂诺公爵杀害维泰洛佐、奥利韦罗托·达·费尔莫等人的方法》里，他对这个魔鬼般的公爵的杰作作了极为生动、简洁的叙述：

> 维泰洛佐、保罗和格拉维纳公爵骑着骡子前来拜见公爵，只有很少的骑兵跟随。维泰洛佐未携带武器，穿着一件绿色条纹斗篷，神色黯然，仿佛知道自己的死期已到似的，这使那些了解他的勇武和他过去的运气的人感到惊讶。此外，传言他离开自己的士兵前往塞尼加里亚会见公爵时，他好像是和他们作永别似的。他请他的军官们帮忙照料他的家庭和财产，告诫他的子侄们脑子里不应该只想着家里的财富，还应该牢记

父辈的本事。

随后，三人来到公爵面前，毕恭毕敬地向他行礼，他也对他们和颜相待。匆匆打过招呼后，他们立即被安置在派来对付他们的人中间。但是，公爵发现奥利韦罗托没来（他跟他的人马留在了塞尼加里亚，正在河边营地的广场上督促他们操练），便向唐米凯莱使了个眼色，让他设法确保奥利韦罗托不会逃脱，唐米凯莱就是负责对付奥利韦罗托的人。于是，唐米凯莱骑马上前，到了奥利韦罗托面前。他告诉奥利韦罗托，现在还不是让他的士兵排成队列从营地里出来的合适时间，因为公爵的士兵需要这块地方；并劝他下令让士兵回营房，再与他一同去见公爵。奥利韦罗托听从了这个吩咐，公爵就走近前来，大声招呼他。奥利韦罗托向公爵行了礼，就与其他人走到了一起。进入塞尼加里亚后，他们几个都在公爵的营地里下马，并随他进了一间密室，公爵随即就把他们囚禁了（*Opere*，21）。

1502年12月31日，公爵让人将维泰洛佐和奥利韦罗托勒死。1503年1月18日，在皮耶韦城堡，格拉维纳公爵弗兰切斯科·奥尔西尼和保罗·奥尔西尼也遭到了同样的命运。他们几个月前在马焦内城堡中的那次倒霉的会议上痛饮的慢性毒药终于发作。早在6月与马基雅维利和弗兰切斯科·索德里尼在乌尔比诺会谈时，博尔贾就已经计划收拾这些僭主了。这解释了为什么他要寻求佛罗伦萨的友谊，为什么当佛罗伦萨拒绝帮助他的时候他那么失望。正如他写道：“弗兰切斯科·索德里尼来乌尔比诺时我就想和他谈这事，但我从来不敢指望他能保守秘密。现在机会自己来了，我充分地利用了这个机会，我已经为阁下们立下汗马功劳。”（*LC*，330）

就在塞尼加里亚大屠杀那天晚上，博尔贾召见了马基雅维利。他想再次表达他对佛罗伦萨的友谊的渴望：“他当晚七点钟召见我，他因胜利而喜形于色。他说，他曾经在我们几天前的会谈中就说起过许多即将发生的事件，只是把具体细节隐瞒了。这倒是真的。”（*L*，779）马基雅维利因为公爵的言行而感到震惊，并向执政团坦率地承认了他的震惊。他在列举了公爵的各项要求后补充说，派一个位高权重的人作为大使到这里和公爵订立正式条约才是明智之举。这一次他没有失望。1月20日，雅各布·萨维亚蒂来了。尼科洛可以向公爵告辞了。公爵现在正在围攻锡耶纳城。他已经攻下了卡斯泰洛城和佩鲁贾。

马基雅维利满怀着对公爵的敬佩之情启程返回佛罗伦萨。十年之后，他在《君主论》里解释了这种敬佩的原因：

> 当我回顾公爵的一切行动之后，我认为他没有可以非难之处。恰好相反，我觉得应当像我在上面提出的把公爵提出来，让那些由于幸运或者依靠他人的武

力而取得统治权的一切人效法。因为他具有至大至刚的勇气和崇高的目的，他只能采取这种行动，舍此别无他途……所以，如果一个人认为，为了确保他的新的王国领土安全免遭敌人侵害，有必要争取朋友，依靠武力或者讹诈制胜，使人民对自己又爱戴又畏惧，使军队既服从又尊敬自己，把那些能够或者势必加害自己的人消灭掉，采取新的办法对旧制度加以革新，既有严峻一面又能使人感恩，要宽宏大量且慷慨好施，要摧毁不忠诚的军队，创建新的军队，要同各国国王和君主保持友好，使他们不得不殷勤地帮助自己，或者诚惶诚恐不敢得罪自己，那么，他再找不到比公爵这个人的行动更生动活泼的范例了（*P*，VII）。

强有力的精神，建立丰功伟业的雄心，作出决断时的迅速和隐秘，军事能力——马基雅维利发现公爵身上具备这一切品质。而这些品质恰恰是佛罗伦萨共和国所缺乏的，这些品质的缺乏使佛罗伦萨变得十分弱小，最轻微的打击就能让它倒下。他不得不把这点告诉它的统治者们。他于1503年1月23日回到佛罗伦萨，下马伊始，就立即辛勤地工作。

8

历史为想学习者提供教训

在法国国王、好运气和大笔钱财的帮助下，佛罗伦萨终于没有遭到瓦伦蒂诺公爵的进犯。但是该城的政治军事弱点仍没有得到解决，佛罗伦萨的自由仍面临着极大的危险。

早在阿雷佐叛乱的第二天，佛罗伦萨人觉得公爵对他们有所企图的时候，佛罗伦萨人就已经批准了一项重大的制度改革。这项改革是要修正宪法中的一个严重的缺陷，即国家治理尤其是外交事务缺乏连续性和能力。共和国的最高官职都是通过拈阄任命的，被委派到那些官职上的公民在任时间非常短暂。结果，面对各种棘手而危险的内政外交的政策问题的，常常是一些没有经验的人。后来这些人终于获得了一些经验，却不得不离开旧宫，新任职的官员又要从零开始。

为了弥补这一缺点，佛罗伦萨人于1502年9月10日设立终身正义旗手的职位，并选举皮耶尔·索德里尼担任此职，他是与马基雅维利一起去乌尔比诺的弗兰切斯科·索德里尼的哥哥。由于这一举措，共和国获得了一种新的政治智慧维度并提高了它面对与处理重大局势的能力。但佛罗伦萨缺乏稳定的军事力量的问题仍然没有得到解决。此外，为了获得法国国王的帮助，它已支付了浩大的花费，因此面临着严重的财政困难。

新任的正义旗手对马基雅维利极为敬重——原因在于他的正直，他的智慧，以及他素来对待索德里尼家族的友善。马基雅维利在伊莫拉跟公爵会谈期间，索德里尼曾于11月14日写信给他，委婉地说道："我们发现这个城市在钱财、分配以及其他方面十分混乱，想必您已知道：我们正在想办法重新让一切就绪……我们仍在快马加鞭，设计出适当的方案，俾使既有利于我们，也有利于他人：到目前为止，一切正好相反。"(*L*，709)

缺的是钱。因此，有必要说服共和国的最高立法机关大议会开征新税。出于这个目的，马基雅维利为正义旗手打算在全体公民面前发表的演说撰写了一篇导言。这篇演说稿那朴实无华的标题——"关于筹款的演讲辞"——使之更像一份秘密的建议，而不是一篇文学作品。但事实上，马基雅维利把自己在法国和在切萨雷·博尔贾那里学到的一切都塞进了这篇演说稿中。这篇作品感情充沛、清晰流畅，其非凡之处就在于它对政治的精妙分析，强大的说服力，以及通篇所透露出的那种对自由的显而易见的热爱。它值得仔细阅读。

尼科洛写道，每个城市，无论其政体如何，总需要以“武力加审慎”来保卫自己。二者缺一不可（*Opere*，12）。没有武力，审慎将毫无用处；没有审慎，武力也不足以统理政务和保全国家。因此，武力和审慎乃是过去、未来一切国家的“支柱”。任何研究过历史上各个王国和共和国的更替和瓦解的人都知道，更替和瓦解的原因要么在于缺乏武备，要么在于缺乏智慧。随着正义旗手这个职位的设立，佛罗伦萨已多少能保证弥补智慧的不足。如今，军事力量的不足也需要弥补，因此有必要征收新税。

这个推理无可挑剔。不过马基雅维利知道，吝啬的——确切讲是愚蠢的——佛罗伦萨人或许会回答说，他们有法国国王的保护，博尔贾引起的危险已经过去，因此没必要花更多的钱了。马基雅维利辩解道，这种态度是不负责任的，“因为每个城市、每个国家都应该随时虑及一切妄图占领其领土、令其无法自卫的敌人”（*Opere*，13）。没有哪个国家看别国的脸色生存，还能享有真正的安全保障。

提出这一条普遍原则之后，他试图除掉他同胞们的翳障，让他们看清佛罗伦萨的真实处境：你们没有武装，你们的属民既不爱你们，也不怕你们。从托斯卡纳开始环顾四方吧，你们看到卢卡、锡耶纳和比萨，所有的城市都“渴望你们死去甚于渴望自己活着”（*Opere*，14）。

再看意大利，你们会看到每一样事情都围绕着法国国王、威尼斯、教宗和瓦伦蒂诺公爵转。说到法国国王，你们应该已经很清楚，只有你们赢得他的尊重，只有你们能使其他意大利人占不到你们的便宜，你们才可以指望他的保护。威尼斯人一直与你们为敌，你们至今还欠他们十八万达克特：你们最好把这笔钱用来对他们作战，而不是付给他们，让他们用它来对你们作战。至于说教宗和瓦伦蒂诺公爵，人人都知道他们正在谋划着占领你们的领土。不要忘了你们和瓦伦蒂诺公爵至今还没有达成任何协定；即便达成了一份协议，你们也应该知道，法律、契约、协定，是普通公民中间所作的誓约和义务的保证，在君主中间，只有武力才能保证誓约得到遵守，而你们并没有武力。不要想着你们总是可以依靠法国国王的宝剑，因为你们或许没有时间等他来救你们。最后这几句话和博尔贾的公使在伊莫拉对他说的话一模一样。现在，他对佛罗伦萨人重复这些话，以说服他们建立一支真正的军队。

马基雅维利是一个修辞大师。他研究过经典，知道再多的推理论证也不及一桩实例、一个故事、一段叙述有说服力。他找到一个精彩的故事，这个故事必定会打动那些受召出席大议会的公民的心。他追述了 1453 年君士坦丁堡陷于土耳其人之手这件事。马基雅维利写道，当时皇帝把全体市民召集起来，要求他们出钱出力来抵抗即将临近的可怕敌人。市民们全都“嘲笑他”。最终，土耳其人围城，君士坦丁堡的市民听见了大炮攻城的声音和土耳其士兵的叫喊。他们痛哭流涕地奔向皇帝那里，口袋里装满了

钱。皇帝轻蔑地对他们说："拿着这些钱去死吧，你们没有钱就不愿活下去。"（*Opere*，15）

"如果你们继续这样下去，你们就会遭到同样的命运，而且你们知道，在公爵带着军队向你们开过来的时候，你们已接近那种命运了。"马基雅维利继续写道，我告诉你们，"过程没有发生变化时，命运女神是不会改变她的决定的，诸神也不愿意或者说不能够扶持一个注定要毁灭的城市。我明白，你们是自由的佛罗伦萨人，你们的自由取决于你们自己，我不相信会有这种毁灭。我认为你们是极为珍视自由的，就像天生自由和渴望自由地活着的人始终珍视它那样"（*Opere*，16）。

我们不知道，索德里尼或其他人是否用马基雅维利的这篇文章去推动新税征收提案的通过。我们知道的是，索德里尼通过了一部对包括教会财产在内的不动产征收十一税的法律。还有一个问题是，对那些隶属于佛罗伦萨的城镇和人民应当采取什么样的政策。马基雅维利在另外一篇文章里考虑了这个问题，就是写于1503年7、8月的《关于基亚纳谷地叛民的处理办法》。跟在前面那篇讨论征收赋税的作品一样，他在这里浓缩了对以前在阿雷佐和其他叛乱城市中亲眼所见现象的观察和思考。在这篇文章里，他同样以历史事例作为政治智慧的来源之一，把古罗马共和国作为范例展现在佛罗伦萨统治者面前。

文章开头节录了李维《罗马史》中引用的一段福里乌

斯·卡米卢斯的长篇演说。从卡米卢斯的演说中，马基雅维利得出了如下原则：对付叛乱的民族，古代罗马人使用两种办法：或者通过施与恩惠，努力去赢得他们的信任；或者十分严厉地惩罚他们，使他们不能够引起更多的麻烦。任何“中间道路”都被认为是“有害的”。

马基雅维利接着说，我曾经听说，“历史应该成为我们的行动指南”，尤其是君主们的行动指南。人们总是受同样一些激情的驱使。如果某事在古代是真的，那么它今天也会是真的。因此，对付叛乱民族的最好方法仍然是古罗马人所用的：或者给他们恩惠，或者十分严厉地惩罚他们，使他们不能够再次为乱。然而在阿雷佐事件中，佛罗伦萨一直在走“中间道路”。它通过变卖阿雷佐人的财产，把城市从地方官员手里夺走来惩罚他们，这自然会惹得他们更仇恨佛罗伦萨人。与此同时，它让阿雷佐的城墙完好无损，也没有派佛罗伦萨人去阿雷佐生活以密切监视它的动向。可以肯定地说，时机一旦来临，他们就会立即变成佛罗伦萨的重大威胁。

马基雅维利说，瓦伦蒂诺公爵仍是一个威胁。他还会再次染指阿雷佐。他的计划一直是要征服跟他已控制的国家接壤的托斯卡纳各国。现在并不是他攻打你们的恰当时机，但请记住，公爵和他当教宗的父亲是十分善于利用机会的，这一点我曾经在塞尼加里亚亲眼见到过。此外，如果考虑到“教宗一生所剩时间无几”，在接下来几年里，如果机会来了的话，瓦伦蒂诺公爵是会竭力给你们制造麻烦的（*Opere*，22—26）。

马基雅维利写下这些话是要劝告佛罗伦萨人不要削弱他们的防卫，要坚决地解决他们的国家安全问题。但这些话不经意间成了预言：1503 年 8 月 18 日，教宗亚历山大六世患间日热去世。10 月 24 日，马基雅维利动身前往罗马，出席教宗选举会议，并商议雇佣新军队的事宜。他将有机会观看新教宗的选举过程中始终无处不在的复杂的外交计谋，而最重要的是，他将亲眼看见曾让他崇拜得五体投地的切萨雷·博尔贾的覆灭。

他发现博尔贾充满了活力以及对“成就伟大事业”的渴望。虽然他失去了他统治下的绝大多数重要城市——维泰利家族夺回了卡斯泰洛城，詹保罗·巴廖尼回到了佩鲁贾，阿皮亚诺家族在皮翁比诺再度掌权，蒙泰费尔特罗家族在乌尔比诺再度掌权，达·瓦拉诺家族在卡美里诺再度掌权，乔瓦尼·斯福尔扎在佩萨洛再度掌权，而佛罗伦萨人正在帮助奥尔德拉菲家族恢复在弗利的统治，威尼斯人在里米尼和弗利积极活动——但他仍然控制着许多西班牙籍的枢机主教，因此控制着教宗选举会议上的许多选票。由于这个原因，正如马基雅维利在 10 月 30 日的信中所说，许多枢机主教到圣天使堡拜访他，而且人们普遍认为，来日的教宗必定会对他报以实实在在的感激。与此同时，瓦伦蒂诺公爵也乐于相信，新教宗必定会因西班牙人的选票而对他感恩戴德。而马基雅维利却对此表示怀疑。他在上面这封信的末尾附了一句意味深长的话：“公爵是否如他所期待的那样成功赢得新教宗的保护”，仍要拭目以待（*L*，817）。

新教宗是圣彼得锁链教堂枢机主教朱利亚诺·德拉·罗韦雷，名号为尤利乌斯二世。马基雅维利是最早知道他当选的人之一，他是在10月31日夜至11月1日凌晨直接从德拉·罗韦雷的一个仆人那里得到消息的。他立即写信回佛罗伦萨，当天夜里就发送了这一消息，而且因为在这一重大进展公之于众以前就报告了它而感到得意。次日早晨，他发送了一条两行的信息作为确认：“谨以主的名义呈告诸位大人，圣彼得锁链教堂枢机主教今晨当选为新教宗。愿上帝使他成为基督教世界的有为领袖。”（*L*，819）

新教宗的当选归功于鲁昂枢机主教和公爵所控制的西班牙籍枢机主教们的选票。公爵究竟为什么决定支持他是一个谜，博尔贾家族曾因圣彼得锁链教堂枢机主教而受过长达十年之久的流亡之苦。更加让人无法理解的是，一生中从来不守誓言的公爵为何如此毫不迟疑地信赖敌人们的誓言，还把敌人扶上了教宗的宝座。这些问题的谜底在于，切萨雷·博尔贾在政治上已经完蛋，而且正如马基雅维利所说，他想重返政治生活。但是人在临近毁灭的时候，思路开始不清晰，决心开始动摇，就会作出只会加速其毁灭的孤注一掷的决定。瓦伦蒂诺公爵在这个规律面前也不例外。

马基雅维利在呈送给佛罗伦萨的报告里描绘了一个

“变化无常、优柔寡断、胆小怕事、不能坚持任何决定”的公爵——同样是这个人，曾以对自己的决定的自信和执行计划的迅速而令其朋友和敌人惊叹不已。马基雅维利评论说，或许是他本性使然，或许是因为一连串厄运的打击令他不知所措，“由于不习惯承受厄运，他的心智已经迷乱”(*L*，852)。例如，有一天他会恶狠狠地威胁马基雅维利，“以充满恶毒和愤怒的话”说，他会把佛罗伦萨剩下的所有领土都移交到“威尼斯人的手里”，他很快就会看到佛罗伦萨人的国家变成一片废墟并会因此景象而发笑（*L*，832)。另一天他又会说，旧事重提没什么好处，现在该考虑他们共同的最大利益了，就是说，要搞垮威尼斯在罗马涅区的势力。

由于威尼斯无意间成为瓦伦蒂诺公爵唯一的盟友，教宗尤利乌斯和佛罗伦萨都害怕威尼斯会以博尔贾的国家的废墟为基础在罗马涅区扩张。对意大利的未来十分不幸的是，它的两个最大的共和国佛罗伦萨和威尼斯因根深蒂固的利益冲突而势不两立。老实说，佛罗伦萨在很大程度上应该感激威尼斯这个榜样。佛罗伦萨在1494年成立大议会乃是仿效了威尼斯人的先例。萨沃纳罗拉本人曾多次布道，鼓励佛罗伦萨人以威尼斯为典范，唯有其独特的总督终身制除外。不到十年，佛罗伦萨设立终身正义旗手，最终巨细靡遗地采用了威尼斯的制度设计。尽管佛罗伦萨或许原本对威尼斯抱有感恩之情，但这丝毫不能缓和它对威尼斯明目张胆的扩张主义计划怀有的愤恨。

为了阻止威尼斯，法国国王、佛罗伦萨和教宗如今提出了一系列除掉瓦伦蒂诺公爵的策略。如今，人人都想要他完蛋。法国人当然想：鲁昂枢机主教说，上帝“至今为止从来没有让哪一桩罪恶不受惩罚，所以他也不会放过那个家伙”（*L*，883）。佛罗伦萨也是如此：这回轮到马基雅维利向公爵传达执政团不会给予他在佛罗伦萨领土上的安全通行权这一坏消息了。在菲奥伦蒂诺堡附近，共和国的军队把博尔贾的残部缴了械并俘虏了公爵所信任的副将唐米凯莱·德·科雷拉。其他人更是如此，教宗尤利乌斯二世听说唐米凯莱·德·科雷拉被俘时喜不自禁。正如马基雅维利所说：“教宗喜悦万分，不可言表，他认为俘获这个人使人们有机会揭露十一年来在罗马城里犯下的一切残暴的偷窃、谋杀、渎神以及其他数不清的罪恶。”（*L*，912）

几天前，教宗就下令在奥斯蒂亚逮捕了公爵本人，因为公爵拒绝交出他在罗马涅区仍控制着的几个城堡。他下令把博尔贾作为犯人带到罗马，力劝他放弃那些城堡，不要流无谓的鲜血。12 月 2 日马基雅维利写道，公爵的结局如何还不清楚。但流行的观点是，决不会有好的结局。一旦他交出那些城堡，他的日子就屈指可数了。这个公爵，马基雅维利评论说，正逐渐滑进坟墓。马基雅维利在《十年纪第一》中写道，博尔贾在其末日企图从他人身上获得“他自己从不知道”的怜悯，作为一个背叛基督的人，他得到了他应有的命运（*Opere*，105—106）。

9

一个伟大的想法，或许太伟大了

在观察瓦伦蒂诺公爵覆灭的同时，马基雅维利还密切注视罗马和威尼斯人的动向，并设法说服教宗尤利乌斯二世阻止威尼斯人在罗马涅区的扩张。十人委员会向他下达的命令非常清楚：游说教宗、鲁昂主教以及任何能够“说动”教宗陛下的人，让教宗明白，威尼斯是一切人的威胁。告诉他们，威尼斯人拥有为数众多的士兵，享有罗马涅区人民的支持，擅长把属民变为顺民。由于这些原因，他们可以迅速而容易地使自己成为罗马涅区的主宰。

接下来那天，即 1503 年 11 月 21 日，十人委员会又给他寄了一封信，对政治形势作了一番不同的描绘并命令马基雅维利执行新的任务。他们告诉他，十人委员会开始怀疑，威尼斯人正在教宗的容许下向罗马涅区推进。现在，请设法了解事态的进展，并提供“详细的”分析。

然而，早在收到这些新的命令之前，马基雅维利就已经在研究威尼斯人对教宗的策略了。他在 11 月 20 日的信中向十人委员会解释说，教廷里正在进行着欺蒙和劝诱的诡秘游戏，威尼斯人的处境将极大地受到教宗性格的影响。在罗马的这个秋季，他已看到情绪和心情在政治中关系极大，跟那门以语言和礼仪操纵它们的艺术一样重要。

他写信给十人委员会说，威尼斯人知道教宗是个“值得尊敬但脾气暴躁的”人，容易对那些试图在他任教宗期间使教会蒙受耻辱的人大光其火，总是会迫不及待地向敌人发动进攻。他们了解他的性格，正在设法“看他们是否能够哄骗他”。他们装成“乖孩子”，恭维他增加了教会的荣耀，以繁文缛节向他表明，他们唯一的心愿就是保证罗马涅区乃至威尼斯的广袤领地全都隶属于他。马基雅维利提示说，他们事实上派出公使来此宣布他们的完全顺从，这在他们是前所未有之事。威尼斯人如今接二连三地在教廷里信誓旦旦地宣布服从教宗、忠于罗马教廷。他们对每一个愿意听他们说话的人说，他们希望教宗成为他们的父亲、保护者和守卫者。尼科洛总结道，为了“鼓动教宗支持他们的目标”，为了“成功地统治其他一切国家”，他们一点都不为假扮成教宗的仆人而感到羞愧（*L*，873）。

在他眼前，一场精彩的政治戏剧正在上演，造诣非凡的演员们精湛地表演了欺骗、谄媚和引诱。马基雅维利不仅看到了这出戏剧，而且向十人委员会提议，由于佛罗伦萨在权力和财富方面都不是圣马可共和国的对手，为了阻止威尼斯的计划，佛罗伦萨也应该表演一场向教宗表示礼节性恭顺的大戏。

至于说另外一项任务，了解教宗是否敌视威尼斯人的扩张，是采取行动去阻止他们，还是暗地里支持他们，马基雅维利花几天时间解开了谜团。11月24日，他通知十人委员会，他已经跟他的朋友沃尔泰拉枢机主教弗兰切斯科·索德里尼详细地讨论过这个问题，弗兰切斯科·索德里尼和鲁昂枢机主教一样，认为后一种假设是错误的。马基雅维利补充说，十分显然教宗厌恶尼斯人在罗马涅区的扩张。鲁昂枢机主教也是这样认为的。马基雅维利预言，威尼斯人对法恩扎的征服或者是他们征服全意大利的开端，但更可能是他们最终毁灭的开始。

马基雅维利将这一预言表述为罗马教廷里普遍持有的看法。然而，这不过是一个老练的外交官要的花招而已。这个预言仅仅是他个人的看法，不是来自他对人们的情绪、行为和语言的观察，而是来自他对活跃在意大利舞台上的各种势力的分析，在这个舞台上，极具扩张野心的威尼斯几乎已被完全孤立。但是，这个预言也来自他——作为一个平民和一个佛罗伦萨人——对贵族制的威尼斯共和国的冷淡，它在授予公民权利这件事上很不慷慨，缺乏自己的军队，却渴望将自己的统治扩张到海外——威尼斯的本性和历史就倾向于向海外扩张，还要横跨意大利进行大陆扩张。马基雅维利的悲观预言来自他的一个根深蒂固的看法，要想在意大利大陆上扩张，威尼斯应该有一支不是雇佣兵的强大军队，而且甘愿将公民权授予它所征服的各个民族。这两者它都不具备。当他给佛罗伦萨写信说威尼斯人不知羞耻地扮演教会的乖孩子时，他并不是在表达一种道德评价，因为他接着就建议十人委员会采取同样的办法；毋宁说，他在显示他对其背后无益而粗俗的计谋感到厌恶。

12 月 4 日，比亚焦·博纳科尔西通知马基雅维利，拉法埃洛·吉罗拉米和马泰奥·斯特罗齐正在购置精美的衣服和其他华丽的装饰，他们将作为佛罗伦萨的大使来到罗马，以应有的礼节出席教宗尤利乌斯二世的加冕庆典。几天后，十人委员会来了一封信，命令马基雅维利立即返回佛罗伦萨。非常奇怪的是，这一次，马基雅维利并没有立刻上马，而是到 12 月 18 日才动身。他说他生病了——真是个狡猾的家伙。“诸位大人命我同鲁昂枢机主教动身回佛罗伦萨，我若动身，定会火速赶路，先于主教大人回到那里。那封信昨天到达，主教大人已经离开了。我本应立刻出发，但因有病在身，竟无法成行。此种疾病目前正在这个城市流行，症状为咳嗽流涕，头痛胸闷。骑马急速赶路，会于病体多有妨碍。”（*L*，931）事实上，诚如他最优秀的传记作家所言，尼科洛极有可能是在罗马纵情玩乐，享受美酒和女色，空闲时则跟枢机主教索德里尼讨论他自己非常关心的那些极重要的事情，下面马上就会谈到这些事情。

而在 11 月中旬，他曾经感到担心，因为他接触到许多染上瘟疫或者说他认为染上瘟疫的人。他给在佛罗伦萨的弟弟托托和皮耶罗·德尔·内罗等人写信时都提到了那场瘟疫。托托和皮耶罗都试图打消他的恐惧。托托告诉他，在黎凡特的佛罗伦萨商人从佩拉到君士坦丁堡时，搭乘的“一直”是过去用来运送瘟疫死者尸体的船只，尽管商人们时不时会死掉一两个，但是这种死人的情况少之又少。皮耶罗跟他说自己曾经十分频繁地和染上那种瘟疫的人在一处说话、吃饭、睡觉，到现在早就应该死过二十回以上了。这些信件中最有趣的事情是，弟弟和岳父①都含糊其词地谴责马基雅维利过于胆小。两人都劝他“做个男人”。“努力做个男人。”皮耶罗写道。托托建议说：“打起精神来，因为只有女人和孩子才会丧失勇气。”

---

① ［译注］原文为cognato，意为“内兄”或“姐夫”，误。皮耶罗·德尔·内罗（1440—1512），又写作皮耶罗·迪·弗兰切斯科·德尔·内罗，1485年娶了卢多维科·科尔西尼的遗孀吉内芙拉·圭多蒂，吉内芙拉与卢多维科·科尔西尼有一个女儿名叫玛丽埃塔·科尔西尼，即马基雅维利的妻子，所以皮耶罗·德尔·内罗是玛丽埃塔的继父，可以说是马基雅维利的岳父。皮耶罗·德尔·内罗于1476年当选自由执政官，后来担任过佛罗伦萨的多种公职，1494年作为特派专员被派去圣塞波尔克罗镇，不过后来被列入债务人名鉴，不得担任公职，直到1503年12月10日才重新当选为十人委员会成员，这是他从债务人名鉴中除名两个月之后的事，后来又于1505年6月、1507年6月两度进入十人委员会（十人委员会每届成员的任期为半年），1511年任驻比萨军队司令，1512年初去世。皮耶罗·德尔·内罗和吉内芙拉·圭多蒂育有两子，1487年出生的弗兰切斯科和1504年出生的阿戈斯蒂诺。后来和马基雅维利通信较多的弗兰切斯科·德尔·内罗（1487—1563），是马基雅维利的妻子玛丽埃塔的同母异父的弟弟，深得美第奇家族的赏识，做过教宗克雷芒七世的司库。参看马基雅维利：《书信集》，段保良译，长春：吉林出版集团，2013，第127、128、181、182页。

奇谈怪论。这些话使人想到一个胆小如鼠的尼科洛，容易被恐惧征服，无力面对危险，即便是几乎不会到来的危险。我们很快就会看到事情的真相如何。现在，让我们暂且想象他在享受出使罗马期间的最后几天，把时间用于对那个政治大舞台作极其细致的解释，享受美色，上酒馆喝酒以及与枢机主教弗兰切斯科·索德里尼就许多大事情进行严肃的讨论吧。

马基雅维利跟那个枢机主教一起探讨的想法确实伟大：给佛罗伦萨重新建立一支国民军，使共和国可以捍卫自身的独立，不受雇佣兵的种种勒索之累。这个梦想，或许早在1500年雇佣兵队伍在比萨城外的营地里叛变时就已经开始酝酿，后来在马基雅维利出使法国期间进一步成形，在法国，他有机会看到那支由国王的臣民构成其核心的军队的优秀品质。在《十年纪第一》里，马基雅维利把这个想法清楚地告诉佛罗伦萨同胞：

> ……我们只相信审慎的舵手
> 就是熟悉船舵、帆缆、船帆的人，
> 而道路将变得平坦便捷
> 等你们再次打开战神殿的大门（*Opere*，106—107）。

你们已经设立了终身正义旗手的职位，既然如此，你们若想活得安全，就应当建立一支国民军。

佛罗伦萨人对这个想法的反应却很冷淡。正义旗手皮耶尔·索德里尼赞成并支持这个想法，但“领袖公民们”亦即贵族却毫无热情、满腹狐疑地打量它，有的人还公开反对它。弗兰切斯科·圭恰迪尼概括了他们的重重疑虑：马基雅维利被人们认为是“标新立异和不合常规”，而佛罗伦萨的普通老百姓顶多是对它报以怀疑的目光。

佛罗伦萨曾经有过一支由公民和四周乡村的属民组成的国民军，但那些光辉岁月是在两百年以前了。佛罗伦萨人——手艺人、商人和银行家——已经忘记了军事艺术，丧失了尚武精神。而且贵族害怕（或者说声称害怕）索德里尼在马基雅维利的帮助下，建立一支国民军，以便成为僭主。当人们得知这支新的国民军将由极其凶残的唐米凯莱·德·科雷拉，也就是瓦伦蒂诺公爵以前的得力助手，出任指挥官时，人们就更加忧虑了。马基雅维利在罗马时，谣言蜂起，说他是瓦伦蒂诺公爵的狂热支持者，而瓦伦蒂诺公爵是佛罗伦萨人极端厌恶的人。有人含沙射影地说他正在设法博取博尔贾的欢心。因此，当得知马基雅维利曾经鼓吹的国民军将由瓦伦蒂诺公爵的“杀人王”（strangolatore）——人们这样称呼唐米凯莱——来指挥时，流言蜚语就在所难免了。

这些困难并未使马基雅维利丧气。枢机主教索德里尼也以真挚的言语鼓励他坚持下去。索德里尼于 1504 年 5 月 29 日写信给他说，人们对建立一支国民军部队这个计划的批评是毫无道理的，这是一项必不可少的、明智的事业，怀疑建立一支军队不是出于公益而是出于私利，也是毫无道理的。不要放弃，总有一天它会给您带来恩典和荣耀。

皮耶尔·索德里尼帮助马基雅维利使这个计划打破僵局。他建议不要马上把建立部队的议案提交八十人会议和大议会正式审批，应先在乡村招募国民军。佛罗伦萨人一旦看到新的部队，就会认为没什么好怕的，或许还会开始明白这个标新立异、不合常规的事业的益处。

于是，马基雅维利立即上马到穆杰洛和卡森蒂诺河谷的乡村招募步兵。为什么选择穆杰洛和卡森蒂诺河谷，这在《论组建国民军的理由、安置地与必要事宜》这篇概括他关于这个问题的思想的文章里作了说明。他解释说，佛罗伦萨国分为三个部分：本城；镇区，由各隶属城镇（阿雷佐、圣塞波尔克罗、科尔托纳、沃尔泰拉和皮斯托亚）的领土构成；乡村。在三个部分中立即推行国民军的做法必然会引起危险和混乱，因为“大事”的准备和操持都不可仓促。在一个已经忘记如何使用武器的国家里，有必要“从最容易的部分”开始，也就是说，从建立步兵团开始。

马基雅维利认为，在镇区里装备步兵团将是非常危险的，因为那里的属民对佛罗伦萨存心不善，如果他们武装起来了而佛罗伦萨城却没有武装起来，他们就有可能在各大城镇联合起来叛乱，而且很难镇压。至于佛罗伦萨城本身，那是将来招募骑兵和军官的地方。与建立步兵团相比，建立骑兵和训练军官难度更大，需要的时间更长，因此最好把它放在后面。结果就只剩下像穆杰洛和卡森蒂诺这些乡村了，这些地方“到处是男丁”，却没有坚固的要塞可以使之变成叛乱的温床。

阅读马基雅维利的文字时，我们可以看到他心里想的是一支高效、强大、人数众多又遵纪守法、忠于佛罗伦萨共和国的国民军。由于这个原因，他强调说，这支军队的所有连队都应该用同样的徽章，也就是佛罗伦萨的玛祖科狮子像，以便所有士兵都时时看见这个“公共的标帜”（*segno pubblico*）并成为这一标帜的忠实而坚定的捍卫者。出于同样的原因，他坚持认为这支新国民军的建立需要完全按照共和国的宪法进行，也就是说，需要由最高会议就此事制订一部法律，并特别设立一个行政长官来监管此事，能依法进行赏罚。

一支国民军能以两种方式危害佛罗伦萨城：要么是发生兵变，加入外国的军队，要么是成为某个强势公民或官员的工具。第一种危险是不大可能出现的，因为士兵们分散在乡村，不可能把他们自己的倡议集中起来。第二种危险可以通过把士兵们置于不同的公共机关之下而加以避免：一个机关负责管理和训练，一个机关负责战时的指挥，还有一个机关负责赏罚。

马基雅维利认为，国民军士兵在一年之内集合的次数不应该超过十次或十六次，在其他时间里，他们“爱去哪儿去哪儿，照料他们自己的事情”。在召集他们训练、参加阅兵式和作战时，官员应该遵守规定，不能强迫那些有正当理由的人离家从军。连队（*bandiere*，旗）的指挥官不应从这个连队的士兵所来自的地方招募，而是应该在别的地方招募，“卡森蒂诺来的人做穆杰洛人的旗官，穆杰洛来的人做卡森蒂诺人的旗官”，以避免士兵和指挥官之间基于地方利益而形成特殊的效忠关系。简言之，马基雅维利想要一支只效忠于共和国的国民军；由于这个原因，他在《步兵条例》中写入了誓言方面的规定：“必须在人员聚集后的次日清晨，命令所有的人员作一场圣灵弥撒；在弥撒之后，该代表必须发表适合类似仪式的演讲；然后，向他们颁布必须遵守的规定，命令他们逐个手按神圣福音书，郑重宣读誓言；在宣誓之前，必须告知所有下属应处极刑的罪名，又必须告知他们由上述官员所制定的训令，以提升他们的团结和信心，这样以最有效的对灵魂和身体两方面都有强制力的言语来强化他们的誓言。这一切完成后，便允许他们各人回到自己家中。”（*Opere*，39）

一旦佛罗伦萨对乡村的控制逐渐得以巩固，就可以在本城组建一支军队了。这是马基雅维利的伟大计划的核心部分：在佛罗伦萨兴建一支国民军，是他从古代史书里，尤其是在堪称典范的罗马共和国的历史中阅读到的。当他写到这支国民军时，他的文笔变得庄严而富有感染力：你们会看到，让你们的公民自由选择入伍与让你们的公民因堕落而被迫从军这二者之间的区别。当前，那些道德败坏、在妓院里长大的青年为了摆脱父母的权威而去当兵。明天，国民军中的士兵将是一些从“诚实的学校和优良的教育”中脱颖而出的子弟，他们能够“为他们自己和他们的祖国”争光。

在构想国民军计划时，马基雅维利将佛罗伦萨城的都市性质和佛罗伦萨的历史特性纳入考虑。但从根本上讲，他受到了这条普遍原则的启发：正义和暴力是一切统治形式的基础。这条原则是他在多次出使期间学习和思考的结果，他撰写《关于筹款的演讲辞》的灵感正来自此。然而，佛罗伦萨并没有提供多少正义，尤其是对它的属民几乎不讲正义，也缺乏一支常备军。马基雅维利写道，为了得到它们二者，有必要“通过公共商议，按部就班地作出关于国民军的规定，并把这支军队维持下去”（*Opere*，26—27）。

历史学家凭借事后聪明发现马基雅维利的国民军有许多不足之处。他没有说清楚如何武装和组织各支连队；集合在一起的步兵人数不得超过三百人，因此无法进行方队训练，因为方队训练需要更多的人；连队指挥官更换过于频繁，使他们无法做到与士兵们精诚团结、生死与共。

所有这些不足都是因为佛罗伦萨人不信任他们所招募的士兵。共和国贪得无厌地向乡村居民索取钱财，却既不赋予他们完全的公民权，也不保护他们免遭地方恶霸的欺凌或敌军的掠夺。一句话，佛罗伦萨是不义的，马基雅维利在一篇关于常备军的文章中如是写道。如果佛罗伦萨想拥有一支可靠而强大的国民军，这个问题必须解决。马基雅维利明了这一点，但他自己却不能解决这个问题。

马基雅维利的朋友弗兰切斯科·韦托里给我们留下了一份重要的文献，借此我们可以看到佛罗伦萨人对这支常备军的看法。韦托里说，他当时正启程去德国，在佛罗伦萨北部去往博洛尼亚路上的巴贝里诺镇附近停下来歇息。他驻足的地方是一个名叫安塞尔莫·迪·巴尔托洛的佛罗伦萨公民开的一家客栈，在那里吃完饭以后，他听到了一阵鼓声。他问客栈老板为什么有鼓声，得知那是常备军的队伍里发出来的。为了打发时间和驱散闷热之苦，韦托里就跟客栈老板闲聊，问他认为那支新国民军对佛罗伦萨有利还是有害。

客栈老板回答说："我毫不怀疑，这些队伍武装起来、受过训练之后，肯定会跟那些所谓的精良步兵一模一样。但就算如此，我不知道我们佛罗伦萨人会有多安全，我也不知道这些武装起来和受过训练的士兵会不会服从没有武装、没受过训练的人。他们也许会想，他们曾经是属民，现在可以做主人了。我每天跟他们打交道，您可以相信我：他们并不爱我们，他们没有理由爱我们，因为我们总在欺压他们，而不是在统治他们。如果我们害怕外来的侵略，或许最好还是隔个三五年付一回钱雇人为我们打仗，而不是成天对这些家伙提心吊胆，他们随时都有可能给我们反戈一击。如果我们可以把他们迅速地召集起来，他们也可以把自己迅速地召集起来祸害我们。如果我们可以用他们来吓唬我们的邻国，我们也可以用他们来吓唬和祸害我们自己。”

尽管如此，1506年2月15日，当马基雅维利让四百名来自穆杰洛的农夫穿着“白色紧身衣，红白图案的长袜，头戴白帽，脚踏白鞋，胸套铁甲”，手持长矛或火枪，军容严整地接受检阅时，佛罗伦萨平民还是把这支国民军称赞为“佛罗伦萨城有史以来最好的东西”。

马基雅维利作为国民军的创建者和作为一个平民，享受到了双重的喜悦，而贵族们则从自己的宅第里，向那支在共和国的旗帜下齐步前进的军队投去了恶毒的目光。

10

佛罗伦萨人的嫉妒和好战的教宗

每个人的生命中都充满了无数具有重要意义的瞬间、心境、思想、梦想，这一切都消逝于黑暗无底的时间深渊。我们除了试图通过留存下来的信件、著作、文件和回忆去发现某个我们希望不被遗忘之人的生活的某些片断之外，无能为力。非常不幸而又不可避免的是，显露出来的东西总带有不够完美的情节和有欠清晰的韵律和节奏。然而就算是从时间的魔爪中夺出了一个短暂的瞬间，也是无价的。

有关马基雅维利生平的故事，我们或许可以挑选出某些特定的心境和思想并对之详加分析。自从他致力于国民军计划的那一天起，马基雅维利就是一个快乐的人。在卡森蒂诺走村串寨征募步兵时，他寄出了“许多充满喜悦的书信”。在穆杰洛，他写信调侃寒冷的北风。他告诉自由和平十人委员会，需要克服的最大障碍是村民对共和国的疑虑。他告诉他们，青年人都乐于参军，而有些人却担心我是来做人口普查以便征收新税，还有一些人担心中某种圈套。一旦他们的疑虑被打消，便会立刻来参军。他对未来的成功很有把握：这里每一个人都想为国效劳，“我比以往任何时候都更相信这一点”，只要我们对“革新国家”这样一个如此伟大、如此重要的事业投入必不可少的工夫和智慧（*L*，982）。马基雅维利所做的，不是把政治或军事命令强加于人，而是再塑人们的生活。

他相信这是一项真正伟大的事业。他全身心地扑到这项事业上，它令他着迷，让他兴奋，使他精力百倍，豪情万丈。他从一个村子匆匆赶到下一个村子，如果武器没有及时装备或“浪费时间”，他就会大为光火。他在挑选士兵这一关上极其严格。他从不妥协。有些人要求共和国赦免他们镇上某些居民的死刑惩罚，他是不会让这些人入伍的。他的答复是，佛罗伦萨不希望强迫任何人在它的旗帜下服役，这面旗帜“只有一个颜色”。他把创建国民军视为一个赢得赞赏和荣誉的机会，索德里尼枢机主教曾经就是这样认为的。而且他还觉得自己从中已经发现了一个理念，可以把意大利从诸神为其安排的严酷命运中解救出来。

也就是说，在他生命中的这个时期，他认为意大利是一种残酷命运的牺牲品，我们可以在他 1504 年 11 月开始撰写的《十年纪第一》中看到这点。在致阿拉曼诺·萨尔维亚蒂的献词中——阿拉曼诺·萨尔维亚蒂是在那场跟切萨雷·博尔贾有关的危机时期英明地领导了共和国的人，马基雅维利写道，意大利在 1494 年至 1504 年这十年期间所遭受的痛苦是命中注定的，命运的力量不可抗拒。更加意味深长的是，他在这首诗的开篇就提到了对意大利的福祉满怀敌意的星宿，而在结尾处则赞美了欲建立一支国民军的佛罗伦萨人民。

马基雅维利认为，这支国民军标志着意大利军事复兴的开始，因而也是由于邪恶星宿的影响而产生的野蛮统治的终结。他想挑战星宿的势力。为此，他竟向帕多瓦的占星术士巴尔托洛梅奥·韦斯普奇请教人是否可以逃脱星宿的影响。那个占星术士回答说，马基雅维利的信念“十分正确”，人们可以利用生活所提供的，尤其是在适应新情势时所获得的各种各样的经验去改变命运。因此，国民军制度正是佛罗伦萨和意大利为了改变、顺应和战胜自查理八世 1494 年入侵意大利时就已逐渐形成的政治军事局面的一种努力。

朋友们甚至认为，国民军的创建可能会改变意大利的命运。从弗兰切斯科·索德里尼 1506 年 3 月初的一封信中，我们就可以看到这一点。该枢机主教写道，从您最近的信中得知国民军的组建工作进展顺利，我感到非常高兴，因为这一事业完全满足了我对祖国的安全和尊严的期待。我不相信外国的军队如今还会比我们自己的强大，除了我们的军队长期以来缺乏充分的训练。他还说了几句肯定让马基雅维利满心喜悦的话：“这种意义重大之事物从您手里开始，您想必已获得不小的满足。请再接再厉，使之有个理想的结果吧。”

这封信还表明，马基雅维利正在说服该枢机主教的哥哥、正义旗手索德里尼促使共和政府更为公正地对待佛罗伦萨的城市和乡村。他确信正义是国民军成功的关键，并竭尽全力说服共和国的领袖们也相信这一点。让我们读一读该枢机主教的话：“您明智地写道，这一想法首先要求有正义，城市和乡村都要有正义。”(*L*，119)“我将尽我所能记住您的话，”他补充道，“因为我也认为，正义对于这项任务的彻底完成是必不可少的。”

马基雅维利对于他的计划可能遭遇的阻力了然于胸，因而深感忧虑，尤其是当他不在佛罗伦萨、不能亲理其事的时候。有一次他出使罗马——我们马上就会记述这次出使，下马伊始就立即写信回去问常备军有何进展。比亚焦答复他说，来自阿尔诺河谷部队的头领巴斯蒂亚诺·达·卡斯蒂廖宣称自己可以在四个钟头内召集七百个士兵整装待发，因此获得了广泛的赞赏。比亚焦知道马基雅维利在读这些文字时会多么高兴。这样一些消息以及这么多重要朋友的支持让马基雅维利认为，他迟早会把每个人都争取过来的。他在9月23日给安东尼奥·贾科米尼·泰巴尔杜西的信中就这么说过，泰巴尔杜西是共和国优秀的军事领袖之一，是马基雅维利非常钦佩的人。我提到这封信是因为马基雅维利极少用语言来表达自己的希望和乐观情绪，以及那些值得珍视的时刻。

1506 年夏末，他不得不离开他热爱的国民军，重新回去跟踪意大利政治中错综复杂、毫无荣誉可言的各种阴谋诡计。自由和平十人委员会这次派他出使教宗尤利乌斯二世的宫廷，以拖延时间。他讨厌这个策略，但在这个时候，他不得不精于此道。教宗尤利乌斯二世已决心收复对教廷诸国的完全控制权。由于得到了法国的增援，他满怀信心地离开了罗马，向佩鲁贾和博洛尼亚进军，为的是把詹保罗·巴廖尼驱逐出佩鲁贾城，把乔瓦尼·本蒂沃利奥驱逐出博洛尼亚城。他要求佛罗伦萨把它正在雇佣的雇佣兵队长马尔坎托尼奥·科隆纳及其军队借给他去攻打本蒂沃利奥家族。

由于多方面的原因，佛罗伦萨人迟迟未决，最主要的原因是他们要用这些部队及其将领对付比萨。与此同时，不冒犯脾气暴躁的教宗也很重要，否则他或许会投入威尼斯人热情的怀抱。威尼斯人已经答应帮他取得博洛尼亚，条件是他承认他们在法恩扎和里米尼的权利。因此，有必要以动听的言语和承诺迷住教宗，拖延时间，静观事态的发展。

为了完成这个任务，马基雅维利跃上马背，1506 年 8 月 25 日夜间至 26 日清晨通宵达旦地赶路。他于 27 日抵达内皮，但是没有被允许跟教宗谈话，因为教宗陛下已“不治事”：当时他可能不是沉浸于宗教的冥想，而是忙于世俗的享乐。次日，马基雅维利在卡斯泰拉纳城受到接见，他按十人委员会的意思向教宗作了一段简短而措辞优美的陈述。

在政治价值方面，这次出使算不了什么。但马基雅维利并不打算放过这个机会：追随一个骑马走在一支军队前头的教宗，尤利乌斯不喜欢坐更为常见的轿子。这是研究这个非同寻常的、一手挥着剑、另一手挥着圣彼得权杖的君主之行为的大好机会。马基雅维利的确集中了心思仔细地观察。在这次出使过程中，他找到了几片重要的新瓦砾，它们可以添加到他逐渐构筑起来的政治镶嵌画中，他被一种无法满足的求知欲所驱使，渴望在这个不够高尚的世界中寻找辉煌和意义。

马基雅维利找到的第一片瓦砾与他苦苦求索的一个问题有关：人类在政治舞台上的行动的原因和意义。正如马基雅维利在 9 月 13 日给十人委员会的信中所言，事件本身并不复杂：教宗因为与詹保罗·巴廖尼签订了一份条约而获得了信心，“庄严地进入佩鲁贾”。但马基雅维利敏锐地注意到，教宗把军队留在城门外，这样就把自己“交给詹保罗处置”而不是确保詹保罗在其控制之下。为什么巴廖尼不利用教宗的这个错误呢？

原因之一或许是（马基雅维利当天就写到这件事情，因此不知道事情的结局如何），他这样做是出于“他的善良天性和人性”（*L*，1014—1015）。他补充说，巴廖尼听从了乌尔比诺公爵的建议，早已决定不以武力来保卫自己的国家，而是决定走恭顺之路。让我们把这种很容易伪装出来的行为称为恭顺，但把“善良天性和人性”归诸巴廖尼则有点言过其实了。难道是马基雅维利不了解他所讨论的这个人吗？这尤其是令人难以想象的，因为他在上一年 4 月曾经亲自见过这个人并与他进行了长谈。

这段插曲给马基雅维利留下深远而持久的印象。几年之后，他在《李维史论》里又提到这件事，完全基于对支配着那两个主角——教宗和巴廖尼——之心灵的激情作出的一套非常不同的解释。他说，教宗手无寸铁地进入佩鲁贾，把自己交到敌人的手上，是由于受到了“愤怒”的驱使，他的行为经常受愤怒左右。巴廖尼没有利用教宗的错误，不是因为他的善良或人性，而是因为他的怯懦。实际上，马基雅维利明确地宣称，在这些事件发生那一刻，教宗身边最聪明的人都不约而同地认为，巴廖尼的良知跟他没有撕碎自己的敌人这点毫无关系。像他那样杀死了自己的父亲、把自己的妹妹纳为妾的人，是不可能有怜悯心的。他没有把握住建立一番永受敬佩和“名垂青史”之功业的大好机会，头一个敢于向教士们证明，像他们那样生活和像他们那样毫无智慧地统治国家的人是多么为人们所不齿。简言之，巴廖尼错失了建立功业的机会，这种功业当然有可能是邪恶的，但也有可能成就一种“伟大”，表现出某种“高尚”或公德心。巴廖尼是一个恶棍，他没有能力变得高尚和伟大，他的邪恶是下流的（*D*，I. 27）。马基雅维利对君主身上的这些激情的精彩而动人心魄的描绘，最初是在 1506 年的那个星期天在佩鲁贾起稿的，这种描绘来源于同许多事件、人物的密切和现实的接触。

那一天，另一个重要的思想也开始成形，这个思想后来在《君主论》里得到了十分清晰的阐述。马基雅维利在论及“教会君主国”即由教宗或他的高级教士所控制的王国时写道，它们是由基督教的古老制度所支持的，制度的力量十分强大，以至无论如何统治这些国家，制度都可以把它们维持住。由于宗教的支持，教会的君主们可以随心所欲，忽视对其子民的治理和保护，这些失误会令其他任何君主失去其国家（*P*，XI）。马基雅维利在佩鲁贾看到的是同样的情况。那个毫不犹豫地谋杀了自己的父亲并干出种种无耻勾当的詹保罗·巴廖尼，却不愿意命令其士兵把教宗和陪教宗前来几个枢机主教大卸八块。回想那段故事，马基雅维利总结说，救了教宗尤利乌斯二世的，除了巴廖尼的怯懦而外，或许还有宗教的特殊保佑。

因佩鲁贾事件生成的一些种子已深深地植根于他头脑中的肥沃土壤里，只是在很久以后才发芽；而另一些种子立即就结出了果实，辉煌的果实。教宗的行为进一步加深了马基雅维利长期以来的疑问：为何不同的人们在这个世界上的行为，尤其是不同的甚至截然相反的行为方式，有时会导致完全一样的结果。

马基雅维利把自己的想法写成了一封长信寄给正义旗手的侄子焦万·巴蒂斯塔·索德里尼。信的一开始就说，他最近关于他自己的解释的精确性的种种疑虑已被“教宗的行为以及那些行为的结果”一扫而空（*L*，136）。接着，他以古代历史中的一个事例来证明他的想法。我们如何解释汉尼拔以背信、残暴和对宗教的鄙视赢得了意大利人的尊敬，而西庇阿在西班牙却通过仁慈、守信和对宗教的尊敬达到了同样的结果？还有，洛伦佐·德·美第奇在佛罗伦萨通过解除人民的武装而维持了自己的权力，而乔瓦尼·本蒂沃利奥在博洛尼亚却通过把人民武装起来而达到了同样的结果。类似地，弗兰切斯科·斯福尔扎在米兰和乌尔比诺公爵都保有他们的国家，一个是通过建立新的要塞，另一个是通过摧毁现存的要塞。答案是：人们的成功或失败取决于他们的才干、想象力以及他们的行动是否符合时代和形势的需要。这就是为什么不同的行为方式，在不同的地点和时间，可能会产生同样的结果。

问题在于，时代和形势在改变，而人们却常常没有改变自己的思想和行动。这就是为什么同一个人会一时走运，一时倒霉。如果人们能够懂得其时代和形势的性质，并相应地改变自己的行为，那么明智之人就能支配自己的星宿和命运。但人们总是缺乏远见，无法改变自己的本性或行为，因此运道的逆转始终发生。“命运女神反复无常，支配着人们，将人们置于她的束缚之下。”（*L*，138）这跟两年前马基雅维利致占星术士巴尔托洛梅奥·韦斯普奇的信的内容恰好相反。

佩鲁贾之行后，马基雅维利跟随教宗向北进军博洛尼亚，这是他这次旅行的终点。然而，他的心思一直放在佛罗伦萨国民军上面。10 月 5 日在切塞纳观看了教宗军队的阅兵式后，他利用这个机会向十人委员会称赞了新建立的国民军："如果见到这支部队，诸位大人绝不会对你们自己的军队有羞愧或轻视的感觉。"（*L*，1043）一点点自我推销无伤大雅，而那支国民军几乎在所有场合都备受赞扬。1506 年[①]12 月 6 日，佛罗伦萨建立了一个新的机构，佛罗伦萨国民军九人指挥委员会，专门负责监管国防事务。这一举措，正式承认了国民军是佛罗伦萨共和国制度的组成部分。这个新机构的长官当然非尼科洛·马基雅维利莫属。

在这一切高度评价和赞扬声中，也有人对马基雅维利及其后台索德里尼报以毫不掩饰的仇恨目光。他们绝不是不足为虑的对手，其中一人正是阿拉曼诺·萨尔维亚蒂，马基雅维利的《十年纪第一》就是题献给他的，此人是反对皮耶尔·索德里尼的贵族派领袖之一。马基雅维利从比亚焦 1506 年 10 月 6 日的信中知道了这种敌意：在一次晚宴上，阿拉曼诺当着许多年轻人的面说您是个"恶棍"，而且表示他作为十人委员会的成员，会不遗余力地阻止您重任秘书。我们很快就会看到这种仇恨的原因，而且会看到，阿拉曼诺·萨尔维亚蒂的仇恨在短期内没有产生严重后果。时机依然一片大好，荣耀依然在前头，尽管地平线因一场可怕暴风雨的阵阵乌云的来临而开始黯淡下来。

---

① ［译注］意大利原文误作 1509 年。

11

出使皇帝的宫廷和征服比萨

说老实话，阿拉曼诺·萨维亚蒂和其他显贵的敌意确实害了尼科洛。1507年春，开始有传言说哈布斯堡马克西米利安皇帝正计划进军意大利，以便把法国人赶出伦巴第，并从教宗手中获得神圣罗马帝国的皇冠。佛罗伦萨发现自身处于左右为难之境：一方是法国，另一方是皇帝。正义旗手索德里尼的支持者与既反对索德里尼、又反对人民统治的贵族之间的斗争使局面变得更加复杂。索德里尼希望延续佛罗伦萨传统的亲法政策，尽管1503年法国军队在加里利亚诺遭到了由贡萨洛·德·科尔多瓦指挥的西班牙军队的沉重打击；其对手则赞成站在皇帝一边，与之缔结正式盟约。

在作出任何决定之前，最重要的是尽快知道马克西米利安是否打算翻越阿尔卑斯山进军意大利，他的军队如何，人数有多少。这就是佛罗伦萨给马基雅维利下达的使命；6月19日，他被告知，他将出使德国境内的皇宫——佛罗伦萨人所谓的托德谢利亚。

显贵们并不器重马基雅维利。他们异口同声地抱怨说，佛罗伦萨应该派一个“出身名门的青年”前往皇帝的宫廷，因为他们是派人去处理国家大事，没有必要派出骄横自大的平民马基雅维利。他们的怨恨十分强烈。6月27日，这桩令人垂涎的差使落到了弗兰切斯科·韦托里而不是马基雅维利头上。

这一抵制出自显贵们对索德里尼的政治仇恨，其理由却尤其傲慢：人们就是喜欢来自那些曾经一直操控着佛罗伦萨政治生活尤其是外交政策的家族的“出身名门”的青年。马基雅维利早已充分地展示出他对共和国最大利益的彻底忠诚，这根本就不重要；他早已展示出他具有非凡的政治技巧和理解力，这根本就不重要；他没有“出身名门”，因此就得靠边站。很难想象还有比这更侮慢、更无礼的心态。

马基雅维利感到气愤和苦恼。他的一切努力和牺牲、那些曾让每个人为之动容的光彩夺目的报告，这一切却比不过对家庭和出身的考虑。他感觉被出卖了，他发现他视为朋友的人竟是最狠毒的敌人。他向那些真正的朋友诉说他的失望之苦，虽然我们可以确信他没有伏在他们的肩上痛哭流涕。他们中的一个，菲利波·卡萨韦基亚于1507年7月30日给他写了一封长信，提醒他历史上充满了朋友间反目成仇的例子：马略与苏拉，恺撒与庞培，在佛罗伦萨有朱利亚诺·德·美第奇与弗兰切斯科·德·帕齐。他在信的末尾安慰马基雅维利说，应该想到那些不让他去德国的人的胜利，既无足轻重又是暂时的。

同一天，另一个朋友亚历山德罗·纳西给他的信的开头是“我的善良而非不幸的马基雅维利”。他也鼓励马基雅维利，劝他打起精神来，因为对他来说，待在佛罗伦萨最终会比骑马去托德谢利亚更好。这封信结尾几句话直接说中了问题的要害：情操高尚、专注于上帝和共善的人似乎会在一切情况下作出更好的决定，无论他们富有还是贫穷、是否有高贵的社会地位。但在佛罗伦萨不是这样，这不过是预示着，马基雅维利最终会因为拥有高尚的灵魂和自由的心灵却没有财富和社会地位而受苦受难。

然而，马基雅维利最终还是去了托德谢利亚。索德里尼无法相信韦托里的来信。要么是出于无知，要么是出于隐秘的政治动机，韦托里报称马克西米利安即将离开德国向意大利进发，而且夸大了其军队的人数和战备水平。索德里尼借口需要有人带回口头汇报以防信函丢失，把他信任的尼科洛派往皇帝的宫廷。从职务上讲，马基雅维利不过是个信使，但实际上，他到那里是确保那些送到佛罗伦萨的信件不会给索德里尼的政敌提供可乘之机。

马基雅维利于 1507 年 12 月 17 日启程，沿途经过伦巴第、萨伏伊、日内瓦、波尔查诺和康士坦茨。在伦巴第，法国卫兵对他进行了仔细的搜查，他毁掉了所有可能暴露佛罗伦萨欲资助皇帝进入意大利的意图的信件，干得既慎重又漂亮。在日内瓦，他倾尽全力了解瑞士联邦的民情并推断说瑞士人毫无兴趣帮助皇帝与法国作战。他在康士坦茨停留了半天，向尽可能多的人打听皇帝的意大利计划的实情：在城市大教堂里，他见了两个米兰人；然后会见了音乐家海恩里希·伊萨克；最后跟萨伏伊公爵的一个公使（大使）共进晚餐，缠着他问了许多问题，以至于这个外交官突然发作道："您想两个钟头就打听到我几个月都没能搞清楚的东西呀！"（*L*，1073）

然而，我们不应认为，马基雅维利盲目地相信他与那些人的谈话。他仔细衡量了所有的陈述，剔除了与他能亲眼所见的相左的部分。这一点可以在他于1月17日从波尔查诺寄出的信中看得清清楚楚。他说维里男爵——就是那个被人们普遍认为"十分谨慎的"人——相信皇帝的这次进军会造成"要么和平要么战争"的巨大后果，然后评论说，"在广袤的乡村里，我从来没有遇到过哪怕是一个士兵，见到过哪怕是一匹战马"（*L*，1074）；又接着说，皇帝和瑞士人一次又一次地谈判，时间溜走了，金钱打了水漂。

到了波尔查诺后，他实际上跟弗兰切斯科·韦托里交上了朋友，纵然他们所处的状况更容易引起敌意和怨恨。这两个佛罗伦萨人通力合作，相处极为融洽。他们齐心协力地讨论问题和起草信件（马基雅维利执笔，韦托里签署）。马基雅维利或许会对他没有被任命为公使而感到失望和生气，但他并不是个挟怨记仇的人。他有许多事情要做：设法了解这个他一无所知的民族的政治和军事组织，分析城府极深又非常优柔寡断的皇帝的意图。在任何场合，马基雅维利与韦托里都相互理解、相互欣赏、相互尊重。

马基雅维利关于他的德国之行的最优秀的作品是在他于 1508 年 6 月 16 日返回佛罗伦萨之后写作的。他于 6 月 10 日离开因斯布鲁克，14 日就到了博洛尼亚——这清楚地表明他早已对德国人和瑞士人感到厌倦，渴望再次呼吸佛罗伦萨的清新空气。他一卸下行李，就立即着手撰写《德意志事务报告》，这篇报告大概提交给了十人委员会，其中包含着他对皇帝及诸民族的思考。

在马基雅维利看来，政治是人类以情感、性格和想象力所进行的事业。因此，他总是竭尽全力去了解他遇到的君主们的内心，想方设法去洞察他们的灵魂，看到他们的面具和外表背后的东西。关于马克西米利安皇帝，他写道，“他性格十分随和”，以致他随从中的任何一个人都可以欺骗他。一个朝臣告诉马基雅维利，没有人能够骗皇帝第二次，因为如果他被骗了，他总是知道的。但马基雅维利回答说，即便事实的确如此，宫里有那么多人，每天发生那么多事，皇帝仍然会经常被骗。我们可以想象那个朝臣听到这个答复时会作何感想。不过我们却由此看出马基雅维利多么刁钻古怪。

让我们继续看他的报告。“他有数不清的美德。”他评论说。如果马克西米利安坚韧其心性，他就会成为一个“非常完美的人”，因为他是一个卓越的领袖，公正地统治着自己的国土，乐于听谏纳善，深得人心。简言之，只要他能改变自己的性格，他就会成为一个伟大的君主，能成就他着手进行的任何事业。

不幸的是，江山易改，本性难移，马克西米利安也不例外。他有巨大的潜力，却仍旧是个平庸的君主。他皇帝做得很辛苦，因为尽管他或许已经是皇帝，但他的臣民“自由而富有”。德意志各邦享有很大的独立性。如果马克西米利安需要士兵，他首先必须征得各邦的同意，还必须及时向士兵们发放不菲的军饷。如果三十天还没有发饷，士兵们就会回家，而皇帝毫无办法阻止他们——请求和威胁都无济于事。此外，各邦只是在乐意的时候和定下明确的条件时才会派兵给他。因此，当一邦的士兵到达时，另一邦的士兵已经在回家的路上了。所以皇帝的士兵从理论上讲很多，实际上却很少。凭着他实际拥有的这些少得可怜的士兵，他曾试图强迫威尼斯采取行动。威尼斯对他起初表示友好，后来唯有唾弃。皇帝费了好大劲，获得的却是一次痛苦的失败，这次失败使他丧失了整个弗留利区。

德国出色的军事组织方式及其各邦和自由市的富有，令马基雅维利感到震撼。严格地说，让他留下深刻印象的是，各邦和自由市之所以富有，其原因是那里的民众生活在贫穷之中。他写道，德国人“像叫花子一样生活”，他们不造房屋，不花钱买外衣，他们的食品库常常空着，只要有面包、肉和“一个火炉驱寒”，他们就会心满意足。他们花在衣服上的钱充其量不过“每十年两弗罗林”，这些人并不为他们所缺少的物品而感到烦恼，只为最起码的生活必需品感到烦恼，而“他们的需要比起我们的要低得多”。所有这些因素都防止了邦国钱财的流失，而钱财都堆积到他们的国库去了。

马基雅维利不大可能欣赏德国人所满足的“粗糙”生活。他推崇的是他们的自由，还有瑞士人的自由，在瑞士，除了公民与当选官员之间的差别外，不承认任何社会地位或阶级的差别；而不是他们的“粗糙”(*Opere*，78—79)。为了充实国库，他赞成节俭原则，但瑞士人和德国人也太过分了：光有面包、肉和一堆火似乎过于寒碜；生活需要别的东西，比如说美酒佳酿和天鹅绒外衣（就像他最近定做的那套光材料费就花了四个半达克特的衣服)。

但佛罗伦萨人和意大利人可以在一个领域里从德国人和瑞士人那里学到很多东西，这个领域就是军事组织方法。德国人和瑞士人让自己的士兵“武装起来，接受良好的训练”，他也想让新建立的佛罗伦萨国民军如此。每一座城市都有几个巨大的军械库，里面整齐地放满了武器和军火(他或许在围攻比萨期间就已想到了这一点，当时他被迫四处搜罗火药)。即使他们被围困，他们的食物和柴火储备也足以维持一年。他们或许过得“粗糙”，但他们不大会被奴役，不像高雅的佛罗伦萨人，自己过得很舒服，他们的共和国却舍不得出钱派遣公使。几年后，他在《李维史论》中颂扬了德国人的习俗和宗教的优点，这篇颂辞值得一读，我们借此可以理解马基雅维利是多么看重宗教的社会政治作用，多么看重意大利人的腐化堕落的生活与德国人的充满德性的生活之间的差别。

> 十分明显，在德意志地区，还在那些人民中存在的善良和虔诚是很重要的，这些品质使许多共和国在那里自由地生活，并能够恪守它们的法律，以至没人敢试图征服它们，不论是通过外部进攻，还是内部政变。确实，在它们那里，古老的善良的人大部分还居于支配地位，就此我想举一个和上文所说的元老院和罗马平民的例子相似的事例。那些德意志共和国，当它们需要为国家支出一定数量的金钱时，习惯的做法是，有权管事的官员或委员会向城市的全体居民征收每个人所拥有财产的百分之一或百分之二的税。在作出这个决定后，根据该国的现行程序，每个人都来到征税的官员面前，先发誓会支付适当的金额，然后把他凭良心认为应付的钱投进一个专为此准备的箱子里。对于所支付的税款，除了支付本人之外，没有任何见证人。应当认为，每个人都如实支付款项，因为，如果没有如实支付，征税就不会产生他们根据以前通常

收取的款项所预算的总收入；而如果税收没有带来预期收入，交税者的偷漏就会被发现；而一旦被发现，就可能采用另一种方法来获得必要的钱。由此可以推测，在那些人身上仍然有多么大的善良和多么大的虔诚。这种善良在这个时代越发值得赞赏，因为它越发少见，甚至可以看出它就只在那个地区还保留着（*D*. I. 55）。

马基雅维利的注意力后来不止一次地回到马克西米利安皇帝以及瑞士人和德国人的军事组织方法上面。然而在眼下，更紧急的事情突然来了。因长期围困，比萨开始有弹尽粮绝的迹象。在以金钱安抚了法国国王路易十二和阿拉贡的费迪南德的半真半假的抗议之后，佛罗伦萨人开始隐约感到那场似乎无休无止的战争即将尘埃落定，他们有望实现长期盼望的对比萨的再次征服。

在围攻比萨的战火中，国民军接受了初次考验。这不仅关系到佛罗伦萨人对国民军的信任，还关系到马基雅维利本人的声望，他曾经在集合这些部队时出过非常大的力。与往常一样，他立即投入到那个计划中去。在督导军事行动和训练他的国民军时，他不知疲倦地在一支又一支的军队中间来回穿梭。他工作如此卖力，他赢得的权威如此巨大，以至于在某个时刻，似乎只有他在指导那场以共和国的名义所进行的围攻。比亚焦·博纳科尔西在1509年2月的一封信里竟然称他为“钧座、统帅”（*L*，183）。这只是调侃，但它可以使我们看到马基雅维利所扮演的角色。

这种名望再次招来嫉妒和怨恨。有必要去写信、奉承、安抚，比亚焦恳求尼科洛这样做。“尽快这么做吧，我求您了。”(*L*，185）他在2月21日的信中写道。但尼科洛既没时间也不想去奉承和安抚。他想置身于战斗之中。当他听说十人委员会打算把他调到卡希纳附近的一个较为清闲的营地时，在尼科洛·卡波尼的强求下，他写了一封信，字里行间透露出他对比萨计划的无比热情：“我知道派驻到那里后不大辛苦，也没有什么危险，但如果我不喜欢冒险和辛劳，我就不应该离开佛罗伦萨。所以恳请诸位阁下让我留在前线辅助两位专员（阿拉曼诺·萨尔维亚蒂和安东尼奥·达·菲利卡亚)。我在这里犹能尽绵薄之力，而在那里则会一无是处而绝望至死。”(*Ridolfi*，169）

他想待在他能够有所贡献的地方，其聪明才智和献身热忱能够有所作为的地方。3月中旬，他前往皮翁比诺与比萨代表团讨论投降条件。比萨人拒绝讨论细节问题，而且对执政团只派来一个“秘书”而不是两三个杰出公民表示失望。马基雅维利立即向他们证明，即便他没有名门望族的出身，他也知道如何控制谈判局面。

一开始，比萨人东拉西扯，后来要求佛罗伦萨保证比萨公民的安全及其乡村和城市的财产。他们提出把乡村的管辖权割让给佛罗伦萨，但要维持对自己城市本身的统治权。马基雅维利答复说他们可以放心，所有居民将安全无虞，因为佛罗伦萨执政团不图他们的生命、财产或荣誉，只希望得到“他们的顺从”。至于要佛罗伦萨满足于对乡村的管辖权，他明确指出，这个提议实在可笑，佛罗伦萨要的是“不受任何限制地控制比萨”。

他想要比萨城市和乡村的代表们明白，他们除了投降和发誓服从佛罗伦萨之外别无选择，他还希望说服他们，他们可以信赖执政团关于平民之安全的保证。对比萨代表团中的乡村代表们尤其如此。他提高嗓音威胁，然后尽力以适当的措辞“说服他们”：“我对那几个乡下居民说我对他们的愚蠢感到失望，因为他们在玩一个他们赢不了的游戏，因为如果比萨人胜了，比萨人将不会让他们得到平等的地位，而是会让他们做奴隶，他们将回到田地里；相反，如果比萨被攻破，这是随时都有可能的，他们将失去财产、生命以及一切。”（*L*，1184）这种分化城乡代表的尝试获得了成功。城市代表异常愤怒，而乡村代表则对马基雅维利的话十分赞赏。“大使，我们想要和平，我们想要和平！”这是他们的回答（*L*，1185）。

1509 年 6 月 4 日，和平降临了。佛罗伦萨的首席秘书马尔切洛·维尔吉利奥·阿德里亚尼和一直在指导整个军事外交事务的尼科洛·马基雅维利签字，接受比萨的正式投降。马基雅维利甚至向一个占星术士咨询过佛罗伦萨的军事专员们进驻比萨的黄道吉日。非常肯定的是，那个占星术士回复说，他们“决不能”在星期四的 12 点半之前进城。如果有可能，他们应该在后一天下午进城，“对我们来说那是个吉时”。

军事专员们于 6 月 8 日星期五进入比萨城。在佛罗伦萨，人们感到了极大的满足甚至狂喜。阿戈斯蒂诺·韦斯普奇告诉马基雅维利，城市举行了狂热的庆祝活动，到处是篝火。他补充说，要不是因为我怕我会使您变得过分自豪，我便会说，您和“您的军队”使这次收复比萨变得可能。“我向上帝发誓，我们是多么欢喜啊，”我应该为您写一篇堪比西塞罗的演说辞！几天后，菲利波·卡萨韦基亚邀请马基雅维利作为他的客人消遣数日，吃鳟鱼，喝好酒，为比萨之胜向马基雅维利道贺。他的话清楚地表明佛罗伦萨城里的每个人都认为大部分功劳应归于马基雅维利：“祝愿您从对这个高贵的城市的杰出占领中获益万千”，可以肯定地说，“您个人是这次占领的原因”，这丝毫不是贬低其他“十分高贵的军事专员们”的功劳。然而最好还是要小心谨慎，他补充说，因为马基雅维利的想法只有聪明人才喜欢，而聪明人是很少的（*L*，189）。

卡萨韦基亚说得没错。马基雅维利为他的城市成就了丰功伟业。诚如卡萨韦基亚在信中所言，他的各种想法使他有点像个先知。而恰恰是因为这些缘故，他需要警惕那些一点都不聪明的人的敌意和那些人品卑鄙、野心勃勃、忘恩负义的人的敌意。很有可能，他自己意识到了这一点。无论什么时候，如果他认真思考朋友们的话，他或许已考虑到把自己的个性改变一点，学着去奉承有权有势的人——比亚焦曾经就恳求他这样做，管好自己的舌头，寄人篱下做事，停止追求荣耀。但马基雅维利自己曾说：人很少能改变自己的本性，所以他们是命运女神的奴隶，她随心所欲地转动命运之轮，时而这样，时而那样。马基雅维利早已到达他命运轮盘上的最高点。

12

风云汇聚

一个表现出色的人，一个全心全意献身于公共利益的人，一个努力去理解其国家的问题并为这些问题寻找解决方案的人，应该得到同胞的尊敬和赞美。然而，由于人们大部分都嫉贤妒能、愚昧无知，情况总是相反：一个人工作越努力，他们就越要设法害他，越要在他的路上设置重重障碍。荣誉和成功反而堆积到了善于拍马溜须、弄虚作假和趋炎附势之徒身上。

收复比萨仅六个月后，当喝彩和赞扬之声渐次消歇，针对马基雅维利的敌意就开始比以前更清楚地浮现出来。比亚焦·博纳科尔西再次警告他有危险。他在 1509 年 12 月 28 日的信中写道，八天前，一个戴着面具的人在政府官员面前报告说，“由于您有那样一个父亲，您绝不可以行使您所出任的职务，等等”(*L*，208)。

这个匿名的指控者或许提到了尼科洛的父亲贝尔纳多没有向市政府偿清拖欠的税款，因此其子女不得出任公职。

正如比亚焦急于指出的，法律和许多先例都是对马基雅维利有利的。但事情仍然令人担心，因为佛罗伦萨有许多人都攻击马基雅维利，其中包括一些妓院老板，尼科洛在那种地方显然是众所周知的。

在比亚焦看来，马基雅维利最好外出，等事情平息之后再回来，他不在的时候由比亚焦设法应付。他提出这个建议是因为他知道，如果马基雅维利留在城里，处理这种事件所需要干的一些勾当，亦即哄骗和巴结，他是不会干的。相反，比亚焦知道，他会坏了他自己的事："一切人都想受人赏识和尊敬，即便事情是显而易见的，因此去感谢和再三恳求那些对您有好感的人似乎才是明智之举。您是否适于此道，请您自己判断。"（*L*，209）

比亚焦确实有夸大危险的倾向，但从他的话中我们可以清楚地看到，至少对于他应得之物，马基雅维利是多么不善于低声下气地恳求和循规蹈矩地道谢。比亚焦同样清楚地表明佛罗伦萨咒他倒霉的人是多么多，愿意伸出援手的人是多么少。这真是对他为佛罗伦萨创建国民军和赢回比萨的汗马功劳的绝好赏赐。

在比亚焦写这封警告信时，尼科洛刚出使过曼图亚和维罗纳，正在返回佛罗伦萨的路上。这次出使是奉十人委员会之命，向马克西米利安皇帝支付第二笔酬金（因为比萨事件欠的钱），并留意皇帝和路易国王正在发动的对付威尼斯的战争的进展。他神采奕奕，对佛罗伦萨城里的事情漠不关心。他曾经希望留出一点钱来，这种情况在他如果不是绝无仅有的话，也是极少的，一回去就“做点生意”。他打算办一个养鸡场，还让路易吉·圭恰迪尼去问一个叫皮耶罗·迪·马蒂诺的人是否有兴趣帮他打理。

马基雅维利在考虑养鸡场的同时，让自己陷入了许多无损于其荣誉的事情里，至少用他的话来说是如此。路易吉·圭恰迪尼曾写信给他说到一次艳遇，它让圭恰迪尼欲火焚身，想再次去见那个可爱的女子。马基雅维利回复了自己的故事，跟他朋友的叙述正好相反。圭恰迪尼渴望鸳梦重温，而马基雅维利在维罗纳的一番遭遇，扼杀了他在未来若干时间里做那件事的欲望。圭恰迪尼美滋滋地出入幽会之所，而马基雅维利却出尽洋相，用他自己的话来说，像一只“新鸟”。

让我们看看实际的情况。由于被“性饥渴”折磨得昏了头，我们的尼科洛接受了一个为他洗衣服的“老鸨”的坚持不懈的邀请，去试一件商品。此处的货物是个女人。当这位主顾上门时，她正坐在黑暗的角落里，用毛巾遮住了半张脸。在这里，我要让尼科洛给我们讲讲这个令人反胃的故事，他对细节的描写实在令人叹为观止：

> 我，一个害羞的小伙子，完全吓傻了。不过长话短说，在黑暗中就剩下我和她两人（老鸨很快离开了屋子，把门关上了），我上了她。完事之后，我想看

看这件商品。我从屋里的壁炉中取了一段燃烧的木柴，去点壁炉上面的一盏灯，几乎把灯打翻才点着。啊！我差点儿没当场死去，那女的太丑了。我首先注意到她的一蓬头发，一部分白，一部分黑——换言之，就是花白的那种。尽管她的头顶部分已秃了（多亏了这片秃顶，我可以看清有几只虱子在漫步），还是有细细的几缕头发，发梢垂到眉毛上。在她瘦小、满是褶子的脑门上有一道暗红的疤痕，看起来仿佛是在市场上被烙铁打过印记似的，她每道眉毛的末梢都有一串虱卵，一只眼向上看，一只眼向下看，一只眼大，一只眼小，眼窝里充满浑浊的泪水，而且没有睫毛。她的塌鼻子的鼻孔向上翻着，有一个鼻孔被划破了，里面尽是鼻涕。她的嘴巴像洛伦佐·德·美第奇的，但是歪向一边，流着涎水，因为她没有牙齿，不能抑制流哈喇子。她的上嘴唇惹人注目地长着一些略长而稀疏的胡须。她的下巴又尖又长，还有点向上翘，下巴颏有点多毛的赘肉拖到喉结上。当我站在那里盯着这个怪兽，完全不知所措、脑子里一片空白时，她意识到了，并且试图说："怎么了，先生？"不过她无法说清楚，因为她是个结巴。她开口的时候，呼出了那样一种恶臭，我的眼睛和鼻子——两处最敏感的感觉器官——大受其害，我的胃变得愤怒，简直无法忍受这种凌辱；我开始反胃，吐了她一身。就这样以货代款给她付了报酬之后，我离开了（*L*，205—206）。

尼科洛用的是一个狡猾的应局：他的朋友欣喜若狂地描绘了自己占有过的那个女人的美丽，他应之以对他的女人的惊世骇俗的丑的一段描写。他似乎乐于嘲讽他那自吹自擂的朋友和嘲讽他自己，想象自己在现实中而不是在玩笑里置身于这样一个噩梦般的处境时的样子。至于这种遭遇是不是真的有过，与他的叙述是否符合，则完全是另外一回事。

除了忙于所谓的感情之事，马基雅维利还努力去追踪威尼斯战争中错综复杂的风云变幻和数不清的不确定情况。他于 1509 年 11 月 15 日抵达曼图亚，但一开始没有搜集到多少有用的情报。侯爵夫人伊莎贝拉·迪·埃斯特一人统治着曼图亚，因为其丈夫弗兰切斯科·贡萨加做了威尼斯人的阶下囚。侯爵夫人直到 11 月 18 日才接见了马基雅维利。她让他等到那天，倒不是想惩罚或羞辱他，而是因为她喜欢晚睡，午饭之前从不接受晋见。这是他第二次被女性统治者接见，第一次是他出使弗利的卡塔丽娜·斯福尔扎的宫廷。关于伊莎贝拉·迪·埃斯特，他只说过她待他“极其和善”，给他提供了一些她所掌握的贫乏而不可靠的战况情报。比他从她宫廷里搜集到的那些情报还要不可靠，那里“骗子成堆，和天上落下来的雨滴一样多”（*L*，1126）。

为了获得更可靠的情报，他去了维罗纳。他于 11 月

21日抵达那里，便立即发现，如果说贵族和皇帝站在一边，那么平民和“最下层百姓”支持的却是威尼斯。他于11月26日汇报说，皇帝的士兵肆无忌惮地偷窃和抢劫，尤其是在乡村，因此被弄得食不果腹的农民决心拼死报仇。他说，他们满怀对威尼斯的敌人的仇恨，这种仇恨之巨大，可以跟犹太人对罗马人的仇恨相比，他们宁可被立即处死，也不愿否认他们对威尼斯的忠诚。其中有一个被捕并被送到皇帝的公使特伦托主教那里的人说，自己忠于圣马可，愿意为忠于圣马可而死，无论是给他活命的机会还是其他的赏赐，都不能动摇他的决心。主教就把他绞死了。

根据这些观察，马基雅维利作出了许多重要的预测和政治分析并火速发回佛罗伦萨。关于战争的未来进展，他指出，面对人民普遍的敌意，皇帝和法国国王将会倾尽全力去尽快结束军事行动。但是，指挥军队的两个君主并不齐心协力，而是“以相互猜疑的眼光看对方”。法国国王“能发动战争但不想”，皇帝“想但不能”。在这种情况下，可以有把握地说，从威尼斯人那里占领的土地，很快就会重新回到它们为时已久的统治者手里（*LC*，1236）。

或许农民对威尼斯的忠诚，不仅仅是因为占领军的残暴和骚扰，还因为威尼斯人的统治最起码是宽松的，比佛罗伦萨人的统治还要宽松。但马基雅维利没有考虑这一点，而是去关注一个更大的问题，国家和统治如何维持。在此背景下，他提到说，威尼斯人在他们重新夺取的所有地方都画了圣马可标志，而且圣马可之狮不是像以往那样和一本书册画在一起，而是和一支剑画在一起。尼科洛在 12 月 7 日评论说，这标志着要保有国家，“知识和书本是不够的”(*L*，1239)。

马基雅维利重申他数年来一再强调的主题：要保有一个国家，光有灵活多变的外交手腕还不够，必须要有充分的军事实力。在传统的图画里，圣马可手里拿的是《马可福音》。在马基雅维利看来，威尼斯人把福音书换成一支剑，意在展示他们熟知一个原则：要想保有国家，必须抛弃基督教的道德标准，在战争中尤其如此。

这些就是在那个圣诞节刚过后，他动身回佛罗伦萨时的想法。他于 1510 年 1 月 2 日回到佛罗伦萨。关于他父亲的匿名指控已被束之高阁，这在某种程度上是因为马基雅维利能够依赖正义旗手索德里尼的慷慨相助。这一年的头几个月，他花了些时间处理家务，进行了几次无足轻重的出使，为国民军士兵的招募而到乡村作了几次新的考察。

与此同时，意大利的政治状况急转直下，一场可怕的风暴眼看就要席卷佛罗伦萨。尤利乌斯二世下定决心要把法国人逐出意大利。为了实现这个目的，他正在筹备一场战争。教宗的胜利将意味着佛罗伦萨之自由的终结，这不仅是因为佛罗伦萨本身会完全被教宗的领地包围，还因为教宗是美第奇家族的同盟，美第奇家族从来没有放弃过放逐索德里尼、推翻共和政府、再度执掌政权的想法。这个家族目前的首领是枢机主教乔瓦尼·德·美第奇，此人通过在教廷里表现出来的宽仁博爱，一直在巧妙地赢取许多佛罗伦萨人的同情，其中包括曾经跟他的兄长皮耶罗为敌的人。这一情况使得佛罗伦萨面临的危险更加严重。然而，佛罗伦萨还是不能公然派出军队增援法国国王的军队，虽然法国国王及其驻米兰的查理·德·安布瓦兹中尉曾经要求援助。答应这样的要求会使佛罗伦萨易于受到教宗军队的攻击，因为法国的军队离佛罗伦萨很远，而教宗的军队就在近处虎视眈眈。

因此，唯一的出路就是促使法国国王和教宗达成某种和约。必须让前者相信，一旦发起一场全面战争，或者佛罗伦萨的防卫被解除，法国的利益就会受到极大的损害。这项任务十分困难，风险也很大，必须由某个熟悉法国宫廷的人去处理。

我们的秘书是唯一合理的人选。他于1510年7月7日到达里昂，携带着一封十人委员会的公函和一封皮耶尔·索德里尼写的私人信件，后者显示了在这一极端微妙的局势下佛罗伦萨对外政策的主要路线。索德里尼写道，您必须告诉国王，我“生命中孜孜以求的只有三件事：上帝的荣耀，我的祖国的福祉，法兰西国王陛下的福祉和荣耀”。您必须让他知道，维持他在意大利的权力的最好方式就是削弱威尼斯，并跟皇帝维持良好的关系；最要紧的是，您必须向他解释，他应该尽其一切努力“不要断绝和教宗的关系；因为如果说教宗作为一个朋友没什么价值，作为一个敌人却能够造成巨大的危害”，对他开战而不与全世界为敌是绝无可能的（*L*，1247—1248）。

这就是意大利人对付外来干涉者的一贯做法！教宗尤利乌斯二世自封为意大利自由的英雄骑士，他告诉每一个愿意听他讲话的人说，他打算在威尼斯人的帮助下驱逐法国蛮子、驱逐那不勒斯王国的西班牙统治者和瑞士人。他的计划在意大利和佛罗伦萨都赢得了支持，但那些对政治现实有着更深刻认识的人士，比如说弗兰切斯科·圭恰迪尼，并不“因一个名号的灿烂光辉而瞎了眼睛”，他们害怕热血沸腾的教宗的事业只会让意大利面临的外来统治变本加厉，变得更彻底。

单凭教宗和威尼斯并不足以打败法国和西班牙。更有可能发生的是，要么法国、要么西班牙会成为意大利的绝对主人，甚至把那几个为数不多的曾经保有自由的国家也统治起来。在事情有所改善之前，最好的办法是不去破坏现状，让西班牙统治那不勒斯，法国统治米兰，按照事件发展的需要，时而支持西班牙，时而支持法国。

马基雅维利就是持这个看法，法国宫廷里的其他人也抱有同样的观点。他在 7 月 26 日写给佛罗伦萨的信中说：“教宗的这次行动冒犯了这里的每个人；人人似乎都认为他企图摧毁基督教世界以及实现意大利的毁灭。”（*L*，1269）甚至连教宗的特使卡米洛·莱奥尼尼主教也抱有这个看法。

马基雅维利说他是一个“确实可敬的绅士，在国家事务上既有经验又有见识”，愿意为创造和平、为避免一场会令意大利的“穷苦百姓”及其小公国涂炭的血腥、残忍的战争而倾尽全力（*L*，1262）。在跟莱奥尼尼交谈的过程中，马基雅维利看到了法国国王和教宗之间友好相处的可能，他为了这个外交方案而游说：“一位可敬而显赫的要人请我敦促诸位大人承办此事，利用你们的一切影响力，以你们所能明智地提出的一切考虑去说服教宗，因为这位要人担心，若是从这里发起调解的努力，教宗可能不大会接受。”（*L*，1270）

马基雅维利解释说，这样一种干涉大有成功的机会，因为教宗欲从法国人手里夺取热那亚而遭到失败之后，或许已变得较为谨小慎微了；而路易国王，无论他对教宗的冒犯抱有多深的怨恨，他也知道，正面攻击教宗将会遭到“全世界”的一致反对。所以，马基雅维利建议佛罗伦萨扮演“调解人”的角色，尽管他知道他已经僭越自己的职分，他为此请求宽恕：“我不揣冒昧给诸位大人写了以上内容，因为我认为呈报我在宫廷里的所见所闻是我的职责所在。”（*L*，1270）

马基雅维利认为这是一个摆脱致命困局的绝好机会，他敦促佛罗伦萨执政团抓住这个机会，不要有任何拖延，尽管拖延是他们最喜欢的战术，因为他们认为时间将会对他们有利。8 月 3 日，他再次写信，力劝佛罗伦萨实行这一外交方案。再愚蠢的人也知道，佛罗伦萨会因法国国王和教宗之间开战而失去一切，会因和平而得到一切。如果说服这两个敌对者达成一份和约，佛罗伦萨将阻止一场灾难性的战争，获得法国国王和教宗双方的感激；如果教宗抵制这样一份和约，法国国王仍要感激佛罗伦萨，而且可以很容易地在整个欧洲面前谴责教宗。另一方面，如果佛罗伦萨在创造和平的努力遭教宗拒绝之后跟法国国王结盟发动对教宗的战争，教宗就无法抱怨佛罗伦萨。他再次对僭越自己的职分表示歉意："这一切考虑让我乐于介入这些谈判，假如诸位大人赞成我的方针，我就心满意足了。否则，我请求你们宽恕，因为以我现在所处的位置，我无法对事情作另一种判断。"（*L*，1282）

几个星期后，这一调停的尝试失败了。尤利乌斯二世压根就不听佛罗伦萨的使者们订立和平协议的建议。相反，他大发雷霆并威胁他们，仿佛他们表达了一种极大的侮辱似的。不幸的使者们既无法平息他的怒火，也无法说服他认真考虑这个和平计划。在最后一次接见他们时，教宗竟然说，他正想方设法把意大利从法国人手里解救出来，佛罗伦萨却在做一切能想到的事来阻碍他的计划，他会让他们为蓄意的阻挠付出高昂的代价。佛罗伦萨的使者们除了被暴躁的教宗一通怒骂之外一无所获，然而和萨伏伊的一个特使相比他们应该感到幸运：当那个特使提出和平的建议时，教宗指控他是间谍并让人用铁棍抽打他，折磨他。

和平提议的失败使佛罗伦萨的利益受到了损害。十人委员会命令后来成为永久驻法国大使的罗伯托·阿恰约利向法国国王说明此事。这也是马基雅维利的失败，他曾信心十足地支持这个和平提议。但他没有什么好后悔的，即便和平的努力最终无用，还是要比保持中立好。更坏的是拖延作出决定，今天看上去是法国国王的朋友，明天看上去是国王敌人的朋友。

马基雅维利以自己的全部智慧和激情向十人委员会解释了这一点。他于8月9日在布卢瓦写信说，昨天上午，我和国王就意大利事务作了长谈，我清楚地看出他不信任你们，而且在你们公开宣布支持他、让你们的“军队和他的军队并肩而立”之前是不大可能信任你们的。他补充道，“诸位大人应该相信，假如教宗与法国国王陛下爆发战争，那么要想无视各种相互冲突的考虑，不选择支持任何一方，是万万不可能的。”他以隐瞒自己的某些观点、夸大另一些观点的惯用外交手法写道：“希望你们得到最大利益的人认为，诸位大人有必要留意目前事务，不可因循瞻望，等事到临头才草草应付；要仔细地考虑，然后直接去实现你们指向的目标；无论如何你们应该形成明确的决定。”(*L*, 1288—1289)

除非签署一份和平条约，除非皇帝和英国国王出面制止，否则路易国王会带着一支人数浩大的军队进入意大利。对于这支军队而言，进军罗马就像闲庭信步一样。马基雅维利写道，让我们期待上帝除去教宗身上的“魔鬼的邪灵”

并阻止他毁灭佛罗伦萨和他自己，即便“让这些教士在他们有生之年尝到一点苦果”也行（*L*，1299）。他完全无法忍住不说：他对腐化至极的教士们有多么鄙视，这些人跟君主们一样，以宗教为工具增加自己的权力和财富。他对尤利乌斯二世有多么仇恨，这个人以解放意大利为借口，正在施展计谋使佛罗伦萨屈服于美第奇家族的统治，使意大利屈服于西班牙人的统治。

与此同时，佛罗伦萨必须自己救自己，迅速作出决定，要么坚持讲和，要么跟法国国王并肩战斗。在马基雅维利心目中，绝无任何其他的选择。在这两种选择中，讲和是上策。必须让骄傲的法国人相信，挑起一场与教宗及其盟友的战争是不明智的，要佛罗伦萨派兵到米兰则更不明智，因为教宗在任何时候都有可能从四面八方对佛罗伦萨发动进攻。他向国王的司库罗贝泰解释说，法国人若向教宗开战，必将面临巨大的风险：如果他们孤军奋战，他们不一定能赢；如果他们和一个强大的盟友并肩作战，他们将不得不跟那个盟友分享意大利，然后面临着另一场甚至更加危险的战争。他在法国的御前会议中解释了这一利害关系，强调教宗已陈兵包围了佛罗伦萨的领土，如果佛罗伦萨把自己的军队派出境外，佛罗伦萨就会变成俎上之肉。

他的话令法国权贵因愤怒而态度生硬，但他逐渐使他们接受了他的观点。1510 年 8 月 29 日，他试图晋见国王未果，因为国王身子不适，“深居后宫”（*L*，1320）。没有谁会比尼科洛对肉体和感情的需要更为敏感，所以他没有惊动国王和王后，而是去了枢密院，就是召开御前会议的地方。他在显赫的权贵面前解释说，如果佛罗伦萨的军队留在托斯卡纳，他们可以为“牵制”教宗作出更大的贡献，比他们被派到托斯卡纳以外的地方更有益于国王的事业。“所有人都耐心倾听”，最后一致认为他分析得十分周全。9月5日，他终于可以通知佛罗伦萨说，法国国王已作出决定，佛罗伦萨的军队可以留在佛罗伦萨，而且国王将派出自己的军队来保卫佛罗伦萨共和国。

马基雅维利无法再多做什么了，在那一刻也没什么好做的了。他可以跃上马背，回佛罗伦萨了；多亏从皮斯托亚商人巴尔托洛梅奥·潘恰蒂奇那里借到一笔钱，他还可以骑着马回去。他曾经写信给十人委员会说，若没有那笔贷款，他就要把马卖了，走着回去。

13

共和国的灭亡

从远处看，历史的大戏剧——一个共和国灭亡，一国人民丧失自由，以及这些事件带来的巨大痛苦和磨难——似乎是不可避免的结局，是时代的必然产物。戏剧中的主人公们似乎是在一张由一种巨大的力量编织成的罗网中苦苦挣扎。这种力量，我们可以称为命运、宿命或天意，它在前行的同时，刻意仁慈地把所有主人公隐藏起来，不管他们伟大还是渺小，高贵还是卑劣，聪明还是愚蠢，勇敢还是怯懦。

相反，就近看，这些同样的事件似乎是机运的结果，是由各种被抓住或溜掉的机会所决定的，是纯粹偶然的产物。整部戏剧分成一些独立的故事：统治者的缺乏判断，一个人的勇气和另一个人的恐惧，同一个人身上对立情感之间的冲突。历史长河仿佛会在任何时刻先拐向一个方向，然后拐向另一个方向。剧中人物似乎复活了：我们能够描绘他们的脸庞，仿佛故事正在舞台上表演一样。我们沉迷在他们的生活世界里，我们听他们说话，我们祝福一个人，厌恶另一人。到最后，我们得出自己的结论。无论我们最终的判断是什么，我们都对一个十分重要的问题多了几分了解。历史反复不断地、固执地将这个问题摆在我们面前，似乎是想对我们当头棒喝，要我们懂得我们不愿吸取的一个教训，或者说要我们力争不要忘记。这个问题是，人们如何以及为什么失去自由而变为奴隶。

当马基雅维利从法国回到佛罗伦萨时，已经是 1510 年 10 月末。佛罗伦萨的乡村和城市想必已呈现出一派醉人的、唯有托斯卡纳的秋天才有的优美风景。遗憾的是，他的任何著作都不曾流露他对自然风景的感想。但我们知道，他对生活有着深沉的、诗意的欣赏，对美有着敏锐的感悟。或许是他从来没有时间；他永远在无休无止地奔走，总是匆匆忙忙的，经常在努力追赶一连串的政治事件的脚步，这些事件迅速地耗尽了他和共和国的虚弱力量，最终滑向一个惨淡的结局；或许是他的目光从来没有离开过人类世界，这个有着大不幸的、缺少伟大的世界。

我们的确知道，他很高兴跟妻子玛丽埃塔夫人和孩子们在佛罗伦萨城外佩尔库西纳乡下的住宅里团聚。在法国期间，他曾不断向秘书厅打听家里的消息，又为他的朋友和同事们没有答复而生气。后来马尔切洛·阿德里亚尼写信给他说：“你的妻子在这里，还活着，你的几个孩子蹒跚地来回走，你的家还在，今年佩尔库西纳的收成会很差。

这就是你家目前的情况。”（*L*，219）他终于有机会尝到做一个备受煎熬的丈夫和父亲的滋味了。无可否认，马基雅维利在法国找到了惬意的伴侣，某个名叫让娜的女子帮他驱走了孤独，她可比维罗纳的那个令人毛骨悚然的老太婆好多了。但他还是没有忘记自己的妻子和孩子。他生性旷达：心灵中容得下许多恋人和许多激情。

他发现佛罗伦萨比在他离开之前更分裂了。美第奇派的追随者因枢机主教乔瓦尼·德·美第奇沐浴着来自罗马的宠幸而受到激励，其人数与欲除掉皮耶尔·索德里尼的决心都在日益增加。与此同时，正义旗手索德里尼在佛罗伦萨贵族中越来越受反对，他们指责他无视他们的利益考虑，拒绝让他们在公共事务中扮演突出的角色，而扮演这种角色是他们与生俱来的特权。早已敏锐地意识到教宗和法国国王即将兵戎相见的马基雅维利立即心知肚明，这些冲突和分裂为共和国敲响了丧钟。在教宗及其盟友的公开敌意面前，即便是一个齐心协力的共和国都没有什么胜算；而在佛罗伦萨共和国里，最富有、最有权势的人却期待平民政府的垮台，把政府垮台视为解放，这样的共和国还有什么机会呢？

要想让这个城市不被即将到来的大洪水摧毁，必须加强现有的防御措施，并建立新的防御措施。任务十分紧迫。遵循佛罗伦萨政治生活的指导原则——时间帮助那些等待的人——无异于自杀。马基雅维利是少数对此有清醒认识的人士之一，但他没有权力。重要的决定权在其他人手里。他被迫把自己的活动限于军事事务，限于构筑要塞和巩固军队。他不知疲倦地投入这些工作中。他沿着教宗的军队可能采取的进军路线视察了比萨、阿雷佐、皇帝山等地的要塞。他全身心地扑入招募一支轻骑兵的计划之中。他认为一支军队的战斗力在于步兵，但没有骑兵的军队是无法取得彻底的胜利的。他在基亚纳谷地招募士兵，复活节后的那个星期天，他在佛罗伦萨的街道上检阅这个新的骑兵团。佛罗伦萨终于有自己的步兵团和骑兵团了。但这些士兵都是没有见过战争的新人。他们分几队前进，做了一些少得可怜的阅兵操练。他们对于战争一无所知。他们缺乏可以制定纪律、鼓舞士气和熟练指挥的有经验的军官。

假以时日，佛罗伦萨的统治者肯定能克服军队经验不足和军官缺乏的弊端。然而共和国的敌人却不会坐下来等待。教宗与法国国王的冲突已进入一个决定性的新阶段。双方如今既在进行宗教的战争，也在进行有形武器的战争。法国国王说服了一些法国籍和西班牙籍枢机主教公开宣布举行一个公众会议，这个会议将于 1511 年 9 月在比萨召开，声讨教宗的行为并要求改革。尤利乌斯二世立即对造反的枢机主教们处以绝罚，并宣布将于 1512 年 5 月在罗马举行一个新的会议。

教宗在这场宗教战争中获胜，这或许事先就可以毫不费力地看出。尽管造反的枢机主教们宣称其动机是希望改革教会，但他们骗不了任何人：非常明显，在希望推动改革的冠冕堂皇的借口背后，那些枢机主教仅仅是在实施法国国王的政治图谋，而且受到赤裸裸的个人野心的驱使。同样明显的是，用圭恰迪尼的话来讲："如果他们中的任何一个当上教宗，他们之极度需要革除弊病，丝毫不亚于那些他们目前对之提出改革计划的人。"（*Storia d'Italia*，X. 7）

比萨会议的提议对教宗毫发无损，却极大地损害了佛罗伦萨的利益。由于比萨归佛罗伦萨管辖，因此教宗对佛罗伦萨下了一道禁止令。这种禁止令是一种宗教处罚，禁止受罚的城市举行任何圣事、宗教葬礼和某些圣礼。这不是佛罗伦萨头一回受禁止令的处罚，但它仍然给佛罗伦萨政府造成了严重的麻烦。真正的问题是政治的问题。通过要求佛罗伦萨共和国做比萨会议的东道主，法国国王再次把佛罗伦萨置于进退维谷的境地。佛罗伦萨若是拒绝，会激怒唯一的盟友；若是接受，则会招来教宗更大的仇恨，如果教宗的仇恨还没达到极点的话。

必须说服路易国王和他的枢机主教们彻底放弃开这个会的念头，或者去其他地方开会，或者至少把它推迟几个月，说不定会有某种奇迹——或许正好是教宗的死亡——来解救可怜的佛罗伦萨。十人委员会决定把这项富有挑战性的任务委托给尼科洛，派他沿着通往米兰的大路走，沿途会见几位枢机主教：取得了耶路撒冷圣十字荣衔的贝尔纳迪诺·卡瓦哈尔、纳博讷大主教纪尧姆·布里松尼、科森扎主教弗兰西斯科·博尔贾，他们正在南下比萨的路上。他得到的训令是，见过他们之后，接着就去法国向国王说明情况。他在皮亚琴察附近会见了他们，和他们在一起的还有枢机主教费德里科·圣塞韦里诺。我们可以想象，对于他来说，与这些人物谈判是怎样一种滋味，他巴不得看着他们和教宗一起进地狱。再说，枢机主教们待他颇为无礼，让他等了几个钟头才对他提出的建议作出回复。我们还可以想象，当他在听取那些妄自尊大的陈述——这些陈述证明，那个会议为的是一切基督徒的利益，它将为上帝所悦纳——以及当他们在努力劝他相信，出于对基督的爱和教会的利益，佛罗伦萨应该主动承担扮演东道主角色的重任时，他的脸上是什么表情。

无论如何，他们还是达成了一个临时办法。我们不清楚，枢机主教们是被当地民众和比萨教士的敌意吓倒了，还是被马基雅维利的理由说服了，马基雅维利雄辩地向他们证明，把他们的“秘密会议”挪到别处去开，是出于对他们自身利益的考虑。无论如何，在 11 月里，他们收拾行囊返回米兰去了，他们在那个谁都不在乎他们的环境里举行了一次幽灵会议。

然而，这也只是临时办法而已。在宗教较量中打败了法国国王之后，魔鬼般的教宗正在厉兵秣马，准备以政治和军事手段干掉对手。1511 年 10 月初，他建立了与威尼斯、费拉拉公爵、阿拉贡国王“天主教徒”费迪南德的

“神圣同盟”，目的在于维护教会的统一，恢复教廷对博洛尼亚的统治，将任何一个可能反抗此举的人——比如说法国国王——逐出意大利。那不勒斯总督雷蒙多·迪·卡尔多纳被任命为盟军司令。11 月 17 日，英国国王亨利八世加入“神圣同盟”。后来，马克西米利安皇帝也成为“神圣同盟”的事实成员。法国陷入孤立，被团团包围；佛罗伦萨陷入孤立，被团团包围，处于无依无靠的境地。

在军事方面，法国仍占上风，至少一开始的时候如此。在加斯东·德·富瓦的指挥下，法国军队占领并洗劫了布雷西亚。加斯东·德·富瓦是一个极富勇气和才能的统帅，能以演说和身先士卒而鼓舞士气。1512 年 4 月 1 日，他们在离拉韦纳不远的地方痛击西班牙和教宗的军队。然而，这次胜利却付出了惨重的代价，加斯东·德·富瓦在骑马追击正在撤退、但阵形依然不乱的西班牙步兵团时被杀。在将领被杀之后，法国军队陷入了混乱，不但没有进军罗马，反而开始了长途退却。

召这支军队回去的正是路易十二本人，他害怕自己会陷入与可怕的瑞士步兵团的战争，因为瑞士步兵团已最终同意与教宗结盟。这些瑞士人行军打仗，既像往常那样是出于对钱财和战利品的贪婪，又是出于对这个用德国士兵把他们取代掉的法国君主的仇恨。最终使形势骤然变得对教宗有利的是马克西米利安向德国士兵下令，要他们停止为法国国王作战并返回家乡去。法国人被迫停止战争。米兰落入瑞士军队手中，尽管它从名义上讲是被“神圣同盟”所接管。博洛尼亚、皮亚琴察和帕尔马投降了教宗。热那亚把法国驻军驱逐出境。尤利乌斯二世成为无可争辩的胜利者。5月3日，他志得意满地宣布召开拉特兰会议。据圭恰迪尼记述：“有许多美好而神圣的仪式，要是人们真的认为策划了这些事件的人们的真实想法和目的跟他们的言辞是一致的，这些仪式还真能激起人们内心深处的情感哩。”（*Storia d'Italia*，X. 14）

唯一剩下的事情就是和佛罗伦萨清算新仇旧恨。6月在曼图亚的一次秘密会议上，“神圣同盟”的首领们对该城的命运作出了判决。他们决定强迫索德里尼辞去正义旗手职务，解散共和政府，恢复美第奇家族的政权。那支在拉韦纳之败中奇迹般生还的西班牙军队在雷蒙多·迪·卡尔多纳的指挥下开始进军佛罗伦萨。他们越过了亚平宁山脉，在佛罗伦萨北边穆杰洛的巴尔贝里诺安营扎寨。后来他们又迅速向南前进到坎皮。

比亚焦·博纳科尔西在8月27日给正在普拉托附近跟受训士兵在一起的马基雅维利的信里面，清楚地表明当那支西班牙军队到达离佛罗伦萨的城墙几里的地方时，佛罗伦萨城里的情况如何。比亚焦写道，皮耶尔·索德里尼“让我通知您迅速在那里作出部署，因为他实在不喜欢敌军今晚行进至坎皮扎营，这令他十分震惊。再会吧。请尽力而为，不要把时间浪费在讨论上面”（*L*，230）。

共和国的最高领袖竟对西班牙人在坎皮扎营感到震惊，他仿佛根本就不知道“神圣同盟”早已经决定了佛罗伦萨的未来！而且他竟好意思让马基雅维利做点什么来挽救它，仿佛仅拥有一些受训士兵——这些从未见过战争、既无军官又无火炮的士兵比一群农民好不到哪里去——的马基雅维利能够创造奇迹、拯救共和国似的。那封信末尾的“再会吧”预示了佛罗伦萨共和国的灭亡和一出悲剧，这出悲剧迫使这两个朋友永远离开旧宫，离开他们多年在一起工作、生活、受苦和欢笑的地方。

与此同时，已经敏锐意识到对手弱点的总督卡尔多纳开出了交易条件：我们并不想剥夺佛罗伦萨的自由，也不希望改变它的政体。我们只是要求解除皮耶尔·索德里尼的职务，并让美第奇家族重返佛罗伦萨享受普通公民的生活，像其他任何人一样服从共和国的法律和政府。

这个提议使佛罗伦萨人陷入分裂。有些人赞同。他们争辩说，让整个城市为了一个人冒险是不公平的，如果美第奇家族作为普通公民重返佛罗伦萨，那么他们是不大可能对佛罗伦萨人民的自由构成威胁的，而且被法国国王所抛弃的佛罗伦萨，是有能力顶住“神圣同盟”的压力的。反对这个提议的人反驳说，认为西班牙军队远道而来就是为了让索德里尼解职并把美第奇家族作为普通公民送回来，这是荒谬的。一旦索德里尼被解除公职，佛罗伦萨就会立即变得群龙无首。美第奇家族在西班牙军队的帮助下把共和国的敌人引进来，解散大议会，摧毁佛罗伦萨的自由，这简直易如反掌。西班牙军队没有大炮，食物短缺，如果佛罗伦萨能顶住初期的进攻，这个总督就会给出更优惠的条件。因此，最明智的做法是拒绝那个通牒，并准备保卫佛罗伦萨的自由。

索德里尼召集了大议会，在会上发表了一通值得纪念的演说。下面那段从圭恰迪尼的著作中摘出的杰出演讲，是关于佛罗伦萨的命运以及美第奇家族统治之本质，从这个出色的范例中我们可以看到，一个伟大的史家如何想象这样的演说：

> 如果我认为总督的要求仅仅关系到我个人的利益，那么我自己早就该作出与我的提议相称的决定了。鉴于我一直准备为了你们的利益献出我的生命，我会十分轻松地辞去你们授予我的职务，这样我也可以从战争的苦难和危险中解脱出来。尤其是考虑到在我担任这个职务的这些年里，我的身体和灵魂曾被无数的辛劳和烦恼折磨得痛苦不堪。只是那个要求包含了某种超出我个人利益以外的东西，在各位尊敬的议员同胞和我本人看来，如此关系到一切人的利益的事情，似乎不应该不经公众的赞同就贸然决定。而这样一个关系到每个人的重大问题不交给普通的公民去商议，而是要交给你们去商议，因为你们是这个城市的根基，

只有你们才有权利作出这样一个庄严的决定。我不希望以任何方式对你们施加影响，提建议的应该是你们，作决定的也是你们。我将接受并尊重你们作出的任何决定。我不仅把属于你们的长官职位交给你们，还要把我的人身、我的生命也交给你们处置。如果这或许可以让你们有安全感，那么我本人就感到极其幸福了。请仔细考虑总督的要求，它或许关系到你们的自由。上帝赋予了你们美德，让你们心里知道，你们一定会作出最好的决定。如果美第奇家族被允许作为普通公民生活在这座城市里，耐着性子接受政府的决定和你们的法律，那么，让他们回来就是一件值得称道的事情，这件事情将有利于共和国融为一体。但是，如果他们别有所图，那么请警惕你们可能面临的危险吧。此外，在维护你们自由的问题上，请不要把任何代价和困难看得过于沉重而难以承受。自由有多么珍贵，容我冒昧地说一句，如果你们的自由被剥夺了，你们就会对此有更好的认识了。任何人都不应该自欺欺人地认为，美第奇家族的统治与他们被放逐之前的统治会是一样的。因为事情的本质和基础已经变了：在从前，他们像普通公民一样从我们中间升上去，他们的地位使他们掌握着最充足的人力物力，没有人害他们。他们以公民的善意作为统治基础，跟杰出人士商议公共事务。一旦他们的野心被暴露，他们就会尽力以公民美德的外衣来掩饰自己。但现在，他们在佛罗伦萨之外居住了那么多年，受着外国作风的熏陶，由于这个原因而不接触公民事务，而是成天想着那么多的家族曾经放逐过他们，粗暴地对待过他们，剥夺过他们的财产，对他们毫不信任。意识到多数、实际上是几乎所有的公民都痛恨僭主政治，他们就不会跟任何公民商议。由于受贫穷和怀疑的驱使，他们会盗取一切物品归他们自己所有，他们靠的基本上不是善意和友爱，而是暴力和武器。结果，在一个短短的时期内，这个城市就会变成本蒂沃利奥家族统治下的博洛尼亚，或者变得像锡耶纳或佩鲁贾一样。这番话，我是想说给那些鼓吹"豪华者"洛伦佐的时代和统治的人听的。虽然过去条件艰苦，还有一个僭主（尽管他比其他许多僭主要温和一些），但与即将到来的这个相比，洛伦佐的统治可以算是一个黄金时代了。现在，你们有责任根据你们国家的安全慎重地进行商议，我则有责任怀着坚定和愉快的心情辞去这个职务，或者——你们要是作出了另外的决定——忠诚地致力于维持和捍卫你们的自由（*Storia d'Italia*，XI. 3）。

大议会决定让美第奇家族作为普通公民返回佛罗伦萨，但拒绝解除索德里尼的终身正义旗手之职。它还进一步决定动用每一种可能的手段来保卫自由，保卫祖国，必要时甘冒死亡的危险。这是这个垂死共和国的公民荣誉感的最后迸发。

该城的各种目标或许不失为高贵，但其政治智慧却跟那些目标不相称。索德里尼把军队都集中到了佛罗伦萨，三百五十名重装骑兵，五百名带弩和火枪的骑兵（马基雅维利征募的），一万四千名国民军步兵。为了驻守西班牙进军路线上的普拉托，他派出了三千名国民军步兵和一百名重骑兵，指挥官是卢卡·萨韦洛。为了防止共和国的内部暴动，他下令把大约三十名美第奇家族的支持者锁在旧宫里。

8 月 29 日，有两百重骑兵、五千步兵和两门大炮的西班牙军队有气无力地来到了普拉托城墙下。他们没有立即发动进攻，那个总督考虑到他的部队的饥饿以及很难以两门大炮攻下一座防守坚固的城市，向佛罗伦萨抛出了一个新的协议：只要允许美第奇家族作为普通公民返回佛罗伦萨，索德里尼可以不辞职；至于他本人，他要求得到三万达克特。在佛罗伦萨人花费时间考虑这个新的提议时，总督恳求给他那支饥饿的军队一些面包。这是一个千载难逢的良机，是拯救共和国的最后一个机会。但索德里尼反对这些条件并拖延谈判，拒绝送面包给西班牙军队。他确信，没有面包，这支军队就会拔营退却。

这是一个严重的错误。8 月 30 日，因饥饿而陷入绝望的西班牙人开始以他们有限的大炮对着普拉托的城墙开火。几个钟头之后，他们打开了一道约六米宽的缺口。他们从缺口蜂拥而入，心中充满了对那些扮成士兵守卫这座城镇的农民的仇恨和蔑视。在城墙里面，在那道缺口底下，一队带着小型火绳枪和长矛的步兵在守候着，意欲阻止他们从墙上爬下来，但是没有阻止住。看见敌人，佛罗伦萨步兵惊慌失措，乱了阵脚，扔掉武器就跑。西班牙人遇到有佛罗伦萨人求饶，就会把他们砍成几段。他们闯入民宅，强奸，拷打，杀戮，洗劫，纵火。

在这场“普拉托之劫”中，四千多人被屠杀。当时的编年史家告诉我们，西班牙人是如此野蛮和残忍，“就连光辉的太阳也因为恐怖而掩住了闪亮的脸庞”。马基雅维利本人在9月16日致一位贵妇的书信中说：“四千余人死在那里，其余人被俘虏，被以各种方式勒索赎金。他们也不放过圣所里的处女，那些地方到处是强奸和亵渎神灵的罪行。”

“普拉托之劫”标志着佛罗伦萨共和国的终结。大屠杀的幸存者逃到佛罗伦萨，讲述了他们所看到的惨祸后，这个城市陷入了极度恐慌。正是那些向索德里尼发誓要为捍卫自由付出其财产和生命的人，如今指责他是造成事态恶化的罪魁祸首。索德里尼陷入了深深的恐惧和自责。他的对手知道这一点后更是得寸进尺。一群支持美第奇家族的年轻人闯入旧宫，冲进正义旗手的官署。他们命令他离开，承诺留他一条性命。皮耶尔·索德里尼最后一次向马基雅维利求救，派他去请弗兰切斯科·韦托里来做他的安全担保人。韦托里匆匆赶到旧宫，发现正义旗手在那里“既孤独又恐惧”。韦托里把索德里尼送回家，当天夜里又偷偷地带他出了佛罗伦萨城去往锡耶纳。现在，共和国没有首领了，就要回到它先前的主人的统治中了。

几年后，在反思平民政府的终结时，尼科洛尽管抱有极大的同情，却仍然强调皮耶尔·索德里尼铸成大错，不愿意使用非常之举措，把佛罗伦萨从正在暗中密谋的美第奇家族支持者手中解救出来。

> 读了古代历史的人总是明白，在政权更迭之后，无论从共和变为专制，还是从专制变为共和，都必须大张旗鼓地惩处敌视现状的人。取得专制地位而不杀死布鲁图斯的人，和使国家恢复自由而不杀死布鲁图斯诸子的人，都维持不了多久。上文对这个主题作了详细讨论，请参考相关内容；这里我只举当今发生在我国的一个令人难忘的例子。这里说的是皮耶罗·索德里尼，他相信凭借自己的耐心和善良就能克服布鲁图斯诸子恢复旧政权的愿望，然而他错了。他的精明看得出我说的这种必要性，命运以及对手们的野心也使他有机会消灭他们，但他从来没有下定决心这么做。因为，除了相信凭着自己的耐心和善良消除对手们对自己的不满，以及通过奖赏清除某些敌意外；他还认为（而且经常向朋友们吐露），假如要用激烈的手段击垮政敌，那么他必须掌握一种特殊的权威，必须破坏

保障公民平等的法律。即使后来他并不继续使用这些手段实施专制，人民也对之万分惊恐，以至于他们绝不会在他死后重新任命一个终身制的正义旗手，而这种制度是他认为应当加以维系和巩固的。这种顾虑既明智又善良；可是善良处在恶势力高涨的情况下，他就万万不该为了善念而纵容邪恶。既然他的作为和意图必须要根据最终结果来评判，他就应该相信，如果他能保住性命，而且命运对他友善，使他能够向大家证明，他的所作所为只是为了拯救祖国而不是为了他自己的野心，那么他其实可以大加规划，使他的任何继承者不至于利用他行善的手段为非作歹。可是，他受到成见的误导，他不知道时间驯服不了邪恶，任何恩惠也平息不了怨恨。因此，由于不懂得如何仿效布鲁图斯，他不仅失去了祖国，也失去了地位和名声（*D*，III. 3）。

不过，他还写道，共和国终结的另一个原因是，索德里尼和佛罗伦萨政府对总督开出的谈判条件表现得过于强硬，当时总督提出，只要佛罗伦萨给他那支饥肠辘辘、陷入绝境的军队提供酒水和面包，他就不攻打普拉托："1512年，一支西班牙军队进入佛罗伦萨领土，要把美第奇家族送回佛罗伦萨，以及向该城勒索钱财；带路的是佛罗伦萨城内的公民，他们给了西班牙人这样的希望，大军一进入佛罗伦萨的领土，城里的公民就会起义响应。但是西班牙军队到达平原后，发现佛罗伦萨没有人来支援，加上补给缺乏，他们便企图议和。佛罗伦萨人民为此骄傲自大，不接受议和，由此造成普拉托的沦陷和国家的毁灭。”（*D*，II. 27）[①] 所以，平民政府的灭亡，是由于当适于达成妥协时，它过于强硬，而对于那些有必要以最强硬的态度去对待的人，它却过于温和。即便从 1512 年开始，尼科洛被迫置身于政治舞台之外，终日无所事事地反思这些戏剧性的事件时，他仍然铭记着这个严酷的教训。从这一刻起，他的人生再也不同了：1512 年是一个分水岭。

① ［译注］原文注明文献出处为“（*D*，I.27）”，误。

14

悲剧和微笑

有时候，命运会带来永远无法愈合的创伤。一个生命的历程会分成前后两截。经历了这一断裂的人发现，从某一天起他们就不再是以前的自己；他们经历前所未有的痛苦，他们在自己身上发现前所未知晓的能力，他们开始以一种新的冷眼看待世界和人类。他们可能发现自己更强大，他们可能发现自己更弱小；无论如何，他们发现自己和从前判若两人。

巨大的不幸犹如狂风，卷走一切细枝末节，使人的心灵只能对重大事件有所感知，除非那阵风使生命彻底枯萎。狂风过后，有些人仍然强颜欢笑，即便他们已失去曾经珍视的一切。这是决心和挑战的微笑，它消逝在唇齿之间，丝毫不能温暖心灵，丝毫不能减轻压在心头的伤痛。

这就是令人沮丧的 1512 年 11 月 7 日之后马基雅维利的微笑，那天，执政团以一封寥寥数语的便函通知他，他不再担任第二秘书厅的秘书和自由和平十人委员会的秘书。

比亚焦·博纳科尔西也遭到了同样的命运。对于这两个人来说，这是一个时代的结束，他们的友谊也随之结束了。比亚焦继续帮助尼科洛，帮他誊录过《君主论》和《论战争艺术》，在尼科洛遇到诬告时为他辩护。但尼科洛后来在自己的文字里再也没有提起他。我愿意认为，当旧宫的大门在他们身后关闭那一刻，尼科洛对这位曾经在国事和家事方面经常帮助他的朋友说了几句感激和安慰的话。决定剥夺马基雅维利的秘书职位，是皮耶尔·索德里尼流亡后佛罗伦萨成立的新政权采取的许多举措之一。大议会选举詹巴蒂斯塔·里多尔菲为正义旗手，任期十四个月，不再是终身任期，这个人有卓越的声望，曾是萨沃纳罗拉的狂热支持者，当时的佛罗伦萨史家认为他是修士党派的首领。

然而，佛罗伦萨的政治不是控制在萨沃纳罗拉的信徒们手里，而是控制在流亡十八年后归来的美第奇家族手里，尽管他们的正式身份不过是普通公民。不出皮耶尔·索德里尼在大议会上发表的最后一次演讲所料，他们的确不愿意一直当普通公民。9月16日，市政广场上挤满了美第奇家族的支持者，也有士兵大声嚷着要召开议会，也就是说，召开一次全体人民大会。

这一要求获得一致赞同，群众同意建立一个约五十个公民组成的议会来全权负责改革佛罗伦萨的制度。被挑选出来的公民都是美第奇家族的支持者，或者说所谓的圆球派[1]，他们在短短几天内就拆除了佛罗伦萨人的自由的基础。9 月 18 日，他们废除了国民军九人指挥委员会，解散了马基雅维利曾辛苦操劳、花了很长时间才建立起来的国民军。然后，他们宣布拘禁皮耶尔·索德里尼，并解散大议会。

不难想象马基雅维利在被赶出旧宫之前那个月里的经历和感想。他坐在办公桌边，无所事事，因为新的统治者没有交给他任何工作。他或许在回想那些导致共和国灭亡的事件和曾经领导了共和国、如今被罢免的正义旗手索德里尼的错误。马基雅维利对此人的评价着实苛刻。在美第奇 9 月 16 日政变后，他写给上文提到过的一个贵妇的信中指责索德里尼没有接受雷蒙多·迪·卡尔多纳总督提出的和平建议，总督本来是用金钱就可以安抚的。马基雅维利强调，索德里尼作出了拒绝那个建议的不幸决定是因为他决心听从“群众”的怪念头而不是“智者”的忠告。在《李维史论》中，他追述了 1512 年的悲剧，并作出以下评论：

> 因此，面临势力大得多的人所发动的攻势，遭受攻击的君主所犯的最大错误，莫过于关闭议和的大门，尤其是在对方提出议和的情况下。任何协议，既然提得出口就不可能恶劣到对接受者一点好处都没有，这里面就会包含某种对他来说是胜利的东西。对于提尔

① ［译注］*palleschi*，因这些支持者衣服上绣有美第奇家族的圆球族徽而得名。

人民来说，只要亚历山大接受他先前回绝过的条件，就足够了；更何况，他们抵御有成，竟然使这样一个不可一世的人服从于他们的意愿。佛罗伦萨人民也应该满足，因为对他们来说，如果西班牙军队屈从于他们的某些要求，即使他们的愿望没有全部实现，那个胜利也足够了。因为西班牙军队的意图，首先是推翻佛罗伦萨政府，其次是使佛罗伦萨脱离与法国的联盟，再次是从佛罗伦萨榨取钱财。如果在这三项中西班牙军队获得了其中两项，即后两项，而给佛罗伦萨人民留下了第一项，即保住他们的政府，那么双方都能得到荣耀和满足。人民既然保住了政权，就不应该计较那两项。他们就算盼望更可观而且更有把握的胜利，也不应该任凭运气做主就这样孤注一掷；任何一个审慎的人除非迫不得已，是绝不会冒这种险的（*D*，II. 27）。

岁月的流逝并未改变他的看法。索德里尼不能采取非常之举措应对严峻的形势，正是他的善良与老实性格妨碍了他这样做。作为一个人，他值得尊敬与赞美；作为一个政治家，他应该受到最严厉的谴责，因为他的决定导致了共和国的覆灭。

马基雅维利指责索德里尼的天真，指责他没有能力为挽救共和国而加害于人。索德里尼于 1522 年 6 月 13 日去世时，他再次为此而在几句著名的诗中指责他：

皮耶尔·索德里尼去世那天夜里，
他的魂灵来到地狱的入口，
普路托咆哮："为什么来地狱，蠢鬼，
去灵薄狱[①]吧，去和别的婴儿待在一起。"（*SL*，19）

这是一个玩笑，一种戏言，然而它向我们清楚地表明，共和国的灭亡给两人造成了永远无法弥合的嫌隙。就皮耶尔·索德里尼而言，由于他心灵的诚实和高贵，由于他公正无私地为共和国效力（尽管他的敌人指责他更像一个君主而不是一个正义旗手），由于他的虔诚（这种虔诚先是使他甚至对敌人予以同情，后来使他平静地辞职并流亡国外），他本应该受到他这位关系最密切的共事者的更高评价。马基雅维利对这个人衔怨至深，认为他应对共和国的灭亡负责。他以玩笑的方式表明，皮耶尔·索德里尼不配进入真正的政治家死后应该去的地方，也就是地狱，那是一种奖赏而不是一种惩罚，因为在他看来，地狱比天堂更有趣。

然而1512年秋天，他一定感觉不到拿地狱和天堂开玩笑的乐趣。他知道每个人尤其是贵族都认为他是索德里尼的爪牙，想把他赶出旧宫。他唯一的希望就是美第奇家族为他提供保护，让他免遭贵族的毒手。为了实现这一点，他必须让美第奇家族相信，他有某种东西可以贡献出来：

---

① ［译注］普路托，掌管地府之神。灵薄狱是收纳未受洗而死亡的婴儿灵魂的地方。

他的政治经验。因此，他给他们贡献出他唯一拥有的东西，即作为顾问献出他的智慧。9 月 29 日，他给枢机主教乔瓦尼·德·美第奇写信，建议他在收复地产的过程中采取温和宽厚的政策，这些地产是佛罗伦萨共和国于 1494 年从美第奇家族那里没收的。美第奇家族没有任何感激的表示。11 月，他又一次呈上了一篇被现代编者称为《致美第奇派》的长文，在文中解释说，把皮耶尔·索德里尼的名誉和事迹妖魔化的做法不符合美第奇家族的利益，因为这只会使"有权势者"更加强大而削弱美第奇家族自身的势力。

这一次，回复终于来了，就是 11 月 7 日那个解除他的秘书职位的决定。另一个决定是 10 日下达的，责成他在一年之内不得离开佛罗伦萨的领土，并支付一千弗罗林保证金。13 日又有一个决定，禁止他在一年之内进入旧宫。我们不知道，这些惩罚的分量是如何被仔细设计和调整的。无论如何，他们对他已经够残忍了：秘书是他一生中最喜欢的工作，他们不让他当；他极爱旅行和看新的景观，他们不让他出佛罗伦萨；旧宫是他真正的家，他们紧闭大门，不让他进。

可是，他还是会被传唤到旧宫，去解释他掌管着那笔打算用于支付国民军薪水的巨额金钱的那几年的所作所为。他从前在秘书厅的助手们，那帮曾被他的书信和俏皮话逗得笑破肚皮的人，现在与他冷面相对，要他说明每一个弗罗林的去向。同他们在一起的是马基雅维利的继任者尼科洛·米凯洛齐，美第奇家族的一名忠实奴才，他冷酷无情地调查此事，为的是向这个城市的新主人作详细汇报。这个调查从 11 月下旬一直持续到 12 月 10 日。没有证据表明马基雅维利有渎职行为。尽管巨额的金钱从他手头流过，但尼科洛是以完全无可指责的诚实为佛罗伦萨共和国效劳的。如果考虑到他的工作应该得到的报酬，马基雅维利发现自己比十四年前更穷了；而更糟糕的还在后头哩。

在那个到处充斥着不满和怀疑的佛罗伦萨，一个反美第奇家族的阴谋被识破了。阴谋的头目是彼得罗·保罗·博斯科利、阿戈斯蒂诺·卡波尼、尼科洛·瓦洛里以及乔瓦尼·福尔基。在一个愚蠢的举措中，这一举措表明这些阴谋者是些什么样的不能成事之辈，他们中的一人，或许是博斯科利，丢失了一张写着大约二十个美第奇家族敌人的名单，其中有马基雅维利的名字。负责刑事案件的机关公共安全八人委员会派卫兵去他家里逮捕他。要么是因为有人预先警告过他，要么是纯粹出于偶然，马基雅维利不在家里。一道命令立即下达下来，责令无论是谁，如果知道他的去向，务必在一个钟头内报告，否则就以谋反论处，并没收全部财产。

尼科洛向公共安全八人委员会投案。他们把他关进监狱。牢房里黑暗，潮湿，阴冷，散发着人的粪便、伤口和脓疮的臭味，有虱子和老鼠，以及叮当作响的镣铐，手足拴着铁链的犯人，被酷刑折磨的人发出的尖叫。他确实已命悬一线。从任何一个其他受审的嫌疑犯口中套出哪怕是一句话，他都可能会永远烂在监狱里，或被斩首。乔瓦尼·福尔基招供说，他经常和马基雅维利谈论正义旗手皮耶尔·索德里尼的所作所为，但更多的是战争方面的事情，而不是市政方面的事情。他补充说，马基雅维利认为新政权将要为生存而挣扎，因为“国家没人掌舵”，而且把美第奇家族送回佛罗伦萨的“神圣同盟也许有一天会解体”。

这些话并不足以证明马基雅维利直接参与了谋反。于是审讯者试图通过酷刑逼他招供。他双手被缚于身后，然后被吊到一个固定在天花板的滑轮上，再被猛然坠下来，在快要到地面的时候停住。这种刑罚叫作吊坠刑（strappado），是一种为了使受刑者关节脱臼而设计的酷刑。这种酷刑在他身上用了六次，但他还是不承认自己有罪。在当时的刑事诉讼程序中，口供被认为是最佳形式的证据，哪怕是通过酷刑获得的口供。他死活不招，法官无法定他有罪。

马基雅维利比其他任何人都更清楚，一切新政权都会对阴谋者毫不手软，不管是真正的阴谋者还是假想的阴谋者。美第奇家族的政权也不例外，这一点是在2月23日天刚亮时印入他脑海中的，当时他的囚室里充满了为彼得罗·保罗·博斯科利和阿戈斯蒂诺·卡波尼所唱的葬歌的声音，他们正被送上断头台。

博斯科利临刑前的整个夜晚都是在祈祷中度过的，卢卡·德拉·罗比亚和修士奇普里亚诺·迪·庞塔西乌在劝慰他。他想作为一个好的基督徒死去，抛弃视诛杀僭主为高尚这类想法，这些想法曾导致他计划了那次阴谋。卡波尼把他的灵魂托付给上帝，宣布他最终是清白的。然后，在代内里兄弟会的葬歌声中，他和博斯科利被带到行刑官面前，代内里兄弟会是一个安慰死囚的慈善组织。刽子手一刀就砍下了博斯科利的脑袋，砍卡波尼时，他不得不砍了两下。那些圣歌和两个死去的年轻人的想法并没有激起马基雅维利的怜悯之情。实际上在那天夜里或者其后不久，他写了几句刻薄的诗句：我醒了（黎明的曙光隐约显现）/ 因为歌声，“我们为你祈祷。”/ 哦，让他们安静地走吧……（*SL*，424）

他为什么写下这些令他的传记作家们感到骇异的冷嘲热讽的诗句？在写下这几句话的时候，马基雅维利是一个几个月前刚从旧宫的政府大楼里沦落到警察局监狱里的人。他的手脚上着镣铐，他的筋骨因遭受了酷刑而疼痛不已。他不知道自己是否会遭到跟博斯科利和卡波尼同样的命运，还是会像牵连到这次阴谋的其他人一样被囚禁在佛罗伦萨领土的某个边远角落的监狱里。这一切都是由一小撮年轻人的愚蠢导致的，这些人曾经想要把佛罗伦萨从僭主统治中解放出来，却幼稚到开列有可能成为阴谋参与者的名单的地步。他们的行为在他眼里绝不值得尊敬。他丝毫不关心他们的想法和感受，更不关心他们魂归何处，这是修士们和代内里兄弟会成员关心的事。

我们不应该忘记，那几个令人心寒的字“哦，让他们安静地走吧”，是一首提交给朱利亚诺·德·美第奇的十四行诗里的组成部分，马基雅维利写这首诗的目的是为自己求情并请他帮忙。他又怎么能够在为自己求情的同时，对想杀死朱利亚诺·德·美第奇的人表示怜悯呢？这首诗接下来写道：“但是您，善良的父，并不拒绝给予/您的慈悲，很快就要扯断这恶毒的绞索。”既然您的慈悲在伴随着我，那就让博斯科利和卡波尼去死吧。这是一个面临死亡，为了拯救自己而作出绝望努力的人。

或许令人惊讶的是，马基雅维利可能写过两首十四行诗向美第奇家族求情。一个人在狱中写作，或者是为他所受到的惩罚寻找意义或理由，或者是为了重新发现自我，或者是为了从自己的灵魂深处寻找反抗的资源，然而最主要的是，像马基雅维利所面临的情形，请求能够帮忙的人伸出援助之手。他会写一封严肃的书信，而不是写一首十四行诗来轻视自己，轻视悲惨的遭遇，轻视酷刑的折磨。

马基雅维利写道，“我腿上捆着一副皮绳，绳子往肩膀上绕了六道”，我不想说“我其他的痛苦”，简言之，这绝不是对待诗人的法子！我的囚室四壁上有像蝴蝶大的虱子，囚室里比尸横遍野的伦塞斯瓦列斯战场或腐肉成堆的阿尔诺河堤还要臭。为了完成他的讽刺，他说他的囚室是一间“讲究的客舍”，在那里，他可以听到令人绝望的镣铐和钥匙的叮当声和正在被酷刑折磨的人的阵阵尖叫。

他屡次请求宽恕，这确实是事实，但他嘴角上带着笑容，而不是眼里泛着泪花。他感觉害怕，他痛苦万分，他伤心不已，他满腹怨恨，然而他面带微笑。他首先是在嘲笑自己和自己的处境。除此之外他还能做什么呢？但他也在嘲笑那些对他如此野蛮的权势人物。他没有公然嘲笑他们，没有对他们冷嘲热讽，他承担不起那样做所付出的代价。但是，他微笑着向他们表明，无论坐牢、受刑还是其他惩罚，都没有令他屈服，让他变得下贱、柔顺、恭敬，一句话，让他变成另外一个人。那首十四行诗说，我依然是从前那个人，丝毫未变：我依然是你们熟悉的那个爱开玩笑的“马污”，那个玩世不恭、吊儿郎当的人。他在写给朱利亚诺·德·美第奇的第二首十四行诗里说，我不是“达佐”，即安德烈亚·达齐，一个风靡佛罗伦萨而毫无文学才能的人，我是尼科洛·马基雅维利，由于这个原因，我应该被释放。那两首十四行诗，如果细细阅读的话，不大像出自一个不惜任何代价决心活下去的人在以微笑来换取宽恕的乞求。

那个噩梦因一个始料未及的好运而结束。令人厌恶的尤利乌斯二世于 1513 年 3 月 11 日去世之后，枢机主教乔瓦尼·德·美第奇当选为教宗，号称利奥十世。佛罗伦萨人欣喜若狂，开始想着他们很快就会在罗马开展极其有利可图的事业，而新当选的教宗会处处把各种收入丰厚的职位分给自己的同胞。在某一天，每个佛罗伦萨人都成了美第奇家族的热情支持者。大权在握、信心十足的美第奇家族实施了一项仁慈的举措，赦免了除尼科洛·瓦洛里和乔瓦尼·福尔基以外所有被判跟那次阴谋有牵连的人，瓦洛里和福尔基则仍然被关在沃尔泰拉的监狱里。

马基雅维利于 3 月 11 日或 12 日被释放。一个星期后，他写信给弗兰切斯科·韦托里说，他为自己有勇气承受了那么多的痛苦而感到吃惊。他赞扬了自己，没有虚伪的谦逊："至于面对命运女神，我希望您能从我的苦难中找到乐趣，我曾经是那么勇敢地忍受它们，我为此感到自豪，我认为我比自己所想象的还要更像个男人。"（*L*，237）

这个走出监狱的男人依然是曾经走进去的那个马基雅维利，只不过被可怕的折磨锤炼得更加坚强了。前来迎接他出狱的朋友们，迎接到的或许依然是他惯有的顽皮的微笑，这种微笑让他们相信他未曾改变。也就是说，假如他的任何朋友没有跟所有佛罗伦萨人一起跑去为欢迎美第奇家族唱赞美诗，而是在等他出狱。

15

觉得生气勃勃

马基雅维利在出狱时认为自己首先是一个担任过共和国秘书的人，他在1513年4月的一封书信中自署为“原国务秘书”。这个新的身份就像“紧身衣”一样裹着他，令他痛苦，他从心底里渴望成就伟大事业时的强烈兴奋和快乐，就像他曾经从国务中得到的兴奋和快乐一样。从某种程度上讲，他在写作——撰写无限优美的文字——当中找到了这二者。然而，即便在他撰写那些文字之前，甚至在他写作时，有一种痛苦是那么强烈，竟战胜了他不情愿把它透露出来的企图，促使他时不时地讲述他的感受、他的苦恼、他的激情。于是我们得以就近看到那个隐藏在秘书面具后面的人，而且在他的帮助下，我们得以更好地解读他的微笑之谜。

刚出狱时，马基雅维利想回到旧宫。他向他的朋友弗兰切斯科·韦托里倾诉此事，希望他去说服教宗利奥十世赐他这个原秘书一个政治职务。他以自己独特的方式提出这一要求，希望获得别人对他能力的承认，而不是求人帮忙。他于1513年3月18日写信给韦托里说，如果我们的新主人认为不宜任我自生自灭，“我会感到高兴”，而且我会以实际行动让他们为我骄傲；相反，如果他们决定什么也不给我，那么我会像我刚来到这个世界时那样生活，因为“我出身寒门，早年就学会了如何忍受艰苦而不是享受奢华”(*L*，237)。

与此同时，他尽情地去享受佛罗伦萨四处弥漫着的庆典气氛。他说，他和朋友们每天都会去“造访某个姑娘，以恢复力量”。他感觉就像在做梦一样。经历了监狱里的种种恐怖之后，生活的乐趣真是不可思议地美妙。但是他的朋友们改变了。他于4月16日给韦托里写信说，“帮派似乎陷入了混乱”，我们不再有一个聚会的地方，每个人的性情似乎都变了。比如说，您从罗马回来就会看到，托马索·德尔·贝内似乎“变成了另一个人”，“偏执，粗暴，恼人，卑鄙”(*L*，242)。马基雅维利报告说，他变得如此吝啬，竟为了赚回他买七磅小牛肉的钱，恳请朋友们去他家吃饭。据说，出于对他的怜悯，马基雅维利接受了邀请，与其他两个人一起去吃饭。进餐结束之后，托马索开始算账了。每人该给14索尔多。尼科洛只带了10索尔多，所以还欠他4索尔多。尼科洛对韦托里说，他每天吵着问我要，昨晚还在老桥上问我讨债呢。接着马基雅维利提到了另一个朋友，他妻子死了，留下他呆得像一条翻白眼的鲇鱼。随后不久，这个老光棍振作起来，打算再婚了。另一个朋友多纳托·德尔·科尔诺开了一家新店铺，他的时间就花在往返于新旧两个店铺之间，常常表现得“像个疯子”。还有一个朋友，菲利波·卡萨韦基亚，他和同为帮派成员的朱利亚诺·布兰卡奇有仇，正忙于破坏朱利亚诺在罗马的某些计划。马基雅维利微笑着讲述这些故事，因为混合了痛苦和幽默的人间喜剧总是令他发笑。他如今失去了一切，这些琐事正好作为一种消遣。

但在微笑背后，他在哭泣。他自己承认这一点，他引了彼特拉克的诗句来评论自己对最近两个朋友之间的无耻争执的叙述：

是故，我时而欢笑，时而歌唱，
因为我别无办法
排遣我的苦涩的泪水。

他微笑着，但悲伤、愤怒、期待和恐惧让他心如刀绞。泪水比笑更能减轻痛苦。他在一些未标明日期的诗句中说到这一点，这些诗句似乎是彼特拉克诗句的自然延续：

我希望，啊，希望意味着更多痛苦，
我哭泣，但泪水更增心灵的烦恼，
我欢笑，但我如今不能留住欢笑，
我燃烧，但没有人看到我的剧痛，

我的所闻所见令我悲痛不已，

而一切都会带来新的忧愁，

如此希望啊，我在燃烧，哭泣，欢笑，

却怕自己的眼睛所见，耳朵所闻（*SL*，18）。

一种不触及心灵、掩饰泪水的微笑。这就是马基雅维利的微笑：既不是咧嘴的笑也不是鄙夷的笑，而是一副掩饰内心哭泣的面具，是一面躲避他人刺探目光的盾牌，在这个世界的肮脏和恶毒面前显得郁郁寡欢，听天由命。它仅仅是一刻的驻留，但它有助于消磨时日。

微笑不足以克服痛苦时，一个人就必须抑制自己的激情和欲望。尼科洛在 4 月 9 日写给韦托里的信中说，他在坐牢的头几个月就学会了这门艺术。他写道，我已经让自己习惯于“不想再热切地渴望任何事物”，如果将来我得不到我所渴望的东西，“我亦不会为之而痛苦”（*L*，240—241）。事实上，他不热切地渴望任何东西是很明智的。韦托里这位驻教廷大使，帮不了马基雅维利或任何其他人，部分因为他不是一个十分出色或胆识过人的外交家，部分因为他身处其中的环境确实艰难。

不过，韦托里无意中或许仍然帮助了尼科洛，促使他考虑到保持头脑活跃和继续专注于国家事务之思考的重要性。这一点可以从马基雅维利对韦托里 3 月 30 日来信的回复中获得看出，韦托里在信中坦承他厌倦了“理性地讨论事物”，厌倦了对政治事件进行预测和理性的猜想，因为事态常常沿着不同的方向发展，根本就不会在乎他的理论。尼科洛回复说：

> 如果您认为对事件进行评论令您感到厌倦，因为您发现，事件的结果往往跟人们的观念和看法相左，您是对的，因为同样的事在我身上也发生过。然而我是否可以告诉您，我还是只能向您谈论各种想入非非的计划，由于命运女神的关照，我既不懂丝织和毛纺之事，也不懂盈利和亏损之事，我只能谈论政治。我要么发誓保持沉默，要么谈论这个（*L*，241）。

尼科洛表达了他对被排斥在政治世界之外的悲伤，并向韦托里和我们流露出他对国事的深深眷恋。然而他顶住了韦托里的敦促，对韦托里关于新教宗当选的看法不予回复。他之所以能够忍住是因为什么都不能做，既不能行动也不能提供建议，这样空谈政治只会让他痛苦。不过，他还是向韦托里的第二着棋让步了。这一回，韦托里请他解释西班牙国王 1513 年 4 月 1 日作出的要同法国国王和谈的决定，乍看上去，西班牙从和谈中占不到任何便宜。他再次同意谈论政治，因为他不再能保持沉默。但他知道，他在此后的一段时间里无望重返政坛。在这种情况下，他再也无法忍受佛罗伦萨的生活了，因此他决定搬到他的父亲贝尔纳多在佩尔库西纳的圣安德烈亚乡村留给他的房子里，以便“远离每个世人的面孔”；而他仍然打起精神回复韦托里，“以活跃思想，遵从您的意愿”(*L*，248)。

在他思考君主、皇帝、国王、教宗以及各民族的行动意图和行动后果的书信里，尼科洛仍然是生气勃勃的。他文思泉涌。那些有力、生动、炫目而见解精到的语句向我们表明，他的头脑仍在运转。他从不相信表面现象，更不用说其他人的权威。他除了自己亲眼所见的事物之外什么都不相信。他只接受那些似乎是基于可靠推理的看法。韦托里曾引用亚里士多德的《政治学》这部政治学中最重要的作品，试图让他相信，完全不必为瑞士人因控制米兰公国而在意大利获得的权力担忧。尼科洛回答说，他不知道亚里士多德关于联邦共和国会说些什么，他只对“什么按理说应该存在，什么存在，什么存在过”感兴趣（*L*，289)。

“什么存在过”当然是指历史教训。他对韦托里解释说，历史告诫我们，即便联邦共和国也可能进行巨大的领土扩张，古代伊特拉斯坎人的例子就表明了这一点，他们曾经是整个意大利、往北到阿尔卑斯山地区的主人。历史还告诫我们，只有将人民武装起来的共和国和君主才能成就伟大事业。既然瑞士人直接从人民中间招募士兵建立军队，那么唯一合理的看法便是，他们会比西班牙人和意大利人更强大。

尽管马基雅维利确信历史和经验站在他这一边，但他从未武断地宣称自己掌握了真理。韦托里本人也承认，即便他们在讨论欧洲各种势力之间可能达成的和平协定的过程当中，马基雅维利也从不固执地坚持某个观点，而是经常服从于道理。这并非性格使然，而是因为马基雅维利知道，任何思考政治事务的人都难免会受个人感情的支配和影响。因此，在政治领域里，判断或预见并不是无可争辩的真理，而仅仅是大致的猜想。只有那些仅从书本上研究政治且秉性和尼科洛丝毫不同的人，才声称自己知道真理。

与韦托里讨论政治，一方面让马基雅维利有一种仍然与那个充满伟大事件的世界相接触的幻觉，因而让他觉得自己还活着；另一方面，那些讨论加强了他迷失在遥远的地方、被困在圣安德烈亚乡村的感觉，因而加深了他的痛苦。“我身体很好，但其他方面很糟糕。”他写信给他的外甥、在黎凡特经商的乔瓦尼·韦尔纳奇说（*L*，271）。玛丽埃塔那年 8 月生了个女儿，三天后就夭折了。他显然很不走运。

在糟糕透顶的 1513 年，尼科洛和韦托里在通信中当然谈到了政治，也谈到了他们自己以及他们一个在罗马、一个在佩尔库西纳的圣安德烈亚是如何打发日子的。韦托里百无聊赖，理想破灭，听天由命。在政治生活中，他发现处处都只是“空洞的仪式、谎话、流言”和不幸。在教宗的宫廷里，他最多会和教宗说上二十句话，和枢机主教朱利奥·德·美第奇说上十句，和朱利亚诺·德·美第奇或教宗的私人秘书彼得罗·阿尔丁吉利说上六句。如果他碰巧遇上一位大使，他就会同他交换一些不重要的新闻。

每四天他就向佛罗伦萨汇报一些花边新闻或无关宏旨的新情况。这个世界已久违了马基雅维利出使时向十人委员会发的那些公文。

韦托里是一个笃信宗教的人。他于11月23日写信给马基雅维利说，“每逢圣日，我就去望弥撒，不像您，有时怕麻烦就不去”。他喜欢阅读古人对罗马历史的叙述，尤其是关于罗马帝国皇帝搞的种种恐怖事件的故事。这些阅读使他想到罗马这个“曾让世界发抖”的城市长久以来遭受的无数苦难，却没有激起他的愤慨或重振古罗马雄风的渴望。

除了阅读，他在沉闷的政治之外的消遣还包括在罗马城外的乡间骑马、与朱利亚诺·布兰卡奇和焦万巴蒂斯塔·纳西闲谈，以及偶尔狎妓，特别是有一个妓女“相当地漂亮，谈吐风趣”。他告诉马基雅维利，我已经习惯了这种生活，但后来我被罗马不健康的夏日空气吓坏了，所以“戒掉了”。为了引诱他的朋友来罗马看望他，他提到了一个邻居，“您绝对不会认为她没有魅力；尽管她出身于贵族家庭，但她的确在从事某种行当”(*L*，293)。

想到韦托里那个有魅力的邻居所从事的职业，尼科洛就大为心动，不过这个想法太危险了。弗兰切斯科·索德里尼和皮耶尔·索德里尼也在罗马，后者已经完全被原谅和平反了。如果尼科洛去罗马的话，那他将不得不去拜访他们。而如果他这样做，他害怕重返佛罗伦萨时，他不是在家里，而是在警察局监狱下马，他已经尝过那种遭遇的滋味了。尽管美第奇家族的政权日益变得极其强大，但它仍然是新政权，因此疑心是很重的。经过了那番遭遇之后，尼科洛已非常小心，不敢作任何出格的举动。

因此，他谢绝了朋友的邀请。另一方面，他接受了韦托里在信中含蓄地要他描述在圣安德烈亚有代表性的一天的要求。他这样做，在某种程度上是想让他的朋友知道，他过着一种极其乏味的生活：“如果您想跟我换换，我是十分乐意的”，也想抱怨自己倒霉，让朋友知道，他的心思已全部投入国家事务之中，他已准备好扮演他在政治大舞台上的角色了。

所以他描述了他的日子，这种日子与韦托里的日子之间的对比引人注目。韦托里的日子在荣华富贵的背景中展开，却充满乏味、老套和外在的循规蹈矩；尼科洛的日子以乡村的贫穷、孤独和挫折为背景，却洋溢着强烈的情感，伟大的思想，成就事业的决心，以及向平庸和悲惨挑战的决心。韦托里的叙述是一些小调组成的单调哀歌；马基雅维利则以慢板描绘了他的日子，这种日子从森林开始，然后是家里的粗糙饭食，酒馆里游戏时的争吵和刺激，晚上则在同古代伟人们谈论国家事务中庄严地结束，只有跟他们，他才能够真正地交谈，只有他们，才真正了解他。

“我生活在我的农庄里”，尼科洛以这句话开始了他的叙述。对他同时代或更早的佛罗伦萨人来说，“在农庄里”生活意味着远离城市生活的事务与喧嚣，在研究、思考和乡间的娱乐中寻求宁静；对尼科洛而言，那是被迫放弃他最喜爱的生活。他对文人的安逸、哲学和宗教的冥想、乡村的宁静都丝毫不感兴趣；他喜欢城市、街道、广场、柱廊以及公用的长椅；他喜爱结伴，笑谈日常之事，参与国家大事。

为了让他朋友知道乡村生活多么不适合他，他写道，有一段时间，他曾“亲手捕捉画眉”以自娱。方法就是把粘鸟胶涂在榆树枝上，一旦鸟儿碰上了这些枝条，它们就被捕了。它们越想挣扎着逃脱，就被粘得越牢。“天不亮我就起床，”他写道，“准备好粘鸟胶，背上一串鸟笼出门去，看上去就像是背着安菲特里翁的书从港口回来的盖塔。”

直到不久之前还是佛罗伦萨共和国秘书的马基雅维利，在日出之前走出家门去捕捉画眉，背负着那么多鸟笼，以至于他看起来像盖塔，一本15世纪小说里的安菲特律翁的秘书，我们立即会不由自主地想到某种极其荒唐和令人心碎的事。马基雅维利把这种消遣说成是有损他的尊严、在他看来陌生、与他格格不入的事，不是他的职业。然而，尽管这项活动“可鄙而怪诞”，他却向韦托里坦承，当鸟儿们飞走之后，他立即对此念念不忘了。即便是如此微不足道、与他天性如此不符的一种消遣，如今在他的日常生活中也有一种价值。这足以告诉朋友，以及他自己和我们，他的日子是十足空虚的。

除了空虚之外，在他当秘书时曾让他无比费神的人的劣根性，这时继续在乡间让他备受折磨。“如今我不再捕捉画眉了，”尼科洛写道，“早上我日出而作，然后去我正在让人砍伐的一片森林。”在这里，他必须检查前一天干完的工作，浪费时间跟伐木工人进行似乎无休无止的辩论，与他们或者近处其他的干活人争吵。尼科洛让人砍伐木材，既是为了自用，更是为了出售。而这就产生了更加糟糕的问题和更令人烦心的事情。尼科洛叙述说，弗罗西诺·达·潘萨诺“没跟我打声招呼就派人来取大量的木柴，结算时他又想克扣我十里拉，说这是四年前在安东尼奥·圭恰迪尼家里玩牌时他赢我的”。托马索·德尔·贝内更吝啬，在佛罗伦萨突然刮起北风的时候，他订了一车柴，拿到柴以后，他立即想方设法把柴堆成密密匝匝的一堆，然后说它只值尼科洛要价的一半。为了堆这车柴，尼科洛写道，托马索指派他的妻子、孩子和仆人拼命干活，他们看上去就像加布拉（佛罗伦萨一个有名的屠户）在星期四和他的伙计们剥牛皮时的样子。当尼科洛发现卖柴不仅不赚钱还赔钱时，他便放弃了这桩生意，告诉每个人他已无柴可卖了。

信中继续写道，离开了那片森林后，“我走向一处泉水”，在画眉多的季节，就在路上捉画眉。受够了与伐木工人以及要买柴的主顾的争吵之后，他独自跑到一个清静的地方读书，读他清晨离家时带在身上的一本书：但丁、彼特拉克或某个二流诗人，诸如提布卢斯、奥维德等类。他说：“我读着他们的爱情，想着自己的，这些遐想让我得到片刻的快乐。”那么，他的慰藉，他的快乐，乃是阅读爱情诗，想他自己的风流韵事。哪一件呢？我们听说过恩宠桥附近有一位女士，我们知道他在里昂邂逅了那个让娜或詹娜，我们知道人称里恰小姐的卢克雷齐娅。但她们没有哪个像是他的真爱。或许另有他人，只是今天已无从考证了，但这也未必可靠；或许时间的流逝加深了他对那些没有撼及灵魂的情人的记忆。但在他放逐于佩尔库西纳的老宅旅园（Albergaccio）期间，有一个新的情人在他生命中如鲜花一般绽放，我会马上谈到她。

现在让我们再回头看那封信。我们应该记住，在这里，尼科洛向我们展示了其个性的一个重要方面：在他看来，爱情——一种撼及灵魂和支配内心的激情而非某种文学的幻想——是消除人生苦难和对抗人类罪恶的一剂良药。马基雅维利曾被描绘为有一颗冰冷的心，其中冰冻着一种令人摸不着、猜不透的鄙夷之情。但这里看到的这个人，却在他生命的至暗时刻，通过回想他的爱情和阅读诗人们的爱情寻找乐趣。

信中的下一个场景发生在客栈里，他是被无法满足的好奇心驱使到那里的，但他首先描写了他步行去那个客栈的经历：“然后我顺路走向客栈，跟过路的人聊天，问问他们村子里有什么新闻，听听五花八门的事情。我观察人类，观察他们形形色色的爱好和幻想。”我们对这一幕并不陌生。他从前周游上流社会的时候也做过同样的事情，留意这个十分多样和不可逆料的世界，求取知识、理解和消遣。

然后他回家和他的妻子和孩子们一起吃午饭，他提到他们时，称他们为他的“帮派”。有趣的是，他用同一个词——“帮派”——来称他的家庭成员和他在秘书厅里的朋友们。他仿佛在说，他的家庭是由贫穷和苦难结合在一起的一帮朋友，而不是一个等级森严的团体。不幸的是，关于他用餐的情景，他只是告诉我们，饭桌上摆的是“这个贫瘠的农庄和我微薄的家产”所出产的食物。我们不得不再等几年，才会看到马基雅维利是如何当父亲的。

午饭之后，他返回那个客栈，跟店主、屠户、磨坊主和两个烧窑工人玩 triche-tach，一种类似于巴加门的游戏。那情景很有意思：马基雅维利在赌桌边跟其他的玩家卷入了“数不清的争吵和无休止的谩骂”。他们每次只赌很小一笔钱，然而他们大喊大叫，在宁静的冬日傍晚，他们的吼声在两里外的圣卡夏诺都可以听到。这种事想着令人觉得有趣，亲身经历就不那么有趣了。确实，在游戏和争吵中，他“一扫胸中块垒”，忘却了自己的烦恼。为了描述自己的感受，他甚至创造了一个动词，m’ingaglioffo，意思是变成一只 gaglioffo（饭桶），沉溺于日常生活的闲散之中。他这样做是为了发泄对自己命运的愤懑之情。他想看看，那个乐于使他如此倒霉的命运女神，最后会不会感到惭愧，把他的命运之轮转得对他有利一些。

夜幕降临在客栈四周，是回家的时候了。让我们听听尼科洛自己是怎么说的：

> 黄昏时分，我就回家，回到我的书斋。在房门口，我脱下了沾满尘土的白天工作服，换上朝服，整我威仪，进入古人所在的往昔宫廷，受到他们的热心款待，我在只属于我的精神食粮中汲取营养，这是我天生就适于食用的。在那里，我毫无顾忌地和他们交谈，问他们出于什么动机而作出那些行动，他们亲切地回答我的问题。在四个钟头里，我毫不感到疲倦，我忘记了一切烦恼，我不怕穷，也不怕死，我完全被古人们迷住了（*L*，294—297）。

在这些异常优美的语句中，马基雅维利袒露了他的灵魂，展示了他的一切内在的高贵。在他进入书斋前，脱去他白天穿着走过森林、走进客栈的工作服的那一刻，他也除掉了命运女神逼他戴上的面具，在他除掉面具之前，他不再被允许成为他自己，他必须变得贫穷和普通，他只能盼着那个凶残的女神对她残酷的游戏感到厌倦。但这个坐在书斋里身着“朝服”——他曾经穿着这身衣服去见国王、君主、皇帝和教宗——的人是另一个人：这是真正的尼科洛，独自一人思索他的那门艺术，思索国家的建立、保有和夺取的艺术。

在书桌前跟古代政治伟人们交谈，或者毋宁说，分析历史学家对政治家的决定和事迹的叙述，马基雅维利找到了真实的自我。他已经把现实世界抛到身后，在梦幻和想象的帮助下进入诗的王国之中。较之他如今能够与之交谈的那些人的伟大，无聊、烦恼、贫穷甚至死亡统统不足挂齿，那些人如今已退到遥远的地方，不再会让他惊恐，不再会伤害他。尼科洛在信里所描绘的情景，是一种只有在伟人身上才可以看到的奇思妙想。凭借这种奇思妙想，他可以在冬夜乡间的寂静里、在噼啪作响的炉火前享受四个钟头的真正安宁，属于他自己的安宁。让我们离开他，留他独享这安宁吧。他需要这安宁。

16

《君主论》和尼科洛的情人

一般认为，伟大的政治作品是淡漠和冰冷的理性之光的产物，不受人类情感的影响。这种愚蠢的话是书呆子们天真幼稚的虚构。真正伟大的作品犹如凤毛麟角，是血泪在纸页上铸成的黄钟大吕，摧枯拉朽，超越了庸碌之辈所立的界限。这些作品之所以伟大，是因为作者在其中注入了毕生的心力。当然，它们中间也包含着理性，但这是一种被激情赋予了一道钢刃的理性，这不仅使分析更加敏锐，也使作品更富有文学品质，使之充满俘获读者的感情和思想、令读者刻骨铭心的意象、隐喻和劝告。

《君主论》就是这样的作品，其全名为 *Dei principati* (*De principatibus*)，马基雅维利本人这样称呼这本他独自在佩尔库西纳老宅旅园里写作的小册子。这部简短的作品，包含着他对古代历史的研究和他在担任佛罗伦萨共和国秘书期间学到的一切，在担任秘书期间，他能够站在特权者的有利位置来观察政治。他在 1513 年 12 月 10 日致韦托里的信的末尾写道：“读了这本书就会发现，十五年来我既没有睡大觉，也没有混日子，而是一直在钻研治国的技艺，谁都会乐于接受一个能从他人的代价中汲取丰富经验的人服务的。”（*L*，297）

他非常希望因教宗利奥十世而成为罗马统治者、因洛伦佐而成为佛罗伦萨统治者的美第奇家族成员会阅读和熟悉这部简短的作品，尤其是当时正在教宗宫廷的朱利亚诺，马基雅维利曾打算把这部作品题献给他。他指望他们在阅读这部作品后意识到，他比任何人都更清楚君主要想巩固自己的权力应该做什么，特别是一个“新的”君主，比如说 1513 年的美第奇家族。总之，他希望他们派给他一个职位，哪怕是最低微的职位，哪怕“让我去滚一块石头”。

他不知道是亲自去罗马把这本小书献给朱利亚诺更好呢，还是请韦托里转呈更好。他请求韦托里出主意和帮忙，因为身在罗马的韦托里跟教宗和朱利亚诺联系密切。请求别人帮忙令他颇费周折，但这也是环境所迫。这种被迫的赋闲状态令他烦躁不安。他害怕贫穷会让他变得令自己和别人瞧不起，变成家人的一个负担，而不是养家糊口的中流砥柱。

韦托里像往常一样给了他一个含糊的答复，这倒不是因为韦托里心胸狭窄，而是因为他既不擅长拒绝强有力的人，也不愿意因为帮助朋友而使自己的名声面临危险。他直到 12 月 24 日才回复马基雅维利：“您来信说……您写了一部关于国家的作品。倘蒙寄赠，我将不胜感激。”（*L*，301）我会评判其品质，纵然我并非权威。至于呈给朱利亚诺，我们再等等看吧。他的评价见于1514年1月18日的信中：“我已看了大作的几个章节，极为喜欢。但尚未通读，所以不打算作出最终的评判。”（*L*，308）

凭借这几句冷淡、刻板的言辞，弗兰切斯科·韦托里对这部最伟大的政治杰作之一，作出了已知最早的评论。当然，他谨慎地避免把这部作品呈给朱利亚诺或教宗，也没有文献表明他再次提到过《君主论》。当尼科洛意识到一场工夫白白浪费，罗马、佛罗伦萨或其他任何地方都没有大门向他敞开的时候，他于1514年6月10日致韦托里的信中倾吐了他的绝望和酸楚，这样做并不是要博取怜悯，而是要把希望一劳永逸地埋葬：

> 所以，我要留在现在这个地方，留在这些虫子中间，无法遇见任何记得我的贡献或认为我有一技之长的人。但这样下去毕竟不是长久之计。我在一天天衰朽。我能想见，若上帝不加倍垂怜我，总有一天我会被迫离开家门，去给某个长官当幕友，若别的事我干不了的话；或到某个偏远的地方教小孩子读书，留下我的家人在这里，让他们以为我死了。没有我，他们会活得更好，因为我老花他们的钱。我习惯了花钱，没钱花简直活不下去。我写信给您，不是想让您为我

去惹麻烦或为我担心，而仅仅是想忘掉它，再也不写信提起这事，因为它要多讨厌有多讨厌（*L*，325）。

当《君主论》开始以手抄本流传以及后来首次印行时，很少有慧眼识珠的读者知道其价值，相反，许多人认为它是一部有害的作品，是直接受撒旦启示的产物，恶毒的作者在书里教君主如何通过贪婪、残忍以及虚伪获得和维持权力，刻薄地利用宗教来作为驾驭民众的工具。也有些人认为这是一部讽刺作品，作者表面上要教君主如何维持其国家，而实际上是要向人民说明，君主的权力是以暴力、残忍和欺诈为基础的，从而鼓励人民仇恨统治者。但这种看法不多。在绝大多数人看来，《君主论》是一部邪恶之作，根据一个充满敌意的诠释者的说法，其作者是一个“邪恶的教师”。

马基雅维利写了什么，竟引来这么大的仇视？他解释说，在他之前为君主写建言书的思想家，尽管他们被认为是伟大的行家，但提出的思想完全是错误的；他们的思想纵然不是错的，也只关乎特定情况而不及其余。作家们断言，一个想保有权力和赢得荣耀的君主必须永远遵循美德之路——必须审慎、正义、勇敢、节制——而且必须拥有与君主相配的品质，尤其是仁慈、慷慨和正直。

相反，马基雅维利宣称，一个在任何情况下都遵循这种建议的君主不仅无法维持权力，而且肯定会失掉权力、遭到鄙视并迅速被忘记。他知道自己是在反对一个存在了数百年的思想流派，一个长期以来备受著名作家们推崇的流派。他在第十五章中说，如果我抛弃了在我之前探讨过这个问题的作家们的观点，我希望我不会被人认为是“倨傲自大”。他接着说，我的目的是“给通晓它的人写点有用的东西”，所以我必须基于现实而非想象提出建议。那些写过君主应该拥有的品质的人，设想了“许多从来没有人见过，或者知道在实际上存在过的共和国或君主国”，他们坚持教君主如何行善，忘记了一个君主若厕身于“许多不善良的人”当中还持之以恒地行善，必定会丧失其王国。他推理的结论是令人信服的：对君主而言，他若想保有其王国，就“必须知道怎样做不善良的事情，必须视情况的需要使用或不使用这一手”（*P*，XV）。

在阐明了这一主旨之后，马基雅维利以唯有伟大思想家才有的勇气和狂放，一砖一石地拆毁了传统观念。千百年来，古老的箴言都在重复说，一个好的君主既不应该效法凶残野蛮的狮子，也不应该效法狡猾虚伪的狐狸，而应该以德治国；他应该设法不让臣民感到恐惧，而是赢得他们的爱戴。总之，没有谁比那种置身于忠实臣民之中的君主更能稳坐王位了。为了推翻这一传统观念，马基雅维利争辩说，一个君主，尤其是一个权力尚未巩固的君主，应该“懂得怎样善于使用野兽和人类所特有的斗争方法”。在动物身上，他应该同时效法“狐狸与狮子，因为狮子不能够防止自己落入陷阱，而狐狸则不能够抵御豺狼”，所以“他必须是一头狐狸以便识别陷阱，同时又必须是一头狮子，以便使豺狼惊骇”（*P*，XVIII）。这跟那些从古人尤其是西塞罗那里获得灵感的作家说的话正好相反。

他以同样的胆识抛弃了第二种教条，即认为好的君主必须是慷慨的，给朋友丰厚的馈赠和赏赐，自己过着奢华的生活。听从了这条建议而试图赢取“慷慨”之名的君主，只会讨得食客们的欢心并使自己破产。为了维持其名声，他将不得不加重人民的税收负担。这些税收将引起憎恨和不敬，对君主的权力极为有害。因此，更明智的做法是保持一种虽然带来丑名但不致引起仇恨的“吝啬之名”，而不是“陷入贫穷。因为一个人追求慷慨之誉，必然招致贪婪之名，而贪婪之名则使丑名与憎恨两者俱来”（*P*，XVI）。

马基雅维利以同样的方式探讨了残忍问题。一个君主一定希望被人认为是仁慈和善良的，这是古典学说的教诲，但他必须“提防不要滥用这种仁慈”。例如，由于怕被人认为残忍，佛罗伦萨人听任派系斗争毁了皮斯托亚。相反，切萨雷·博尔贾被认为是残忍的，他却利用残忍给罗马涅区带来了秩序，使它和平而统一。所以一个君主，尤其是一个新君主，如果有必要的话，必须甘愿被人称为残忍，只要他赢得臣民的敬重并使他们团结一致（*P*，XVII）。

为了证明马基雅维利对古代关于好君主的教条的批判有多么彻底，我们只要提到西塞罗曾这样写过就够了：“任何残忍都于事无益。”(*De officiis*, III. XI. 4）这句话在其后数个世纪里被无数的作家以许多不同的方式重复过。大胆的马基雅维利反驳说，我们应该区分残忍之“恶劣使用”与“妥善使用”。他解释道：“如果可以把坏事称为好事的话，妥善使用的意思就是说，为了安全的需要，可以偶尔使用残忍，除非它们能为臣民谋利，其后决不再使用。恶劣使用的意思是指尽管开始使用的残忍手段是寥寥可数的，可其后与时俱增，而不是日渐减少。”(*P*, VIII)

西塞罗与人文主义者说，没有什么“比受到爱戴在保卫和维护权力方面”更为有效，也没有什么“比被人畏惧更为有害”。马基雅维利回答说：“最好是两者兼备”，但是由于同时做到受人爱戴和被人畏惧是困难的，“如果一个人必须对两者有所取舍的话，那么被人畏惧比受人爱戴是安全得多的”(*P*, XVII)。最后，与此类似的考虑也适用于诚实与正直。马基雅维利写道，没有人否认，君主若守信用，“立身行事，一本正直，不使用阴谋诡计”是值得称颂的。现实经验表明，那些随时可能食言、“懂得怎样运用诡计、使人们晕头转向”的君主“建立了丰功伟绩”，战胜了那些一本信义的君主（*P*, XVIII)。

在充满生活经验、充沛的力量以及丰富的历史细节的论述中，马基雅维利描绘了新型君主的形象，他必须能够做到“如果可能的话，不要背离善良之道，但是如果必需的话，要懂得怎样走上为非作恶之途”，阐明了治国艺术的基础，这门艺术他是十分精通的。任何希望有所成就的君主都必须能够同时像狮子和狐狸那样战斗，前者如尤利乌斯二世，后者如西班牙的“天主教徒”费迪南德，甚至也有懂得如何同时成为二者的君主，如切萨雷·博尔贾。简言之，他想要的是一个懂得如何取胜的君主，而不是一个怕自己被认为残忍而丧失了政府与祖国的皮耶尔·索德里尼。

在最后一章，“奉劝将意大利从蛮族手中解放出来”，马基雅维利阐明了为何他的君主必须学会取得胜利，许多不懂《君主论》的读者都误以为这章是与主题不相干的附录。马基雅维利梦想的君主是一个不世出的、奇迹般的人物，他能够将意大利从“蛮族的残忍行为与侮辱”中拯救出来，也就是从外国人的统治中拯救出来。就像古代那些伟大的救世主——最重要的是摩西，他能够指望上帝的帮助。如果他为了得胜而必须进入恶的世界，上帝会站在他那一边，仍然做他的朋友，因为上帝知道他的事业是正义的。马基雅维利从未教导人们，目的证明手段的正当，或政治家可以做其他人被禁止做的事；而是教导人们，如果某人决意要达到一个伟大的目标，在无政府状态和暴政占统治地位的地方解放一个民族，建立一个国家，推行法律，创建和平，那么他必须不害怕自己被人认为残忍或吝啬，而是必须为达到目的去做必需之事。这正是伟大人物之所为，也正是马基雅维利希望他的新君主去做的事情。

我在前面说过，马基雅维利起先打算把《君主论》题献给朱利亚诺·德·美第奇。不过他最终把这本书题献给了洛伦佐，就是教宗利奥十世的侄子，1513 年 8 月成为美第奇政府实际首脑的人。在写于 1515 年 9 月至 1516 年 9 月之间的献词中，他强调本书的核心是关于伟大人物的事迹："我觉得在我所有的东西里面，我认为最宝贵和最有价值的莫过于我对伟大人物事迹的知识了。这是我依靠对现代大事的长期经验和对古代大事不断钻研而获得的。"他又说，无论谁阅读这本小书，都可以"在最短促的时间内了解我多年来历尽苦难艰危所学到的一切"。他依然提醒说，他并没有在这本书中加入华辞丽藻和文学雕饰，因为本书主题是庄重的，其风格应该同样是庄重而清新的。

马基雅维利知道，洛伦佐与美第奇家族的其他人一样对他极不信任，这部分因为他是平民，而他们是贵族，部分因为他在索德里尼手下当过国务秘书，此外还被指控参与了博斯科利和卡波尼的阴谋。他运用高超的文学才华来消除第一种猜疑的原因："正如那些绘风景画的人，为了考察山峦和高地的性质便置身于平原，而为了考察平原便高踞山顶一样，同理，深深地认识人民的性质的人应该是君主，而深深地认识君主的性质的人应属于人民。"为了减轻政治猜疑，他宣称他祈望洛伦佐"达到命运之神和您的其他条件使您有希望达到的伟大地位"。

当弗兰切斯科·韦托里——他当时已是洛伦佐最权威的顾问——把尼科洛的这本杰作呈给洛伦佐时，洛伦佐几乎连看都没看它一眼，反倒是对有人送他的两条狗表现出更大兴趣。他绝没有兴趣阅读一本像《君主论》这样的作品，而他就算读了也读不懂。尼科洛干政的希望又一次遭到无情打击，无官无职令马基雅维利感到失望，许多年里受尽折磨。我们可以从《李维史论》的献词中看到这种失望，他把这部作品题献给他的朋友扎诺比·布昂德尔蒙蒂和科西莫·鲁切拉伊。他痛苦却坚定地写道，这一次，我的新作不是献给一个君主，而是献给因其多种优秀品质而“应该成为”君主的人。如果人们想要判断正确，那他们就应该“尊敬……通晓治道的人，而非有机会治理国家却不识治道的人”。在当时与今天一样，问题在于，从过去直到今天，权位与官职几乎全被不识治道者把持，而确实通晓之人，不是遭到忽视就是遭到奚落。

在这么多的烦恼之中，尼科洛找到了一个意外而有益的慰藉之源。它既不是一项新的工作，也不是有人对《君主论》的赏识，而是一段伟大的爱情。我们知道，韦托里在1514年1月18日的信中说，马基雅维利坠入爱河可不是新鲜事儿：“我知道您恋爱过好几次，也听说您为此吃过不少苦头。”(*L*，308）而到当时为止，除了一个名叫让娜（或詹娜）的神秘女子有据可查，另一个无名女子仅在别人的信里被提到以外，在那些信中再也找不到这方面的只言片语了。尼科洛本人唯一提到过的女人是人称里恰小姐的卢克雷齐娅，他们至少有一段持续了十年的暧昧关系。早在1510年，他正处在荣耀的顶峰时就见到她了，这在那年10月7日罗伯托·阿恰约利的来信中有记载。迟至1520年，他已年过五十，而且不再享受荣华富贵时，他与她之间大概至少还保持着良好的关系，因为菲利波·德·内利当时向他承诺说，“由于里恰小姐和我的缘故”（*L*，365），某个名叫巴斯蒂亚诺·迪·波森特的人会给他在皮斯托亚提供一个舒适的住所。里恰小姐是一个交际花，不过与许多人不同的是，在马基雅维利运交华盖之后很久，她依然是他的朋友。

或许她曾慷慨大方且忠贞不渝，但她也伶牙俐齿，能够轻易迫使尼科洛乖乖就范。他在1514年2月4日的信中写道，我去佛罗伦萨时，我的时间分成两部分，一部分在多纳托·德尔·科尔诺的店里度过，一部分在里恰小姐的家里度过，但“我觉得我闹得他们两人很心烦，因为他叫我‘店里的害虫’，她叫我‘家里的害虫’”。可怜的尼科洛！不名一文，无职无业，凄寒彻骨。他们用罗马涅区的一句老话骂他：“穷光蛋是借不到钱的。”

为了维持多纳托的款待和里恰小姐的欢心，尼科洛给这两个人充当“顾问”，尽力赢取他们的感激。有一段时间万事如意：多纳托“让我在他的炉火旁暖身子”，而里恰小姐“有时让我偷偷地吻她”。但接着，事情变得比他以前给君主们做顾问的时候还要糟糕，由于有几个建议未能成功，里恰小姐——以假装在和她的女仆谈话的方式——对他说：

“哦，这些聪明人，我不知道他们的脑子里有什么。依我看，他们似乎会把任何事情都弄得乱七八糟。”（*L*，310—311）

振作起来，不要往心里去，韦托里在1514年2月9日的信中安慰他。她对聪明人的尖刻批评只是出于一时之气，“但我并不因此认为她不爱您了，会把您拒之门外，我本来以为她无情无义，不过到目前为止，我肯定她是仁慈而善良的”。韦托里继续说，即便她现在已经有了像安东·弗兰切斯科·德利·阿尔比齐那样有才干的情人，她也肯定没有变得骄傲自大（*L*，313）。

里恰小姐有高洁的胸襟。将近一年之后，韦托里写信说：“您在里恰小姐身上发现了如此多的诚意和同情心，以至我向您发誓，我曾为了您的缘故而特别喜欢她，但现在我已成为她的奴隶了，因为多数时候，女人习惯于热爱命运而不是男人，命运变了，她们也跟着变。”（*L*，347）

在此，我们虽不情愿，但也应该和里恰小姐说再见了，我们认识到了这个慷慨大方、随和而又特立独行的交际花在尼科洛的生活中扮演了重要的角色，我们希望将来有新材料浮现出来，告诉我们关于她的更多事情。但有一则有点耸人听闻的轶闻，我在此不得不稍加留意。这则轶闻牵涉到了尼科洛和里恰小姐，而且被马基雅维利的传记作者们完全忽略了。它涉及一则有关鸡奸行为的匿名指控，这则指控是负责刑事案件的机关公共安全八人委员会于1510年5月27日收到的。我引用一段指控的原文：“八人委员会诸位大人，特此向你们报告，贝尔纳多·马基雅维利的儿子 Nicholò（原文如此[①]）对那个叫里恰小姐的卢克雷齐娅实施鸡奸。你们审问她就会知道真相。”

当然，这一指控不关里恰小姐的事，因为她后来许多年里继续保持着和尼科洛的关系，而且一直是他的朋友。毫无疑问，这是来自一个恶毒敌人的流言。这一指控有多严重呢？在当时，鸡奸是一种可以被判处罚款、示众和监禁的罪行。1502 年之前，甚至有一个专门机构“值夜官”来约束所谓的反自然的性行为。然而在现实生活中鸡奸是被容忍的，所以对尼科洛的指控成了一纸空文。那么，这只是一则不重要的轶闻，但它进一步证实了马基雅维利个性的一个重要方面，也就是说，在跟激情、欲望和欢乐有关的事情上，他只听命于天性，他自己的天性，全然不顾道学先生和假正经的看法。他在公共生活和政治领域里对法律的遵守是多么地严格和苛刻，他在性爱方面就多么地放纵和兴致勃勃。

尼科洛搞过同性恋吗？几条重要的材料无可辩驳地证明这一点。第一条是马基雅维利 1513 年 12 月 19 日给韦托里的信中的一段话。在描述了弗兰切斯科·达·蒙特普尔恰诺修士宣讲的一个可怕的布道之后，他接着说：“昨天这些活动搞得我十分沮丧，以至于我今天早上该去看里恰

---

① ［译注］尼科洛的拼写是 Niccolò，而不是 Nicholò，所以作者特意注明。

小姐也没去。我不知道，昨天我若真去拜访了里乔，那我还会不会理会这个修士。”（*L*，299）另一条材料是前文引用过的1514年2月9日韦托里信中的一段话。韦托里向他建议说，您若是在里恰小姐那里吃了闭门羹，“就去纠缠里乔·迪·多纳托吧，他不会随命运而改变，却有力量与骨气，更愿和朋友共患难而不是同享乐”。里乔是个年轻的纨绔子弟，经常跟马基雅维利的同性恋朋友们来往。这两封信似乎首先是一个证据，证明尼科洛也欣赏里乔的魅力。但事实上，它们意味着正好相反的东西：韦托里是想开个玩笑让尼科洛打起精神，因为尼科洛担心没有办法得到里恰小姐的宠爱。马基雅维利本人的闲话也是真的，但有两处韦托里很快就会发现的明显谎言：首先，那个修士的布道吓着他了（即便他真去听了，他肯定对之不屑的）；其次，他没有去拜访里恰小姐，而是大概去拜访了里乔，如果他与里乔事先有约的话。在这种情况下，他是不会在意那个修士的布道的。而在同一封信中，尼科洛写道：“不过他们都让我充当顾问，迄今为止，这个名头对我大有好处，多纳托让我就着他的炉火暖身，而她有时偷偷让我吻她。”“就着某人的炉火暖身”意为鸡奸。在另一封写给韦托里的信中，我们发现也同样提到了与年轻男子的同性恋关系。韦托里曾写信说打算不让年轻男子进家门（以讨好好色之徒朱利亚诺·布兰卡奇），而且不让女子进家门（以讨好同性恋者菲利波·卡萨韦基亚），对此马基雅维利回复说，这种决心不会使他免遭朋友们的批评，而是会使他得抑郁症。相反，解决问题的对策是向年轻男子和女子敞开大门："更明确地说吧，在您真的这么禁欲苦行时，像我这个既搞、也关心女人（*tocco e attendo a femmine*）的人碰巧走进那个家，一摸清那里的状况，我便会说：'大使先生，您怕是有病吧；我想您是不容许自己有任何消遣了；这里没有男孩，也没有女人；这他妈算什么家？'"（*L*, 304；楷体是我加的）"*toccare*"在这里的意思是与年轻男子发生性关系。马基雅维利写给他朋友说，如果他去到他朋友家里，发现那里既没有年轻男子也没有女人，他会抱怨。如果他只对女士有兴趣，他为何抱怨没有年轻男子呢（Martelli 1998，233—235）？

最后，在一封注明日期为 1515 年 1 月 16 日的信中，韦托里写道："然后我心想，世界不过是爱情罢了，更明白地说，不过是肉欲罢了。我在琢磨，在现实生活中，人们心中所想的与口头所讲的，二者差的是多么远。做父亲的总是说要精心教养自己的儿子，却从小就为他找一个师父，师父成天和他待在一处，可以对他为所欲为，让他阅读能唤醒死者的玩意儿。母亲为他梳洗打扮，使他更标致迷人；他开始长大时，她就在一楼给他一个房间，有秘密入口和一切别的方便，使他能恣意地在泥水里打滚，引诱他喜欢的任何人。我们无不如此，那些在这件事上做得井井有条的人，错得也更多：所以我们的年轻人若是荒淫无度，这毫不奇怪，因为这是他们所受的不良教育的结果。您我虽然老了，但仍在某种程度上留有我们年轻时习得的作风，这也是无可如何的事。遗憾的是我不在那边，不能和您一起聊这些以及其他事情。”要是韦托里认为尼科洛完全不受这种不良教育的熏染，他肯定不会在信中说他们保持着在他们年轻时习得的作风。在同一封信中，韦托里向马基雅维利说了一句出自维吉尔《牧歌》——讲述牧羊人对年轻的亚力克西斯的爱情——的斥责：“科里东啊，科里东，你陷入了怎样的疯狂！”

然而，其他事实又令人怀疑这一点。如果马基雅维利真的有经常性的同性恋伙伴，我们应该知道才是，而他的敌人也会不遗余力地指控他，就像他们指控他与里恰小姐的关系一样。再有就是他的言语趣味。例如，当他说“我今天早上该去看里恰小姐也没去。我不知道，昨天我若真去拜访了里乔，那我还会不会理会这个修士”，这似乎是在说，他喜欢幻想里恰和里乔陪他一起玩耍的情境。当他给韦托里写信说，他想进到他家，然后说“大使先生，您怕是有病吧；我想您是不容许自己有任何消遣了；这里没有男孩，也没有女人；这他妈算什么家？”我们不必认为，他是真的打算要抱怨那里缺少男孩和女人。相反，他是在想象如果一个同性恋者去到那里会怎样抱怨，同性恋在马基雅维利时代的佛罗伦萨是司空见惯的事情，然而这绝不是说尼科洛就是。

关于同性恋关系这个问题，迄今并无定论，然而毫无疑问的是，当尼科洛坠入爱河时，他会全身心地投入到爱的激情。女人的美将他包围，将他束缚，将他送到一个对他而言像政治与治国艺术一般熟悉的世界：诗的世界。在命运的一次奇怪逆转之后，当他心中充满苦涩时，尼科洛经历了他生命中最重要的一段爱情。他是在 1514 年夏天邂逅这个女人的，他本人在 8 月 3 日的信中如是说，这距离 6 月 10 日的那封信还不到两个月，在那封信中他还对韦托里说他十分苦恼，想离开家人，让他们认为他死了。

那个和他相爱的女人多半是尼科洛 · 塔法尼的姐姐，住在离旅园不远的地方，曾被她的名叫乔瓦尼的丈夫无情地抛弃了，后者离家去了罗马。注意到这些细节之后，让我们来听听尼科洛对这段新的爱情的叙述："就在乡间，我遇到了一个极优雅，极有教养，天性和家世都极高贵的尤物，我的赞美和爱情永远无法配得上她。"他想告诉我们："这段爱情如何开始，爱神如何使我陷入情网，他在什么地方撒下它们，它们是什么样的。您会发现，这些撒在鲜花丛中的是维纳斯编织的金网，它们如此轻软，如此柔和，纵然一颗麻木的心可以将它们切断，我也不愿这样做。有一段时间我沉醉于其中，直到那柔软的丝线变硬，扭作无法解开的结。"

这一次，他不害怕显露——实际上是他敞开了——自己的心灵。这是个罕见的时刻："我仍然感到十分甜蜜，因为那绝世无双的容颜带给我的喜悦，因为我抛开了一切痛苦的记忆，我并不是在任何情况下都渴望自由——即便我能够拥有。”这个女人的美，她那“绝世无双的容颜”，就像过去每个夜晚在旅园中几个钟头的另一类型的美——历史上伟大人物的事迹——一样，不可思议地将尼科洛的灵魂从一切恐惧、痛苦、悲伤之中解脱出来。他对这个女人的爱，甚至比他对政治的爱更加热烈，使他忘记了烦恼，忘记了政治：“于是，我放弃了对伟大而重要之事务的思考。我不再因阅读古人之事或讨论今人之事而兴奋：我满脑子的柔情蜜意，对此，我感谢维纳斯和塞普路斯的一切。”（*L*，328—329）

此时，尼科洛四十五岁，尽管他喜欢说他“年近五十”。他知道，爱神是个年轻小伙子，变化无常，他“会挖出……眼睛、心肝”。他知道，无尽的甜蜜可能很快就会变成苦涩的泪水。然而至少一开始他并不害怕。相反，他感到了一种新的力量。为了拜访那位可爱的女士，他必须在托斯卡纳 8 月的骄阳下或者在乡村的黑夜里行走许多里程的“坎坷道路”，不过他认为，“骄阳的炎热不能使我痛苦，坎坷的路途不能令我疲惫，黑暗的时光不能让我畏惧。一切在我看来都轻松自在”。

然而，他与塔法尼小姐之间的爱情却不轻松自在，至少从几首大约写于 1514 年的那几个月的诗看来如此。在那首长长的《小夜曲》中，他描写了一个女人——一个“绝色佳人”，一个“掩藏和展示出一切美丽的完美化身”——以她的眼睛向她的情人发起“愤怒的战争”。这个美丽女子的心因害怕“有人强暴她”而变得冷酷，她的情人为了感化它，给她讲古代阿那克瑞忒的神话，这个公主因让一个名叫伊菲斯的平民为她殉情而被变成了石头。“波摩娜（Pomona）一半是因为害怕，/一半是被这俊美的脸庞打动，/再也没有那种矜持和狠心了”，变得像在8月骄阳下成熟的“苹果”（pomes），以此取名的她最终被感化，投入了情人的怀抱（*SL*，10—17）。

在一首十四行诗中，尼科洛描写了一种痛苦，一种毫无来由、悲不自胜的哭泣，并把国家的悲剧与折磨人们的爱情之苦相比，这种对比使人想起思考国家大事的快乐与期望爱情的甜蜜之间的相似之处。一个女人的双眼再次成为一切痛苦的源泉：

> 如果你能相信，那我就会开颜
> 哪怕你那双眸每时都给我以苦楚；
> 可是只有这些树木对我的话已然信服，
> 它们都疲倦于倾听我诉说的哀言（*SL*，10）。

无论痛苦还是眼泪，甚至对成为那些无法抗拒的眼神的奴隶的担心，都没有让尼科洛气馁。韦托里12月15日的信告诉我们，尼科洛让他的朋友在罗马为他弄到“织一双袜子的蓝色羊绒”。韦托里这只老狐狸立即明白在这个要求背后隐藏着什么，这在很大程度上是因为他曾收到尼科洛的另一封来信，请他介入并支持塔法尼家族，多么巧合啊。韦托里真是个绅士，答应第二天就寄毛线。“不问您是谁要的，”他向他的朋友保证，“因为让您高兴，我就满足了”(*L*，340)。

韦托里尽管没有能力在政治事务上帮助尼科洛，却至少想在感情问题上帮他一把。然而，从他们的通信来看，这两个人对爱情的态度完全不同。1514 年 2 月 9 日，韦托里写信说他正因邻居家的一个可爱的女儿而备受折磨。他深深地被这个年轻的女子吸引，又因疑虑和恐惧而苦恼。他向他的朋友解释说，我四十岁了，我有妻子，而且“有结了婚和已届适婚年龄的女儿，所以我没有任何东西可以随意抛弃。对我而言，将我能积攒的一切都留给女儿们才合情合理，听任自己被欲望征服是一件多么可耻的事情啊。而她就住在近处，我想在她身上使钱，我每天都为此十分烦恼。此外，由于她美丽，年轻，优雅，我不得不认为，因为我喜欢她，别的与我阶级不同的人也会喜欢她，所以我不会享有她很长时间，而是会陷入不断的醋意中”。

韦托里决意摆脱对这位年轻女子的爱恋之情。他挨了整整两天。第三天，那个母亲带着女儿来访，并单独留女儿跟他待在壁炉边。他的一切决心都像日出时的薄雾般消散了。他向马基雅维利写道：“我决定将自己像猎物一般献给她，任由她随意摆布。”当时，他为自己向欲望屈服而感到高兴——“我不想告诉您后来发生了什么：说它发生在我身上，而我再也不去管什么烦恼、嫉妒，就够了。”但是，紧接着，他完全被苦恼压倒了。由于不知如何是好，他便郑重其事地征求朋友的意见。

尼科洛毫不迟疑：“对于您的信，我没有什么可答复的，只有一点：您应该纵情享受爱情，有花堪折直须折。若事情依然如您所写的那般，那我羡慕您甚于羡慕英国国王。请您追随命运之星的指引……我现在认为，过去一直认为，将来还会认为，薄伽丘说得对：做了后悔总比后悔不做好。”（*L*，311—312）“做了后悔总比后悔不做好”这句话中包含着尼科洛的智慧。面对美丽的女人，他像面对伟大的治国之才一样，从不因患得患失而裹足不前。他放任自己沉浸于激情之中，他追随自己的伟大梦想。

他以爱情作为消遣解闷与梦想的方式也出现在与韦托里的其他通信中。1515 年 1 月 16 日，韦托里提起他在罗马的无聊时光这个话题：

> 因目力随年龄增长而衰退之故，我无法读很多书。我无法到外头找乐子，除非有人陪我去，而这并不是经常办得到：我没有多少权力和资源，以至于能让人家来找我。我若是把时间用来思考，那我多数情况下都会陷入忧郁，这正是我想尽力去避免的。人必定会努力想一些愉快的事，但我确信，没有任何事比性交令人想起来

和做起来更爽，每个人或许会把他想要的一切说得头头是道，但这才是绝对的真理。对于这一点，大家都心知肚明，却很少有人会说出口（*L*，347—348）。

尼科洛以一首描写爱神的不可抗拒之力的十四行诗答复他。他告诉他那位对性交唱赞歌的朋友，爱神用来束缚我的枷锁是如此坚固，我对自由早已完全绝望；即便我能够，我也不确定自己是否想要从那些“时而美好、时轻时重的”枷锁中解脱出来，它们使各种情感乱成一团，以至于“我认为没有这种生活，我肯定不能快乐地活着”。他接着说，他希望韦托里在佛罗伦萨，这样他就可以嘲笑尼科洛的笑与泪了。韦托里不在，他只好对多纳托·德尔·科尔诺以及“我从前写信给您提到过的那个女人”里恰小姐诉说自己的烦恼与欢乐，从中寻求安慰。

尼科洛在女人身上发现诱人的美丽，无限的甜蜜，顽皮的天性，还有欲望。他也在她们之中找到朋友，他与她们分享他最私密的欢乐与哀愁。想想有人曾写道，马基雅维利憎恨女人，蔑视女人，视女人为奴隶；他厌恶爱情，决不希望成为激情的奴隶！面对如此骇人听闻的无知，我们只能像尼科洛那样，付之一笑。

17

人生喜剧

我们现在对尼科洛的微笑的含义稍微熟悉一些了。我们知道，那是一种凝固在唇齿之间、隐藏他的苦痛的微笑。马基雅维利笑看人类，笑看熙熙攘攘的人们，那些被激情驱使却不知道自己有多可笑的男男女女。他并不觉得自己不属于或高于这个世界，而是认为自己是人间喜剧的一部分。所以，他可以跟他的男女朋友们一道，笑自己，因自己的笑与泪而发笑。

这么说来，他确实找到一种力量，去度过每一天，去承受人类的恶意，以巨大的热情活下去，把自己的心思投入到国家事务中。他以观看身旁发生的人生喜剧自娱，但他始终无力抗拒被伟大的政治戏剧所吸引。他笑其中一个，又热烈地投入另一个之中，努力去明白事件的来龙去脉，君王们的头脑中隐藏的目的。

他希望人生由重大事务与较轻松的东西组成。他认为生活中应该有这二者的空间。在这一点上，他相信他在效法自然，对那些认为人应该始终致力于重大而严肃事务的道学先生和索然寡味者的意见不屑一顾。在 1515 年 1 月 31 日的信中，他对韦托里说：

> 任何人要是看到我们的书信，我敬爱的同道啊，看到它们的丰富多彩，必定会大为惊讶。乍一看，我们似乎都是严肃的人，注意力完全集中于重大事务，头脑中流过的任何想法，无不关乎庄重、笃实。不过翻到下一页，读者就会发现，我们——仍是同一个我们——猥琐、轻浮、好色，专爱干些荒诞不经的事。这种行为若在有些人看来是可鄙的，在我看来却是值得称道的，因为我们是在效法自然，多变的自然。任何效法自然的人都不应当受到非难（*L*，349）。

在这封信中，尼科洛没有断言自己找到了什么伟大的真理，没有郑重其事地探讨人生，却道出了一种明智的人生哲学。这无足轻重，因为数个世纪以来，每个阅读其作品的人都将他的伟大归于他是伟大的政治思想家，却极少有人将他视为一个伟大的道德哲学家——这个道德哲学家通过嘴唇上的微笑教导我们，个人应该遵循自己的天性而不必在意别人的想法。马基雅维利对韦托里解释说，在这个世界上，“除了疯子之外别无所有”，“谁若试图按照他人的意见来行事，那最终会一无所获，因为找不出想法一样的两个人”。任何一个真正了解这个世界的人都知道，当一个人被人认为值得敬重、品行高洁时，他所做的任何为了“振作精神、开心生活”的事都会为他带来赞誉，而不是责难（*L*, 304）。

对人生的多样性表示欣赏也意味着承认存在着许多不同的生活方式。关于这一点，尼科洛在一封信中谈了很多。在这封信里，他想安慰韦托里，后者遭到他们共同的朋友、正在罗马的韦托里家里做客的菲利波·卡萨韦基亚和朱利亚诺·布兰卡奇的批评。菲利波取笑韦托里，原因在于“寡人好色，就是想和她们待在一起聊天，而不是为了其他缘故，因为我现在是垂垂老矣，除了聊天，别的也干不了什么”。（我们可以想象尼科洛读到这些谎话时发笑的样子。）朱利亚诺则指责他品位低下，竟在家里招待一个名叫萨诺的声名狼藉的同性恋者，萨诺是其伙伴菲利波招来的。被问及两人之中谁对他的批评更有道理，尼科洛回答说两个人都大谬不然，而如果韦托里将妓女或同性恋者拒之门外的话，那么他就更加错误。

尽管身在远方，马基雅维利却能对那天晚上韦托里家中的情景洞若观火。在他看来，这三个男人，菲利波、朱利亚诺和弗兰切斯科，为不同的激情所驱使，他们的故事值得写进“现代编年史”中，与政治和军事事件放在一起，而且完全可以讲给一个君主听。他想象他们脸上的表情、动作、语言。在他的想象中，一部喜剧的一个场景开始形成了。

他想象朱利亚诺“蜷在一把椅子上”，以便更好地观察可爱的来访者科丝坦扎，“通过言语和动作，通过诗句和阿谀奉承，通过嘴巴与眼神的躁动”表明她的言语、呼吸、眼神、芳香和“女性聪敏的样子”令他垂涎三尺，如痴如醉。接着他想象菲利波：他站着，重心从一条腿换到另一条腿，以便更好地听科丝坦扎的儿子那羞涩、吞吞吐吐的言语。作为东道主的韦托里在款待他的客人们，暗地里却打着科丝坦扎的漂亮女儿的主意，所以他的一只眼睛在那男孩身上，“一只眼睛在那姑娘身上”，一只耳朵专心地听着寡妇的话，另一只则在监听菲利波和朱利亚诺。他心不在焉地听他们的交谈，自己只是应答客人们的问题和评论而不说其他的话。

这些在激情中挣扎的人的表情与姿态让马基雅维利着迷。他向韦托里写道，如果我会画画，我将寄给您一张菲利波的肖像画，因为他的某些显而易见的动作，他特有的斜眼看人的方式和他倨傲的姿态，“是无论如何无法用文字来表达的”。而最令他着迷的是爱情的力量。他想象韦托里与朋友们一起坐在令人愉快的餐桌旁，饱受激情之火的煎熬，这种火烧得格外猛烈，就像蔓延过绿色树木的火焰一般，因为它不得不压倒痛苦的抵抗。他知道他朋友的心深受折磨：他因责任、经济方面的考虑、对痛苦的畏惧而退缩不前，但同时他又渴望向情欲屈服。他向韦托里写道，您愿意“变成一只天鹅，这样就可以在她膝上下一颗蛋了，或是变成金子，让她把您装在她的衣兜里，或是变成一头动物，或者其他东西”，只要不必和她分离（*L*，309—310）。

在微笑着看待人生的喜剧和沉溺于爱情之美好的同时，1514 年底到 1516 年初这段时间，尼科洛经历了一些痛苦与悲伤的日子。他在给他的外甥、黎凡特的商人乔瓦尼·韦尔纳奇的一系列谦逊而坦诚的书信中谈到这一点，这些信件要比其他信件都更多地展现了他内心最私密的深处。尼科洛为什么只对韦尔纳奇真诚地诉说他自己，这个问题很难回答。当然，他可以向他的外甥敞开心扉，不必担心自己绝望的言语会被当作求助。韦尔纳奇不是韦托里。他无论如何帮不上马基雅维利，事实上，很可能是恰恰相反，尽管尼科洛最多也只能为他提供一些建议。

尼科洛向韦尔纳奇倾诉衷肠是因为他把他当作儿子，当作家人，尤其是当作朋友，而且尊重他。他于 1515 年 11 月 19 日写道，“命运女神什么都没给我剩下，只给我留下了家人和朋友”，我认为他们很珍贵，“特别是和我最亲近的人，比如说你”（*L*，352）。两年后，尽管长久以来杳无音讯，他仍然向韦尔纳奇保证说，对他的敬意和爱并未随时间而改变：事实上，因为“人们因自身的价值而获得尊重，你已证明你是一个有价值、有能力的人”，所以我应该比从前更加爱你。尼科洛抚养过他的外甥，尽管他可能很穷，他还是把自己“破旧的小房子”提供给了这个年轻人（*L*，354）。他认定他心地善良，能够感恩。他希望韦尔纳奇如果将来事业成功，会帮助尼科洛的儿子们。同时，他会提出一些小小的要求，比如为玛丽埃塔寄些驼绒织品的布样和大马士革的缝纫钢针，确保它们是高品质的东西。

由于尼科洛信任和尊重乔瓦尼，他便向后者倾诉说自己的日子如此艰难、痛苦，以致他经常完全忘了自己。他在写于 1515 年 8 月 18 日的信中写道："光阴这东西，让我甚至忘记自己。"（*L*，351）将近两年之后，在 1517 年 6 月 8 日，他又重复了这一点：因为我经历的那些波折，我又回到乡村生活了，"有时整月都不会想到我自己"（*L*，354）。他所过的生活与他的天性、他的梦想以及他的气质相差得如此之远，以致他感到远离了真正的自己。

他确实已不再是他自己。他许多年前曾在秘书厅说过，他也曾多次在书信和诗歌中写过，等着让时间流逝来减轻折磨我们的痛苦是错误的，因为时间同时带来恶与善。现在他写道，他在等待"时机，所以若幸运女神到来，我就可以抓住她；若她没来，我准备耐心等下去"（*L*，353）。

他没有在笑，也没有将悲伤和绝望掩藏在笑着的面具后面。他把自己的灵魂向他年轻的朋友、或许也向里恰小姐坦露。如果强烈的痛苦没有到迫使他觉得苦，他本来应该是快乐的，但是他致乔瓦尼的书信里的语句清楚地表明，他要付出多大的努力才能强作欢颜。而当他成功地做到这一点之后，他便重新发现了自己。他重新成为朋友们的、更是自己的尼科洛，"马污"。

促使马基雅维利到了忘记自我这一步的，是自从他被从监狱释放之后便折磨着他的一系列希望与失望。他曾希望《君主论》会为他重新打开通往政坛之门，可是除了几句话、而且是几句冷淡的话之外一无所获。他曾希望韦托里在罗马宫廷对他有所帮助，得到的却仅仅是“相当长一段时间我的说项都没有取得任何相应的成果”，韦托里本人这样承认（*L*，329）。

接下来是最后的苦果。1514 年 12 月，弗兰切斯科的兄弟、也是罗马宫廷的常客保罗·韦托里对马基雅维利谈到一项计划，这个计划将给予朱利亚诺·德·美第奇一个将包括帕尔马、皮亚琴察、摩德纳以及勒佐在内的辽阔国家。他还暗示，如果这个计划成功，朱利亚诺将委以保罗总督的职位。这项计划中没有提到一旦保罗当了总督，他便会提拔正在圣安德烈亚令人乏味的闲散中打发日子的尼科洛，使他重新回到政治大舞台。然而，尼科洛开始考虑这种可能。他出谋划策，以显示他熟知统治那样的国家所要求的必备条件，而且写信给弗兰切斯科，通知他这项计划，最后敦促他为这项事业做一些“铺平道路”的工作（*L*，351）。

这个计划没有取得任何结果，部分是因为米兰公爵、瑞士人和法国国王弗朗索瓦一世的反对，部分是因为利奥十世缺乏热情。但即便这个计划成功了，尼科洛还是会被晾在一边。寥寥数语就足以葬送他的希望，权势熏天的彼得罗·阿尔丁吉利在致朱利亚诺·德·美第奇的一封信中所说的话重若磐石：“（朱利奥）美第奇枢机主教昨日私下问我，阁下是否已起用尼科洛·马基雅维利。我回答说我不知道，而且也不相信。枢机主教大人对我说：我也不相信，只是从佛罗伦萨来的传闻这样讲。我应该提醒他，这对他对我们都没有好处。这肯定是保罗·韦托里捏造的……代我写信告诉他，我建议他不要跟尼科洛有任何瓜葛。”（*Ridolfi*，253）

然而就在几个月之前，美第奇枢机主教还在弗兰切斯科·韦托里面前夸赞马基雅维利对政治敏锐，表达了对他才智的钦佩，教宗和比别纳枢机主教贝尔纳多·多维齐都齐声赞赏。这些都再次成为空话。1514 年 12 月 30 日，韦托里告诉他，由于时运不济，他韦托里不是一个知道怎样帮助朋友的人；但终有一天，有权有势者的好心定会帮助尼科洛的。我们刚才已经见识过有权有势者的称赞是怎样帮助马基雅维利的。我们也已经看到，他卓越的政治才能得到认可的最后一线希望也渐渐破灭对他的精神所产生的影响。

“卓越”一词似乎言过其实，但用在这里我认为非常恰当。在罗马宫廷，他得到如此慷慨地倾泻而来的赞美，其原因在于，马基雅维利的几封信就以下问题为教宗提供了有价值的建议，即如果法国国王打算进军意大利，收回仍被瑞士人占领着的米兰公国，该怎么办。弗兰切斯科·韦托里于 12 月 3 日写信就这一棘手的问题征求意见。假如威尼斯人决定与法国人站在一边，反对他们的就是皇帝、西班牙国王以及瑞士人，韦托里说，问题在于教宗最好是跟前者站在一边，还是跟后者站在一边，还是保持中立。提出这个问题之后，他又说：“我知道您拥有这种智慧，虽然您离开这一行已两年之久，但我不认为您把干这行的技能忘光了。”（*L*，330）

马基雅维利当然没有把技能忘记。事实上，在圣安德烈亚的日夜阅读和思考，他还把它提高了不少。他于 1514 年 12 月 10 日写信给韦托里提供的高质量的建议可以为证。他说，我认为法国很可能在这次冲突中取胜，若教宗与它站在一边，那它几乎必定得胜。再者，对教宗而言，法国取胜要比另一方取胜要好得多，而且跟法国联合，即便失败了也不会有什么灾难性后果，这比与西班牙国王和皇帝联合而遭到失败好受多了。因而最好的策略就是摒弃任何保持中立的诱惑，坚定地站在法国一边，除非威尼斯人添乱，支持西班牙和皇帝。

几天后，他又在 12 月 20 日给韦托里的信中更好地解释了他反对中立政策的理由。在这封信中，他总结了在《君主论》中已经阐明的观点——这仿佛是对他的朋友和罗马的“要员们”说，他们若读过他的书，就能够在其中找到他们现在拼命寻找的智慧。马基雅维利写道，我知道很多人都认为中立政策是最安全的选择。我认为恰恰相反，中立是一个极其危险的办法，它势必导致失败，古代历史和我自己对于政治事务的亲身经验都证明我的看法是正确的。

您知道，他继续写道，每一位君主的首要责任是“保持自己免受”自己的臣民和联盟者两方面的“憎恨与轻视”。在另外两方打仗的时候，如果一个君主保持中立，他便使自己置于受人憎恨、受人轻视的境地：认为该君主（在这里是教宗）因老交情或者为了回报过去给予的恩惠而势必与自己结盟的那一方会憎恨他；另一方轻视他，认为他胆小，优柔寡断，因而是个“无用的盟友”和不足畏惧的敌人。

有人认为，适用于其他君主的规则并不适于教宗，因为教宗永远可以依赖他本人通常所拥有的威望与教会的威信。对此，马基雅维利答复说，在教会的精神力量甚至比今天还强大的过去，教宗都曾被流放、迫害，被迫逃走，甚至被杀害。他警告说，过去发生的事在未来也有可能再次发生。

最后，马基雅维利让教宗仔细考虑，如果他反对法国而法国获胜，那么他将被迫去瑞士避难，在那里他将会“挨饿”；或者去德国，在那里他将会生活在绝望之中；或者去西班牙，在那里他将被诈骗、被出卖；如果他支持法国而法国输了，他仍可以安全地待在国内，保有他的国家，享有一个可能“有无数种方式，要么以一纸合约要么以一场战争东山再起”的国王的友谊。真正明智的人在面对两条道路时，会选择走一条在事情变得不利时害处最少的道路（*L*，341—344）。

接下来的1515年所发生的事件证明这些建议是明智的。是年8月，弗朗索瓦国王越过阿尔卑斯山，于9月13日至14日的马里尼亚诺战役中决定性地击败了瑞士人，迫使他们把米兰公国移交给他。然而教宗与西班牙结成了联盟，还好没有派兵与法国作战，这样他便避免了付出可能的最高代价，但也失去了马基雅维利曾向他指出的加强教会权力的良机。

我们已经看到，马基雅维利的建议获得了怎样的回报。我们完全可以理解为什么在这最后一次失望之后，他便失去了斗志，愤愤不平地退出，尽管他曾始终努力争取与此相反的局面，对更好的时代满怀希望。在他等待命运女神的恶意消减的时候，他思索着自己和整个人类的命运，并将想法融入诗歌，写了《金驴记》这样一首吐露了他对人生和世界的许多看法的小诗。

诗中写道，唯有人这种动物，毫无防护地来到这个世界上，并在哭泣中开始其一生："唯人天生缺少防护，/ 无皮无鳞无毛无羽，/ 可作蔽体的衣服。/ 生命始于号啕大哭，/ 始于痛苦的哀号，/ 看起来着实可怜。"（*SL*，77）人生短促，而且受野心和贪欲引起的无数罪恶的折磨，因命运女神答应给却又收回去的奇迹所带来的失望而痛苦不堪。人比任何其他生物都更贪恋生存，同时世上却没有任何生物如此"因恐惧而不知所措"以及深受"仇恨"的折磨。人无疑也是最残忍的动物，只有人才会干出屠杀、折磨和抢劫其同类的事情（*SL*，78）。人以为自己跟上帝一样，自视为造物主，但实际上他比所有其他动物都更为不幸。

在尼科洛绝望的观点看来，人事的进程遵循着一个无情的循环。它不是朝着幸福或得救前进，而是在有序与无序、美德与恶行、善与恶之间轮转。没有什么是持续不变的，太阳底下没有永恒的事物：“是以世间万物皆不可久固不坏。恶随善而至，善继恶而来，古今莫不然。”（*SL*，67）一个总是另一个的原因。这一点对于国家、人民和个人都是确凿无疑的。尼科洛从这条铁律中为自己遭受的痛苦寻求解释。他知道他经历过最为深切的痛苦是忘恩负义，他把它归咎于时运不济；对于逆运，任何反抗都是徒劳的。只有老天变得仁慈的时候，幸福时光才会重返。

一个人必须懂得待时而动，随遇而安。在辛酸、痛苦、愤怒的时候，最重要的是要有坚毅的精神。尼科洛不愿哭泣，“男儿有泪不宜挥 / 命运的残酷打击 / 必须咬牙面对”，（*SL*，60）如果可能的话，就露一丝微笑，微笑能提供掩饰、保护和片刻的安慰。或许，理解尼科洛微笑的意义的关键在于他在《金驴记》中阐述的人生观。我们已经知道，他的微笑是一种源于痛苦的面具，但我们不知道他为何如此坚决地要掩饰那种痛苦。在《金驴记》中，他给了我们答案。他之所以不愿在世人或命运女神面前愁容不展，泪流满面，部分地是因为他知道，他们只会更加幸灾乐祸。当他痛苦得难以继续忍受时，他便寻求孤独，正如我们所看到的："禁锢在我的农庄里，过着离群索居的生活。"（*L*，254）"有一天我将被迫……到某个偏远的地方。"（*L*，325）他会向一个男性朋友，甚至女性朋友，例如里恰小姐，倾诉他的悲哀。值得注意的是，女性朋友的形象在《金驴记》中重新出现："过了些时候，她和我 / 在一起，说了许多事 / 就像两个朋友在交谈。"（*SL*，68）

然而如果可能的话，最好还是去笑世人的滑稽，笑他们的激情和卑鄙，笑他们的梦想及其观念、生活方式的千奇百怪——笑这人生的喜剧。如果人间的喜剧还不够有趣，就只有自己去撰写。

在他曾写出那些最严肃的作品的同一张写字台上，马基雅维利于 1517 到 1519 年之间写了两部喜剧，第一部是《安德丽亚》，翻译、改编自泰伦斯的一部作品；另一部是《曼陀罗》。在后一部喜剧、也是他的戏剧杰作中，他描写了几个他认为格外有趣的人物：一个脑筋不大灵光的法学老博士（尼洽），不惜一切代价想当上父亲；一个"可怜的情郎"（卡利马科），因时而欢喜、时而恐惧而处于死亡的边缘；一个可爱的女人（卢克雷齐娅），贞洁却爱哭，总是按照丈夫、母亲或忏悔神父的话去做；一个"惟利是图"的修士（提莫窦神父），既做合乎道德的交易，也愿意做罪恶的交易，只要他能在其中谋取些许钱财；一个年轻时放荡不羁的母亲（索斯特拉塔）；一个马屁精或者说寄生虫（李古潦），他知道如何从人类的弱点中捞取好处，他设法实现他的宏伟计划，说服卢克雷齐娅的丈夫把欢天喜地的卡利马科带到他可爱的年轻新娘的床上。

马基雅维利写《曼陀罗》是想要观众长时间开怀大笑，如果您没笑，序歌里保证说，我愿“为您的酒水买单”。尼科洛是第一个发笑的人——他想避开悲伤：他在序歌中解释道，所以我试图让我“忧伤的时光有一丝甜蜜”。如今，残酷的命运已让他无法将心思专注于那些配得上一个“严肃而聪明之人”的问题，喜剧就成了他“能转而从事的唯一事情”。如果他没有把脸转向喜剧与笑，他就会屈服于悲伤与哭泣，而他是绝不会让命运女神或任何人如愿以偿的。

18

历史的味道

具有伟大心灵的人，能够在想象中让过去的事件、人物和言语重获生命力。他们在历史中寻求慰藉，尤其是在现实中到处是野心和卑鄙龌龊，而未来则一片漆黑，什么希望都没有的时候。从想象的内在视角来审视往昔伟人的事迹，那些事迹会呈现出更增其壮丽与价值的光芒，促使人们产生效法它们的欲望。然而，当前的状况往往使人们不可能以它们为范例，而把历史当作导师和智慧之源的人们也会在判断时犯错。尽管有这样的危险，通晓历史研究的人却能发现大多数人注意不到的思想与行动的可能性，他们会用一些径直深入人心的言语告诉我们，他们发现了什么。除了教诲和教训之外，历史让我们与伟大事迹相关联。如果我们厌倦了人生的戏剧与喜剧，就该去阅读历史了。从一者转到另一者，是一种极好的生活方式。

只有极少数人知道如何在既不迷失方向又不把事情弄得一团糟的情况下阅读历史。而尼科洛是个艺术大师。在他最后一遍润色《曼陀罗》(这部戏剧于 1520 年狂欢节期间或者更早时候在佛罗伦萨演出时获得满堂喝彩，同一年后来又在罗马演出，1522 年在威尼斯，1525 年在佛罗伦萨，1526 年再次在威尼斯演出）的时候，他的《李维史论》正在杀青——如果尚未杀青的话。这部作品的主题是历史，尤其是李维讲述的罗马共和国的历史。李维的作品描写了罗马在和平年代与战争年代的政治制度和决策，记述了让罗马变得伟大的立法者、执政官和将军们的事迹。

从这部书里，马基雅维利推导出若干可运用于当下的政治行动原则，但若是认为他的"史论"仅仅是对古罗马政治原则和制度的评析，那就错了。马基雅维利的确受教于李维，但是其主要目的是让读者相信罗马人的政治智慧，鼓励他们效法罗马人。为达到这一目的，为了让读者对历史的意义有一种新的理解，对历史的味道有新的兴趣，他不仅用理性，而且用他最优美的文笔和一种火热的激情进行写作。

他不能理解，为什么他的同时代人没有意识到罗马历史的伟大，为什么他们阅读古老的故事通常仅仅是出于好奇，为里面各式各样的人类经历所吸引，而不想效法那些伟大的人物。他既惊讶又悲哀地看到，尽管他那个时代的艺术家仿效古典艺术，法学家和立法者依赖罗马法原则，医生的诊断与药方建立在学习古代医学的基础上，然而无论君主还是共和党人，在"治理共和国、维系政体、统治王国、治理军事与经营战争、审判臣民、扩张帝国"(*D*，I. Proemio）方面，都不遵循古代的典范。

导致这一可悲状况的原因包括劝世人谦卑、顺从的基督教所助长的贫乏教育，以及长期以来在为数众多的国家里建立起来的堕落的和平。然而更重要的是，人们不懂得历史。《李维史论》代表了一种努力，至少要将导致现代之不幸的后一种原因根除掉。

马基雅维利在写作中，对他同时代和未来几代的青年人怀有一种特别的观照。1517 年夏天，他开始频繁出入位于贝尔纳多·鲁切拉伊的一所宅邸的花园——石蕊园（Orti Oricellari）——举行的集会。佛罗伦萨显赫家族的青年人在那里定期聚会，讨论诗与哲学、历史和治国艺术。马基雅维利加入这个群体时，鲁切拉伊已经过世（1514），他的侄子科西莫·鲁切拉伊接任园主之位。其他常客是：诗人路易吉·阿拉曼尼；①哲学家弗兰切斯科·达·迪

① ［译注］诗人路易吉·阿拉曼尼，即路易吉·迪·皮耶罗·阿拉曼尼，是一个重要的文学家和外交家，经常参加石蕊园（鲁切拉伊花园）聚会。他反对美第奇家族的统治，1522 年参与了针对枢机主教朱利奥·德·美第奇的阴谋，阴谋败露后逃到威尼斯，后来又逃到法国，受到法国国王弗朗索瓦一世的礼遇，弗朗索瓦派他出使外国，并资助他从事文学创作。1527 年他回到佛罗伦萨，1530 年共和政体垮台及美第奇家族重返佛罗伦萨后，他又匆忙逃至法国。参看 Felix Gilbert, *Machiavelli and Guicciardini: Politics and History in Sixteenth-Century Florence*, Princeton: Princeton University Press, 1965, p.101。本书中还提到另一个路易吉·阿拉曼尼，即路易吉·迪·托马索·阿拉曼尼，是诗人路易吉·阿拉曼尼的堂兄弟，也参与了 1522 年的那场阴谋，当时他是阿雷佐驻军的军官，阴谋败露后在阿雷佐被俘，1522 年 6 月 6 日与另一个谋反者雅各布·达·迪亚塞托一道被斩首。参看 Henry Edward Napier, *Florentine History*, vol.IV, London: Edward Moxon, 1847, pp.243—244。本书原文索引部分混淆了这二人。实际上，路易吉·迪·托马索·阿拉曼尼只在原文第 218 页出现过一次，文中其他地方出现的路易吉·阿拉曼尼，均为诗人路易吉·迪·皮耶罗·阿拉曼尼。

亚塞托[①]；“黑衣人”弗兰切斯科·达·迪亚塞托；雅各布·达·迪亚塞托，别名迪亚塞提诺；历史学家雅各布·纳尔迪和菲利波·德·内利；巴蒂斯塔·德拉·帕拉；扎诺比·布昂德尔蒙蒂；安东·弗兰切斯科·德利·阿尔比齐；以及安东尼奥·布鲁恰利，一部以马基雅维利本人为对话者之一的重要政治作品的作者。

他们都比马基雅维利年轻，喜欢听这个老秘书谈论古罗马的治国艺术与军事艺术。他们中有很多人开始成为美第奇的反对者和共和政体的支持者。对马基雅维利来说，那些谈话是恢复生活的一种方式。他已年近五十，重返政治舞台的希望早已破灭。在他们讨论古代历史与现代政治时，跟这些青年人交谈，把他学到的一切教给他们，这使他感到自己还是有些用处的，他可能留下的遗产在他死后继续存在。这些青年人属于佛罗伦萨的贵族阶级，他教诲他们，就是在教导可能有机会成就他所无法成就的伟大事业的人们。这些想法和情感激励着他，使他强调古代的伟大与现代的不幸之间的反差，“好让有可能读到我的著述的青年人能够回避后者，并随时准备在机运可能给予他们机会的任何时刻起而仿效前者”（*D*，II. Proemio）。

像往常一样，促使他写作的，是激情以及用伟大事物占据头脑的愿望，但这一次，还要加上一种责任感。他在

---

① ［译注］哲学家弗兰切斯科·达·迪亚塞托（1466—1522），绰号“紫衣人”（il Paonazzo），马西利奥·费奇诺的学生，新柏拉图主义哲学家。

一段话中告诉我们，这种责任是什么。这段话沉浸在令人伤感的自尊里，堪称《李维史论》的神来之笔：“好人的责任，就是教导别人你自己由于生不逢时与时运不济而心余力绌的好事，以便有许多人能够身体力行的时候，其中那些比较受到老天垂爱的人就可以将之具体实践。”（*D*，II. Proemio）

他对石蕊园的朋友写道，他们最要紧的是要鄙视僭主。他在《李维史论》卷一第 10 章中说，正如共和国或王国的奠基者值得赞美一样，将僭主政治强加于民的人应受蔑视和谴责。这章是全书最富激情的章节之一，它似乎是为了讲演而不是为了默读而写的。在这章里，他精彩地描写了好坏皇帝统治的对比：“在明君统治时期，他会看到有保障的君主处在有保障的公民之中，那是个处处和平而且处处公道的世界；他会看到元老院有其职权，司法行政官有其荣誉，富裕的公民享有其财富，高尚与德性受到推崇；他会看到一派安详与一派美好，怨恨、特权、腐败与野心则无迹可寻。他会看到每一个人都能按自己的意愿持有并捍卫意见的黄金时代。总而言之，他将看到举世兴高采烈，君主安享荣耀而且备受敬重，人民有爱心也有保障。”

接着，读者应该会想到坏的皇帝统治着罗马的年代，这些时代“随战争而来的荒芜景象，随动乱而来的暴戾之气，随纷争而来的分崩离析，平时与战时一样心狠手辣；无数的君主命丧刀口，内战外患接二连三；意大利饱受前所未有的苦难，城市破败荒凉。他会看到罗马陷于火海，首都遭自己的公民洗劫，古老的神庙荒废，仪式失传，城内充斥奸夫淫妇。他会看到海上布满逃难的人潮，海滨布满血腥。他会看到不计其数的暴行，贵族、财富、荣誉一一被视为大罪，品德更是不赦之罪。他会看到告密者得到奖赏，被收买的奴隶与他们的主人为敌，获释奴隶起而反抗自己的恩主，没有仇敌的人受到朋友的迫害。然后他会恍然大悟，罗马、意大利以及整个世界受恺撒贻害有多深”(*D*，I. 10)。

马基雅维利写道，无论谁考虑了这一切之后，都会不禁感到一种对僭主政治极度憎恨，和一种仿效明君的强烈愿望。事实上，谁要想追求真正的荣耀，谁就应该希望生在一个腐化的城市之中，不是为了像恺撒那样将它破坏得更彻底，而是为了像罗慕路斯那样，为它带来新秩序。

他接下来阐明，由人民统治的共和国优于君主国，因为人民比任何一位君主都更明智、更稳重。他举例说，罗马人民在他们的共和国尚未堕落时，“从未卑躬屈膝或颐指气使”；体面地保有他们在社会与政治生活中的地位；当适宜服从的时候便服从，当有必要抵制或动员反抗一个强大个人的时候便这样做；明智地选举他们的长官；当被召集商讨公共事务的时候，在预见未来的吉凶方面，显得不同寻常地深谋远虑（*D*，I. 58）。

只有在共和国里，“公益”才能得以贯彻。统治国家的公民有权促进公共利益，即便这种利益与某个公民的私利相冲突。他们能够防止强大而傲慢的个人强制推行自己的私利，所以，他们能保卫所有人的自由。诚如马基雅维利所述，从与“受奴役地生活”相对的共和国的“自由生活”中，会产生无尽的好处：人口因为公民渴望生孩子、有信心养育孩子而增加，人们将“生而自由而非奴隶”，如果他们是好公民，并以美德而著称，他们就有希望当选共和国的最高职位。农业、商业以及手工业的财富大为增加，因为所有人都知道自己的劳动果实不会被掠夺，因而会加倍努力地工作。于是，自由便“奇迹般地”增加了公共的与个人的福祉（*D*，II. 2）。

石蕊园的青年人知道，共和国可能被平民所统治，就像马基雅维利担任秘书时的佛罗伦萨，或者被贵族政府所统治，比如威尼斯。他们肯定请马基雅维利谈过他对这一重要而有争议的问题的看法。在马基雅维利看来，正如他在《李维史论》卷一第 *5* 章所言，把保卫自由的任务托付给人民比将之托付给贵族政府要安全得多，因为贵族“渴望统治”而平民仅仅渴望“不被统治”从而“自由地生活”。因此，人民的共和国要比贵族的共和国更适宜于保护自由。

当然，马基雅维利必须对威尼斯的成功作出解释，这个出类拔萃的贵族共和国不仅比罗马共和国更长久地维护了自己的自由，而且在国内享有令人称羡的和平。马基雅维利说，威尼斯的自由归功于其地理环境使它不容易受到攻击。在理念方面，当时普遍的看法是，威尼斯优于古罗马，因为它始终是稳定的，而罗马则被平民与贵族之间的斗争弄得四分五裂。对此，他斩钉截铁地回应说，正是“平民与罗马元老院之间的分裂”造就了“自由而强大的”罗马共和国。事实上，这种富有远见的模式——冲突总的来说可以在其中得到解决——是“使罗马的自由得以维护的首要条件”(*D*，I. 4)。

即便在注释古代历史并进行一般性的评论时，马基雅维利也不可避免地把思绪转到了佛罗伦萨的历史以及导致其共和政府毁灭的那些政治错误上面。例如，他在论述扩张问题的那几章里指出，历史上的所有共和国以何种方式扩张自己的领土：通过几个城市享有相同权力的联合，如古代伊特拉斯坎人和现代瑞士人的做法；通过建立联盟，其中一个共和国掌握中央权力，并对其他盟国享有统治权，这是古罗马的例子；再有就是通过赤裸裸的征服并对被征服的民族进行统治，如古代的雅典和斯巴达，现在的佛罗伦萨。马基雅维利评论说，在这三种扩张方式中，最好的是罗马的方式，最坏的是雅典、斯巴达和佛罗伦萨的方式，因为凭暴力统治一个城市，尤其是统治一个习惯过着自由生活的城市，是“吃力不讨好的事”。佛罗伦萨的政策必须彻底抛弃。如果仿效罗马人太困难，佛罗伦萨就应该遵循古代伊特拉斯坎人的做法，与托斯卡纳的其他城市结成联盟。

马基雅维利最关心的问题是政治腐化。一个长久以来生活在君主统治下的民族会变得习惯于服从和邀宠，忘记如何商讨公共事务。不仅如此，即便是自由的共和政体，若建立在腐化的国家中，就必须在没有人民支持的情况下与各种满怀敌意的派系作斗争，至少一开始的时候是如此。那些因僭主政治而得益或因君主的财富而发财的人会立即成为共和政体的死敌。然而自由的政府无法照顾特殊利益，因为它的根本原则必定是因“真实而具体”的缘故才会把公共的荣誉和褒奖赋予某人，除此而外，不会给任何人荣誉或财富。一个自由的政府也无法过多地依赖公民对新近夺回的自由的热爱，因为他们并不会立即意识到“自由的政府所带来的公益”，能够“自由地享有财产而无需恐惧”，无需为自己妻儿们的贞操担忧，无需生活在恐惧中。自由就像健康，当我们拥有时，我们不会意识到它的重要性，只有失去后才会追悔莫及。

要在腐化的城市维持、创建或恢复共和政体，就必须不仅依靠宪法与制度，而且要依靠能赋予那些法律与制度以全新力量的救世主或创始人的美德。马基雅维利解释说，这就是为什么刚创立或恢复的共和政体必须更接近于“君主”政体而不是“平民”政体，以便使“因傲慢而不伏法的人可望因一种近似于王权的力量而有所节制”(*D*，I. 18)。

这些以及其他政治智慧的宝藏，是马基雅维利给石蕊园的年轻朋友的礼物。他死后，所有信奉共和自由理念、并试图在佛罗伦萨和欧美其他地区以自由的共和政体取代君主或国王统治的人，都把《李维史论》视为智识上和政治上的指南。但在他有生之年，马基雅维利很少或压根没有因为《李维史论》得到赞誉。他想必早已习惯了这种待遇，但这仍然使他伤心，因为他非常在意得到尊重和赞赏（我们可以从他于 1517 年 12 月 17 日给石蕊园常客之一路易吉·阿拉曼尼的信中看到这一点，他对后者吐露，当他看到卢多维科·阿廖斯托在他《愤怒的奥尔兰多》中的诗人名单里没有提到他时，他受到了伤害）。

他以此寻求安慰：与他在佛罗伦萨剩下的几个与他一样可怜、“因寒冷和睡眠不足而垂死”的倒霉蛋朋友一起梦想着去佛兰德斯旅行。他在同一封信中写道，他们如此频繁地和热情澎湃地谈论这次旅行，以致“我们认为自己已经上路”（*L*，357），已经尽情享受了旅行的一半乐趣。幸运的是，他至少还有想象力使他能够在远方的乡村和遥远的土地上旅行，在某种程度上让他免受失望、无聊和寒冷的侵袭！

如果他的想象是一种安慰的话，那么他的“帮派”亦即家人也如此。他非常关心他“快长大成人”的儿子贝尔纳多和洛多维科，努力地教育他们。1518 年 1 月 5 日，马基雅维利写信给乔瓦尼·韦尔纳奇说，贝尔纳多和洛多维科给他寄了一封他们自己写的短信，要他讲些“童话和其他东西”（*L*，358）。以他对故事的喜爱，如果东方的童话曾传到此地的话，马基雅维利很可能会亲自读给他的孩子们听的。他也尽其所能帮助韦尔纳奇，先是建议他娶妻，后来在韦尔纳奇做投机生意失败时又尽力帮他。尽管他自己没有做过生意，但他此时想必也已经成为某种意义上的破产专家了。事实上，在 1518 年 3 月底和 4 月初，他曾去了趟日内瓦，以保护一些被某个名叫达维德·洛梅利尼的人的破产所牵连的佛罗伦萨商人的利益。

他尽管既不是会计师，也不是律师，却是个内行的谈判代表。他对法律事务当然不是一无所知，因为其父亲当过律师，而他本人曾零零散散地写过一些颇有见地的法学论文，也曾为他的外甥韦尔纳奇起草或者修改过一份授权书。就破产问题与商人进行谈判，这绝不能带给他很大的满足感。但由于他总是渴望纵马驰骋，有事可做，或许还能赚点小钱，他还是接受了。

在商务旅行以及假日跟朋友们一起游历期间，马基雅维利的状况似乎开始有了一点好转。命运女神终于厌倦了残酷地对待他，开始慢慢改善他的处境了。1519 年 5 月 4 日，洛伦佐·德·美第奇死了。洛伦佐曾以更接近专制而不是民主的方式统治佛罗伦萨，从 1516 年 6 月开始拥有乌尔比诺公爵的头衔。在他死后，美第奇家族没有直系的男性继承人来统治佛罗伦萨。美第奇枢机主教从罗马赶过来控制了局势。他比他的侄子洛伦佐更富有人性，却不像教宗利奥十世那么愚蠢，他为佛罗伦萨带来了一股新鲜的空气。洛伦佐·斯特罗齐和石蕊园的其他人请他以原国务秘书的身份去求情，尼科洛·马基雅维利等待了八年之久的会晤终于在1520年3月中旬举行了：它迅速有了成果。4月26日，石蕊园的另一个朋友巴蒂斯塔·德拉·帕拉从罗马写信给他汇报说，他已经跟教宗详细谈论了马基雅维利的情况，发现他“对您非常有好感”(*L*，362)。教宗委托他转告美第奇枢机主教，是为马基雅维利做点好事的时候了。他们正在考虑让您“写一些东西或做点其他事情”。杰出的巴蒂斯塔为了自己，也为了石蕊园其他人，通过极力称赞马基雅维利而说服了教宗，而且他通过提及《曼陀罗》，利用教宗轻浮的一面，精明地讨得其欢心。韦托里曾无力做到的事，却由愿意冒险的年轻朋友做到了；马基雅维利最重要的著作《君主论》未能打开的大门，却被一部完全为娱乐而作的喜剧打开了。

委托他写作之前，美第奇枢机主教和执政团派马基雅维利监理一个破产案。一个卢卡的商人米凯莱·圭尼基因赌博输光了一切，这在佛罗伦萨的商人中间引起了极大的恐慌，他们担心收不回债款。事实上，这些商人已把这项任务委托给马基雅维利，但枢机主教为了给他们鼓气，直接以执政团的名义写信给与执政团对等的机构卢卡元老院。马基雅维利于1520年7月9日动身去卢卡，去跟其政治当局谈判——也就是说，他不必去审查账簿。这件工作当然比什么都不做要好，尽管他没有享受到任何他曾经作为国务秘书旅行时的荣耀。我们可以从执政团给元老院的信中看到他地位的变化，信中称他为“我们城市的一位公民尼科洛·马基雅维利”(*L*, 1389)。他不再高贵或受人尊敬，仅仅是“我们城市的一位公民尼科洛·马基雅维利”。

他已经到了生命的暮年，已经学会了屈尊去干一些对他的智慧和尊严有所冒犯的苦差事。多年来他都在敲门，却被遗弃在寒冷里；现在他们把门开了条缝，似笑非笑地看着门外的他。为了进去，他不得不低眉折腰，礼貌地向他们道谢。被遗弃在寒冷里使他悲伤，以那些条件让他进去使他受到伤害。他已经通过想象，通过思考伟大事物，通过他的爱情，通过他的喜剧经受住了悲伤。现在他必须以忍耐和希望作好准备，并且充分利用形势。他不是那种因自尊心被冒犯就记恨的人，他不愿在沮丧这种令许多佛罗伦萨人深受折磨的慢性惩罚中沉沦。

为了使自己在卢卡的时间过得更有意义，他研究了卢卡共和国的政治制度，并把观察的成果写成文字，这是他当国务秘书时的老习惯了。这个成果即《卢卡政事概略》，包含了一些非常值得注意的政治思想。他在被迫赋闲的年代里的阅读和思考，无疑使他的见识大有长进。他指出，卢卡制度的一个值得称赞的方面是，元老院和正义旗手尽管是政府的核心，却对公民个人没有直接的权力，这意味着他们无权作出关系到公民生命和财产的决定。马基雅维利解释说，这一安排是好的，因为那些在共和政府掌握最高统治权的人已经拥有巨大的权力，如果他们还对全体公民拥有直接权力的话，那么他们拥有的权力就太多了，这会给城市带来灾难性的后果（*Opere*，718—719）。

不怎么值得称道的是元老院缺乏威严。由于在这种体制下，一个人只能出任两个月的公职，接下来的两年不得再次当选，拥有最高声望和威信的公民就会不得其位。这样，城市最重要的政治机构缺乏威严和智慧，而普通公民中间有威严、有智慧的却大有人在。最后，卢卡共和国分配荣誉和官职的方式是“优良的，文明的，精心构造的”，尽管它与马基雅维利一直推崇的古罗马的模式不一样，在古罗马那里，大多数人（平民）分配荣誉和官职，中间数量的人（元老院）提供建议，最少一部分人（执政官）实施法律。

在卢卡，马基雅维利收到了17岁的儿子贝尔纳多的来信，是他“借着灯笼的光”用一支难用的笔匆匆写就的。贝尔纳多告诉父亲，恶劣的天气影响了收成，他们只得把马基雅维利让他们出售的酒换得了别的酒。这封信的语气证实了我的印象，即尼科洛对他的孩子们并不专横。这或许是因为他心肠好，或许因为他贫穷。贝尔纳多还加上了他母亲的几句话：玛丽埃塔夫人“提醒您赶紧回来”，回来的时候带一件东西给她（*L*，363）。这些话几乎跟二十年前尼科洛在罗马与教宗会谈时玛丽埃塔亲笔写给他的话一模一样。尽管他有他的事务，他有对其他女人的爱情，但他仍知道如何讨得玛丽埃塔的欢心。

他还收到来自他在石蕊园的“午间朋友”之一菲利

波·德·内利的一封信。除了其他事情之外，内利告诉他扎诺比·布昂德尔蒙蒂生了个儿子，并以含有深远政治意义的措词对这件喜事加以评论。内利说，我们的儿子越多，在防御土耳其人的时候就会有越多的士兵。您不大重视土耳其人是不对的。您应该告诫卢卡人民，劝他们“坚定信仰，多多做爱，多生小孩”，这对他们而言比护城河和高塔要有用得多（*L*，364）。尼科洛必定有兴趣将菲利波的高尚劝告转达给卢卡人民，但他并不担心土耳其人入侵。我们从《曼陀罗》中可得知这一点，该剧早于菲波利的来信，那时人们对土耳其人的恐惧已到了发狂程度。让我们看看一个平民女人与提莫窦修士之间的一次对话：

> 女人：请收下这弗罗林吧，这两个月每星期一来给我的亡夫做安魂弥撒。尽管他是个无可救药的人，但人终究是人啊，无论什么时候想到他我都禁不住伤心。但您觉得他真的下地狱了吗？
>
> 提莫窦：可不是吗！
>
> 女人：我完全不知道地狱是什么样子。您记得他从前对我做的事吗？啊，我怎么跟您抱怨起那事儿来了。我曾竭尽全力不和他在一起，但他是个非常难缠的人。噢，我的主啊。
>
> 提莫窦：不要担心，上帝的慈爱是无限的。人只要有志，就不会没有改过自新的机会。

女人：您认为土耳其人今年会打进意大利吗？

提莫窦：他们会的，如果你不向上帝祈祷的话。

女人：天哪。愿上帝保佑我们，那些穷凶极恶的野蛮人！我最害怕那种戳事儿了……（*SL*，160—161）

既然马基雅维利以这种口气写下这段对话，那么我们可以想象，关于土耳其人的入侵，他向他的朋友们说了些什么。菲利波信中的各种迹象表明，他知道尼科洛傍晚在石蕊园或者在佛罗伦萨的石头长椅上讲的许多黄色笑话。

马基雅维利的朋友们还是他的创造力和想象力的其他成果的受益者。扎诺比·布昂德尔蒙蒂和路易吉·阿拉曼尼收到了他从卢卡寄出的《卡斯特鲁乔·卡斯特拉卡尼传》，写的是一个在卢卡出生的雇佣兵（1281—1328）。这不仅是一段故事或传记，而且是对一个出身低微、却通过自己的品质和才能而成就了"非常伟大的事"并成为君主的人的生动描绘。因此，马基雅维利的卡斯特拉卡尼堪作楷模，人们应当起而效之。毫不奇怪，马基雅维利将这个雇佣兵一生中的好些地方都小说化了：为了突出他的卑微出身，他让一个神父的妹妹在"葡萄树下的叶子中间"发现了这个婴儿（*SL*，277—278）；在临终时刻，卡斯特拉卡尼发表了一番讲话，话中包含着马基雅维利关于如何保有国家的思想；还有一长串摘自第欧根尼·拉尔修的名言也被安排成是他说的。

马基雅维利写这篇文章在很大程度上是向他的朋友们——他们鼓动美第奇枢机主教委派他写一部历史——表明他精通人文主义史学的写作风格。就这一点而言，《卡斯特鲁乔·卡斯特拉卡尼传》是成功的。事实上，布昂德尔蒙蒂于9月6日写信——称呼他为“同道尼科洛·马基雅维利秘书阁下”（!）——告诉他，他本人、路易吉·阿拉曼尼、弗兰切斯科·圭代蒂、雅各布·达·迪亚塞托、安东·弗兰切斯科·德利·阿尔比齐、雅各布·纳尔迪、巴蒂斯塔·德拉·帕拉以及其他许多人都读了他的作品，每个人都同意它是一篇“好东西，写得十分出色”。注意：“写得十分出色”不必然是“准确”或“真实”。他们当然已经注意到，很多被认为是卡斯特拉卡尼说过的话，其实是出自“古今”圣贤之口。但这无关宏旨。重要的是他有才能驾驭格言典故，描写“生动”，词藻“华丽”。布昂德尔蒙蒂认为最成功的部分是——其判断切中肯綮——卡斯特拉卡尼的临终演说，这是文中修辞最精美的部分。

是该写一部宏大的历史著作了。马基雅维利也为朋友们的建议所鼓舞：“似乎每个人都认为，您应当全力担负起那部历史的撰写之役。对此我比其他人更为期待……我觉得，您的这一历史范文令我愉快，不下于有远见卓识的人们所认为有益的那些事物。”（*L*，365—366）所以他决定返回佛罗伦萨，因为除了其他原因之外，巴蒂斯塔·德拉·帕拉刚从罗马来，急切地需要就一部由美第奇家族资助的新的佛罗伦萨史的计划与他谈谈。在他跃上马背赶回这个城市的时候，马基雅维利的心情想必比较轻松罢。他回来之后发现，一切都已准备就绪，就差一份雇他写作佛罗伦萨史的正式决定了。他本人准备了合同的措词：“兹聘请尼科洛·马基雅维利撰写佛罗伦萨史，作品体裁、起始年代与作品语言——拉丁语或托斯卡纳语——由撰写者自定，聘期____年，年薪____。”（*L*，367）

这一任职令于1520年11月8日被批准，报酬被定为100个小弗罗林，几乎只有他任国务秘书时薪水的一半。不过，事情本身无比光荣。他之前的佛罗伦萨史家都是伟大的人文主义者，其中有共和国的秘书：莱奥纳多·布鲁尼、波焦·布拉乔利尼和巴尔托洛梅奥·斯卡拉。因此，他并不孤单，而且这个新的职位比他过去的很多职位都好得多。

19

修士、地狱和魔鬼的故事

命运女神为了自寻开心，经常把人们突然推入始料不及的处境里。有的人晕头转向，不知所措，斗志顿失；有的人怒气冲冲，诅咒命运的残酷无常；还有人起而向她挑战，以自己的游戏回报盲目的女神玩的把戏，他们不会陷入恐慌，或皱起眉头，反而欣赏着事情的转变，甚至设法嘲弄命运。发生这种事时，那些充满无聊和痛苦的日子就变得令人难忘了。

这种事于1521年春天在尼科洛身上发生了，当时他被派往卡尔皮参加方济各兄弟会的一个大会。为了使这次冒险更加有趣，命运女神给了他一个异常奇怪的人，当时的摩德纳总督，高大、冷峻而且有权有势的弗兰切斯科·圭恰迪尼。结果是马基雅维利的人生中多了一段把他的个性展示得淋漓尽致的为数不多的非凡插曲。

但是，我们先不要急于描述尼科洛在方济各会修士们中间，或者用他的话说，在木屐共和国之中执行任务时的故事，还是按部就班地往下讲吧。当尼科洛从卢卡回到佛罗伦萨的时候，他不得不处理另一件重要的事情。枢机主教朱利奥·德·美第奇命他起草一份佛罗伦萨政治制度改革计划，要呈给教宗利奥十世。教宗和枢机主教两人都关心美第奇政权的未来：我在前面说过，洛伦佐去世的时候，没有能统治佛罗伦萨的直系亲属继承人。此外，他独断专行的统治方式已引起广泛的不满，这似乎预示着美第奇家族统治的终结。有人建议枢机主教恢复一个像老科西莫那样的政权，他以精明的施恩政策和对“文明方式”的尊重来维持权力；也有人主张恢复索德里尼曾效力过的那种“基础广泛的”共和政府。在众说纷纭之中，美第奇家族想听听这位几个星期前刚被佛罗伦萨学院聘用的前国务秘书的意见，该学院是佛罗伦萨大学最初的核心部分。

马基雅维利欣然从命。正如他的习惯做法，他没有把自己的建议局限于具体细节，而是呈上了一份基于对佛罗伦萨历史和社会的全面分析的变革计划。在《论小洛伦佐去世后佛罗伦萨的政务》中，他首先指出，已经不可能回到科西莫的老路，因为在科西莫时代，美第奇家族还为大众所爱戴，现在他们却被人们讨厌。那时候佛罗伦萨能够抵抗意大利的其他任何国家，现在却不行了，因为法国和西班牙卷入了意大利事务。那时候公民们心甘情愿地纳税，现在他们已经丧失这个习惯，试图强迫他们回到老路上，“将是危险的，势必引起他们的仇恨”。最后，科西莫时代的美第奇家族举止“非常亲切”，公民们乐于接受他们。现在他们已经“变得如此强大”，不可能与佛罗伦萨人曾喜爱的那种行为方式相一致。

除了不大可能恢复科西莫的政权，要想在佛罗伦萨建立一个成熟的君主政体也不可能。仅当存在着一个拥有城堡和武装力量的贵族阶层，这个阶层能够保护君主免受平民之害并辅佐他治理国家时，君主政体才能建立和繁荣。佛罗伦萨没有这样的阶层，因此建立一个君主政体，“在任何一个想被人认为是良善之辈的人看来，都会显得既困难，又不近人情和不合时宜”（*Opere*，736—738）。

剩下的唯一选择就是恢复共和政府，因为介于君主制和共和制之间的政体，即马基雅维利所谓的“中间政体”，都是极不稳定的。然而，即将建立的共和政体不是索德里尼统治下的那种共和政体，而是一个能够确保上、中、下三个阶层的公民在国家制度中有充分代表权的共和政体。马基雅维利说，我们必须有勇气在必要时进行广泛的变革。他恳求枢机主教在看完他的计划之前不要加以评判，也不必忧虑。接着他提出了一套向“良序共和政体”变革的复杂方案，这个方案既可保障美第奇家族的权力，又可保障其宠臣的特权，至少在教宗利奥十世和枢机主教朱利奥·德·美第奇的有生之年如此。

最困难的事情莫过于说服美第奇家族进行政治变革，无比谨慎地恢复他们所厌恶的、八年前在国外军队的帮助下扼杀了的共和政府。为了说服他们，马基雅维利极力施展自己的修辞本领。他试图让他们懂得，在佛罗伦萨“未曾有过哪个稳定的共和政府是人民不满意的”，而为了让人民满意，必须重新召开大议会。他还说，如果美第奇家族为了保护自身的利益而自愿这样做，而不是被敌人逼着这样做，这个家族就会显得具有伟大的智慧（*Opere*，741）。

如同在《君主论》中一样，马基雅维利设想，他是在为一个希望成就伟大事业和永恒荣耀因而愿意倾听他的意见的君主而写作。如同在《李维史论》结尾的那段训词中一样，我们在这里也能清楚地感觉到，他对赋予共和国与王国以法治的伟大政治家与通过写作做了同样事情的伟大哲学家的钦佩之情：

> 我认为人们能获得的最高荣耀是他们的祖国愿意赠予他们的荣耀。我认为，一个人能做到的最大而最合上帝意愿的善，就是他对他的祖国所做的善。除此之外，任何人，无论他作出任何事迹，都不可能像那些用法律和制度改善了共和国与王国的人那样值得尊敬。在死后成神的人物后面，他们是首先应当被颂扬的人。由于有机会这样做的人少之又少，有能力这样做的人更是寥若晨星，所以只有极少数人才真正地做到了。这一成就受到一心向往荣耀之人的敬佩，如果他们不能在现实中创建共和国，那么他们至少在写作

> 中创建了共和国——像亚里士多德、柏拉图以及其他很多人，他们想要向世人表明，尽管他们不能像梭伦或莱库古那样创建一个社会，但这并不是由于他们的无知，而是因为他们无力将它变为现实（*Opere*，744）。

问题在于，枢机主教朱利奥·德·美第奇对荣耀不感兴趣，他所感兴趣的仅仅是作出尽可能小的变动以挽救美第奇家族的政权。对他而言，马基雅维利的话似乎太高尚了，他的改革建议过于独特，与美第奇家族的政治风格相去甚远。这样，马基雅维利试图去教导或者说去塑造一个伟大的君主的努力再次成为泡影。不过他的文章里含有一些真正的政治思想瑰宝——例如这一观点，一个共和国得以稳定的唯一前提是，宪法为社会的每一个组成部分都分派一个适当的角色，而且“当每个人知道自己必须做什么的时候，每个人都参与进去”（*Opere*，745）。这些思想像马基雅维利的很多思想一样，在获得理解并结出硕果之前，只能等待更好的时机，更好的形势，以及最重要的是更好的政治家。

令马基雅维利感到安慰的是，他还可以写作佛罗伦萨史。他于1520—1521年冬天愉快地开始了这项工作。1521年春天，出现了一件让他分心的事。他的前上司皮耶尔·索德里尼来信，请他担任在罗马非常有权势的贵族普罗斯佩罗·科隆纳的顾问，这份工作的薪水高得简直让人难以置信，两百达克特金币加上日常花销。这无疑是一份诱人的工作，但马基雅维利拒绝了。他从来无意于仅仅为了权力和金钱而为任何君主当顾问，尤其是这意味着他必须生活在宫廷里的时候。他最大的愿望是为佛罗伦萨成就一件大事，以此成就获得尊敬并被佛罗伦萨人纪念，如果有可能的话，挣得一笔小钱，以便他能买到自己想要的东西，过体面的生活，确保他的儿女们将来不会受穷。他这句话“我认为人们能获得的最高荣耀是他们的祖国愿意赠予他们的荣耀”辞藻华丽，反映了他本人由衷的信念。他不理睬那些达克特金币，决心留在佛罗伦萨。

当马基雅维利坐着翻检文献时，管理佛罗伦萨对外事务的外务八人委员会请他出使方济各全体大会总部的所在地卡尔皮，与修士们就其在佛罗伦萨领地的修道院的管辖范围问题进行谈判。乍一看，这似乎是个玩笑，而且是个好玩的玩笑。但它却极其严肃，它不仅是共和国官员们的决定，而且是来自枢机主教朱利奥·德·美第奇本人，并得到教宗的祝福。以自己更好的玩笑来回应命运对他所开的玩笑是尼科洛的拿手好戏，他接受了这一使命，于1521年5月11日或12日上马启程。

他在摩德纳驻足，以便结交为教宗统治这个地方的弗兰切斯科·圭恰迪尼。二人以前曾经相识，但没有机会深交。他们的出身、性格和生活方式都相去甚远。圭恰迪尼属于佛罗伦萨最高贵和富有的家族之一；为人老谋深算，既谨慎又滑头；十分擅长掩饰其真实想法，以至于尽管他对所有神父都嗤之以鼻，教宗们仍然让他担任显赫的职位；野心勃勃，渴望得到金钱和权力；从不知失败的滋味。尼科洛是个与官场格格不入的平民；鲁莽，爱幻想，对自己的想法和生活方式直言不讳；喜欢钱财，但只是为了自娱自乐和享受生活；喜欢权力，但仅把它当作成就伟大事业的工具，而不是以它本身为目的；曾经经历过几次光荣时刻，但大部分时候遭受的是失败和失望。

然而，尼科洛并不嫉妒这个比他年轻十四岁、享受如此多他从未且永远也不会享受到的东西的人。相反，他佩服圭恰迪尼的政治才能和出色的智慧。反过来，圭恰迪尼也敬佩马基雅维利，为他对政治事务所作的精彩分析着迷，也为他的仁厚和温情而感动；圭恰迪尼一度纵情于打趣笑谑之中。他的笑是有节制的，他被一些事情逗乐了，这些事情只是短暂地将他的注意力从他所致力的重大公共事务中转移出来。不像尼科洛，尼科洛的笑是发自内心的，对尼科洛而言，公共事务在很大程度上已被证明仅仅存在于想象和古代历史中。

马基雅维利于 5 月 16 日夜幕降临之前到达卡尔皮，一个想直接控制局面的修士伊拉廖尼曾命令他这个时间到达。他寄宿在卡尔皮总督特奥多罗·皮奥主教的秘书西吉斯蒙多·桑蒂的家里。有一封来自佛罗伦萨纺织行会的执事们的书信已在那里等他了，信中给他派了一项比外务八人委员会派给他的任务还要古怪的任务：说服人称“北风”的修士乔瓦尼·瓜尔贝托于下一个大斋节期间在佛罗伦萨的圣母玛利亚大教堂布道。纺织行会的执事们难道不知道马基雅维利对修士的看法吗？在《曼陀罗》中，他曾无情地嘲笑修士的恶毒、好色及贪婪。他从来不去听布道，从不留心布道者，对此他非常坦然。“我本人不听布道，因为我没有这样的习惯。”他在 1513 年 12 月 19 日给韦托里的信中这样写道（*L*，299—300）。当他去听伟大的萨沃纳罗拉讲道——他纯粹是因政治方面的原因去的——的时候，他躲在教堂的角落，对那个修士成堆的谎言报以嘲笑。

他对魔鬼和地狱的嘲笑更加厉害。在一首日期不确定的诗《隐居之歌》里，他描写了一个人，居然看到“魔鬼在看他，角不是那么多，也不是那么黑”（*SL*，29）。在一个或许写于同时代、说一个魔鬼娶妻的奇妙故事里，他把阴司之神普路托写成了一个审慎而公正的君主，这让他觉得好玩。让我们读一读他笔下的阴间之王作的漂亮演说：

我亲爱的朋友们，尽管我按照完全不可撤销的天条和命运女神的决定而掌控着这个王国，尽管我不受任何神界或人间的意见的约束，然而鉴于对最有权势的人而言，尽量遵从法律、尽量尊重他人意见的做法才是最高贵的审慎，我已经决定，在一件有可能为我们的帝国带来耻辱的事情上，就我应该如何处理而征

> 求你们的意见。因为所有进入我们帝国的鬼魂都说，他们的妻子应受到谴责，而这在我们看来是不可能的，所以我们害怕如果我们依据这个说法进行判决，我们就会因过于轻信而遭到诋毁，如果不判决的话，又因不够威严、简直无视公正而遭到咒骂（*SL*，81—82）。

有谁会不愿意在这样一个君主的统治下生活呢？

马基雅维利对地狱的讽刺是肆无忌惮的。《曼陀罗》中卡利马科说的这些话足以说明这一点："可是另一方面，最糟糕不过是一死，死后下地狱。死掉的人啊，不知有多少呢！地狱中值得敬佩的人物啊，不知有多少呢！你觉得去那里很可耻吗？"（*SL*，170）而当他严肃地谈到基督教时，他那温和的讽刺变成了轻蔑。基督教——至少在当前人们对它的解释中——教导人们谦卑，不屑于世间的荣誉，要求"你……更能适应苦难，而不是去从事什么壮举"。因此，它造成这世界的文弱，使它成为邪恶者的猎物（*D*，II. 2）。

他承认，像圣方济各和圣多明我那样的人，通过他们堪为楷模的博爱和他们贫穷的生活而复活了基督教的原本寓意。但是他们的努力实际上为教士的腐化提供了更大方便，因为他们劝导信众相信"说坏事的坏话是坏事"，"顺从教会的生活"才是好的，如果教士犯了错，应该"把他们留给上帝惩罚"。所以，圣徒们真诚的信仰和布道的结果就是神职人员"尽力使坏，因为他们不怕他们看不到也不相信的惩罚”(*D*, III. 1)。

他对教宗制毫不客气。拜教宗和罗马教廷的榜样力量之赐，意大利丧失了一切真正的信仰或任何真诚的宗教情感：“因此，我们意大利人没有宗教，道德败坏，这首先应归罪于教会及其神职人员。”教会带来的第二件礼物是它使意大利不能在一个君主或共和国的统治下团结一致，从而妨碍了它的独立和安全（*D*, I. 12)。

他的确承认，对上帝的恐惧会对人们的生活方式产生有益的影响，可能成为支持君主或共和政府的法律和权威的强有力工具。他甚至走得更远，认为敬拜神灵是共和国之伟大的一个源泉，正如蔑视神威会导致共和国瓦解，因为在对上帝没有恐惧感的地方，王国必定“要么走向瓦解，要么被对君主的恐惧支撑着，后者弥补了宗教的缺失”(*D*, I. 10)。但是他的上帝是政治的上帝，是成就伟大事业的君主（比如卡斯特拉卡尼）的朋友，或者也许可以说，他用一个修辞意义上的上帝来劝诫君主去成就伟大的事业。他的上帝跟基督教的上帝毫无共同之处，既不是信仰的原则，也不是希望的源泉。

这就是现在被派遣到卡尔皮、要跟修士们和布道者谈判的那个人的宗教观。这种情况太滑稽了，连不苟言笑的圭恰迪尼都不禁被逗乐了，他写给尼科洛的一封短信给我们提供了一个有趣的画面。我最亲爱的马基雅维利，圭恰迪尼写道，纺织行会的执事们把寻找一个布道者的任务交给您，他们的判断力可真是绝妙啊。这就好比有人委托给帕基耶罗托君或萨诺君（两个臭名远扬的同性恋者）一项“为朋友物色一个漂亮而举止优雅的妻子”的任务一样。他恶作剧地加上一句，我确信，您将证明自己不辜负执事们对您的厚望。

更滑稽的是睿智的圭恰迪尼对他朋友在宗教方面的忠告。他写道，与那么多修士在一起，要当心陷入诱惑而成为一个虔诚的信徒，因为您在一生中一直奉行相反的信念，因此人们会把这种转变归因于衰老，而不是善德。接着他警告尼科洛要当心两种严重的危险：第一，“圣洁的修士们”可能传染给您伪善的毛病；第二，卡尔皮的空气“可能使您成为说谎的人”，因为——他以了解当地民风的行家自居向他说——数世纪以来，那里的空气有那种功效，这是众所周知的。此外，如果您被安排寄宿在一个卡尔皮当地人的家里，“您的病就更无药可救了”(*L*，371)。

一封这样的信正好为尼科洛提供了他最喜欢的机会。他当天就作了回复，让骑马的信使把回信送去。他处于绝佳的状态，带着不敬与戏耍的心情：“您的信使到来时我正坐在马桶上，正是那一刻，我在思量这个世界的荒谬。”因为这个世界是荒谬的，就必须用更荒谬的事来对付它。他可是这方面的行家，即使没有圭恰迪尼的鼓励，他也会大显身手。在卡尔皮那种绝对适合这一想法的庄严氛围中，他已经开始构思一出绝妙的好戏了。现在他读了圭恰迪尼的信，更是一发不可收拾。

首先，他泰然自若地对他的朋友就他将如何为共和国效劳对他的奚落作了回复：“无论何时只要我能为共和国排忧解难——若不能以行动，就以言辞，若不能以言辞，就以表情——我都不曾让她失望过，所以我现在也不打算让她失望。”佛罗伦萨需要一个布道者吗？它应该有一个；但我要物色一个集所有曾在那里工作过的著名布道者的缺点于一身的修士：比多梅尼克·达·蓬佐更疯癫、比吉罗拉莫·萨沃纳罗拉更奸诈、比阿尔贝托·达·奥尔维耶托更伪善。

在这一高尚的意图背后是一种深刻的神学与道德动机：“我以为，我们在许多修士身上所经历到的一切，若在他们中的一人身上经历到，将会是一件绝妙的事，同这个时代的美德相称。我相信，上天堂的真正道路，是先熟悉下地狱的道路，以避免下地狱。”（*L*，372）这确实与那个时代相一致：共和国违背一切理性和逻辑，派他物色一名布道者，而他——真诚地希望为共和国效劳——会找到一个布道者，跟他们想要的颇不相同。他们的指令不是违背一切理性和逻辑吗？他会以其人之道还治其人之身的：他们想要一个布道者“让他们熟悉天堂之路，”而尼科洛打算找一个“让他们熟悉地狱之路”的人。

“至于说卡尔皮公民的谎话，我是一个远远超出了他们中任何人之想象的扯谎高手。”马基雅维利写道，因为“长期以来，我从不说出我相信的，也从不相信我所说的。如果某些时刻我的确讲了真话，我也会将它隐藏在众多谎言里，以至于它难以被发现”(*L*，373)。他已经为说出自己的真实想法——出于勇敢而不是幼稚——付出了太多。然而，在词语的含义不可避免地被歪曲的世界里，说真话究竟有什么意义呢？现在，伪装和掩饰是他最有力的武器，他使用它们时不觉得羞耻，但也不觉得自豪。他曾时常说真话，他也会继续说真话，但不是对修士或卡尔皮人，而是在他的书和信件里，对我们说真话。这一次，时间的推移使我们知道尼科洛在他的诡计和遁词中对他的同时代人隐瞒的真话。

尼科洛设计了一个绝妙的恶作剧，把卡尔皮的修士和显贵着实嘲弄了一番，尤其是秘书西吉斯蒙多·桑蒂和皮奥主教。他的计划是蒙骗那些修士，“致使他们穿着他们的木屐竞相追逐”。有了这个崇高的目标，他要圭恰迪尼以“高明的手腕”帮他。

他注意到，卡尔皮的每个人对以下情景的印象十分深刻，即摩德纳总督派了一个马上弩手送一封信给他，当这个弩手呈上信件时，还鞠了一个“头低到地上”的躬。其他就看尼科洛了，他严肃地对旁观者说，这封信中包含着关于皇帝、瑞士人和法国国王的极为珍贵的政治情报。

其结果甚至比他所希望的还要好：尼科洛写道，每个人都“站在我周围，张大嘴巴，手上拿着帽子”。甚至在我写字的时候，“他们还围着我；看我写个不停，他们大为惊异”，瞪大眼睛好奇地望着我。我呢，也让他们以为我在写些极其重要的东西。我不时停下来，深深地吸一口气，挺挺胸。他们惊讶和钦佩得直流口水。

尼科洛有个计划：明天再给我派个弩手，他向圭恰迪尼写道，“让他疾驰而来，满头大汗”，这会让所有人都惊愕。这样，我就会得到名声，而您的弩手和马匹也会得到锻炼，这对他们只有好处，尤其是在春天（*L*，374）。如果说命运女神和他的同胞用这个使命来嘲弄他，那么尼科洛就是在以牙还牙：这是对圭恰迪尼拿衰老的危险来奚落他的最佳反驳。

圭恰迪尼乐意一起玩这个游戏：第二天，5月18日，另一个弩手从摩德纳赶来了，比第一个还要上气不接下气。他告诉每一个愿意听他说话的人，马基雅维利是个十分重要的人物，他的事情要比修士们之间的争吵要紧得多。圭恰迪尼耍了个精明的花招，他为了让信件显得更重要，就加上了来自苏黎世的消息，尼科洛可以把它炫耀地挥舞一下，也可以诡秘地收起来，随便哪样效果都不错。他告诉马基雅维利，他已写信给桑蒂秘书，告诉他说他的客人是一位“非凡的人物”。当满腹狐疑的桑蒂“回信请求我告诉他，您的非凡之处究竟是什么”时，圭恰迪尼没有答复他，以刺激他的好奇心，并促使他密切注意尼科洛的一举一动。信的结尾是动人的劝诫，让他继续这项在修士中间制造麻烦的任务：如果您成功了，“那就是迄今您所成就的最杰出的功勋了”，而鉴于“他们的志趣和恶意”，这项任务不会很难（*L*，374—375）。

尼科洛在修士中间的处境在圭恰迪尼看来十分荒谬，因此在同一天，他又回到这件事上来了。他拿起笔，作了一个可能给尼科洛安慰也可能让他伤心的对比，因为在结尾，它谈到他那可怜的国家，并举起一面讨厌的镜子：“我亲爱的马基雅维利，当我读到您作为共和国与托钵僧的使节的头衔时，当我细想过去有多少的国王、公爵、亲王，您曾与之商谈时，我不由得想起了吕山德，在获得无数的胜利和战利品后，指派给他的，是给那些他十分光荣地指挥过的士兵分肉的任务……”（*L*，375）

这个对比促使圭恰迪尼这个洞明世事的人作出了一条关于历史在理解人生，尤其是政治方面的用处的更普遍的评论：“您看，同样的事情又回来了，所不同的只是人们的面孔和衣服的颜色；我们没有看到任何在其他时代里不曾被看到过的事物。”马基雅维利也有相同的看法。实际上他在《李维史论》中早就说过：“智虑周详的人习惯说——不是心血来潮或没有道理——任谁想要未雨绸缪就该看看已经发生过的事，因为人世间每一个时代的事在古代都有相对应的。之所以如此，是因为这一切都是人的作为，而人类古往今来都有同样一些激情，因此必然引出相同的后果。”（*D*，III. 43）

圭恰迪尼依旧加上一条重要的告诫，这是他丰富的政治经验的产物：既然事物的名称和外表一直在变，因此即便过去事件的相似物仍然存在，也只有最聪明的人能够意识到他们眼前正在发生的事情历史上曾经发生过。因此，基于与过去情况和解决办法的相似之处而提出对当前问题的解决办法——比如说尼科洛常常不厌其烦地劝人们以古罗马为榜样——时，必须十分小心。

从这封信接下来的部分中可以看到，圭恰迪尼想强调他和马基雅维利在如何思考政治这一问题上的区别，他关心的是具体方面和细节，马基雅维利则喜欢提出模型，然后通过一般性的比较来论证。圭恰迪尼告诉他，想想他可以从这一荒谬的使命中获益匪浅，他应该知足了，如果为的只是了解这个由修士组成和管理的国家（木屐共和国），那么他可以将它与其他共和国和君主国的抽象模型进行有趣的比较。圭恰迪尼对此几乎没有任何兴趣，而马基雅维利却在《君主论》和《李维史论》中深入地讨论过它。

为了缓和言辞，圭恰迪尼许诺说，下一个信使不仅会带去通常“极端重要”的急件，还会带去一只可爱的馅饼，以便给他们跟卡尔皮的修士们玩的恶作剧添些佐料。不过他还是担心狡猾的桑蒂秘书，一个“卑鄙”的家伙，可能发现他们的诡计并进行报复。他告诫说，要让他摸不着头脑就靠您了，您要是成功了，就会有大餐等着您。

幸运的是，这个招数依然见效。又一个带着一叠信件到来的弩手让西吉斯蒙多和所有的邻居都大吃一惊，尼科洛及时回信对圭恰迪尼说。但是他也开始担心西吉斯蒙多的疑心了。他注意到，这个卡尔皮人缄默不语，似乎是在想是什么有可能使这些冗长的急件来到这个只有修士的“阿拉伯沙漠”里。而且他也一定怀疑马基雅维利是否真是个重要人物，因为尼科洛除了在家里睡觉、读书和休息之外什么也不做。幸运的是，丰盛的饭食继续按时供应，“我饱餐的食物已够喂饱六条狗和三头狼了”。然而就在他享受着这些难忘的饭食、以牙还牙地报复命运对他的捉弄时，他也开始对倒霉的——尽管也很坏的——西吉斯蒙多抱有一点愧疚了。他向他的同谋承认，他对这个东道主还是心存感激的：要是哪一天桑蒂去佛罗伦萨的话，“我会酬谢他的”(*L*，375—376)。所幸桑蒂从未去佛罗伦萨，否则谁知道马基雅维利要宴请他多少次呢。

当然，尼科洛还是得去解决给各修道院分派管辖范围和为佛罗伦萨找个布道者的问题。这两个问题都没有取得什么进展。那个被马基雅维利叫作“叛徒北风”的人举止忸怩，说他不愿意去佛罗伦萨，因为他不知道去那里讲什么，他害怕会被投进监狱，同样也害怕自己会不受到重视。“北风”向马基雅维利解释说，上一次我去佛罗伦萨时，我让佛罗伦萨通过了一条法律，强迫妓女走在街上时戴黄色面纱。但现在，他愤怒得语不成声地说，我从我姐姐那里得知，妓女们完全无视我的法律，她们“随意”上街，屁股比以前扭得更厉害啦!

可以想见马基雅维利听到这些蠢话时脸上的表情，他是一个十分尊敬和爱好青楼女子的主儿。此时他不笑，或者不拿使他在佛罗伦萨享有盛名的色情笑话来回敬这个神父，真是太难为他了。相反，他竟然以令人绝倒的假正经来安慰这个义愤填膺的修士："我不停地安抚他，向他指出他不应该对这一消息大惊小怪，因为在大城市里，人们不会长久地遵守一项决定是很正常的，今天做的事明天又不做了。我搬出了雅典和罗马的例子。"（*L*，376）这些花言巧语让这个修士平静下来，几乎答应去佛罗伦萨了。这只有马基雅维利能办到。

他和圭恰迪尼担心的事情终究还是发生了。当弩手带着可爱的馅饼到来时，恶魔般的桑蒂清楚地表明他已经识破他们的诡计。尼科洛赶紧告诉圭恰迪尼："操！我们现在可要当心这个家伙了"，因为他就像三万个魔鬼一样诡计多端。信使到来的时候，桑蒂叫喊："来看啊，这里肯定发生什么大事了，信使一趟又一趟地来。"马基雅维利告诉他，自己在佛罗伦萨还有些事情没办完，这些事情关系到圭恰迪尼。不过，他还是担心桑蒂很快会"拿起扫帚把我扫地出门，打发我去住店"。最好趁着还来得及，赶紧回佛罗伦萨，即便他还没有解决关于给各修道院分派管辖范围的问题（尽管他使出浑身的谈判技巧和修士们逐个谈过话）和物色到一个布道者。

天是塌不下来的。在此期间，他享受了三天"丰盛的饭菜，极好的睡眠，等等”，这让他恢复了体力。这段时期既对他的健康有益，又让他知道了更多东西。在最后一封写于卡尔皮的信中，他以独特的讽刺口吻告诉圭恰迪尼，这次在木屐共和国访问期间，“我已搞清楚他们的许多规章制度和组织办法，其中有一些好东西，从某种角度来讲我想我能够利用——尤其在打比方的时候，因为只要说到安静，我就可以说，他们比修士用膳还安静”（*L*，378—379）。

第二天，5 月 19 日，或至晚 5 月 20 日，利用修士伊拉廖尼要求他返回佛罗伦萨、亲自寄特快信给外务八人委员会的时机，他跃上马背，告别了木屐共和国。修士伊拉廖尼曾吩咐他 5 月 22 日之前尽量在佛罗伦萨把一切都办好。但他一到摩德纳，便对所谓的要紧事嗤之以鼻，声称自己“不舒服”，不能骑得很快，然后和圭恰迪尼在一起消磨了一段时光。他以他的微笑和技巧去适应那些可以说是最荒谬的情景，仅此一次，马基雅维利机智地战胜了命运女神。

20

最后的情人

尼科洛正在走向生命的尽头。岁月催人老，曾经使他生气勃勃的主要激情——对女人的爱以及对于在佛罗伦萨和意大利成就伟大事业的渴望——正在迅速地衰减，这一迹象清楚地表明，他的日子已经不多了。时间，往往蚕食人的精力却不泯灭其欲望，迫使他把对女人的爱抛在一旁。那些有权有势的人不愿意采纳他对政治事务的理解，甚至根本不把它当回事，他们的恶意和心胸狭隘让他又不能够宣泄成就伟大事业的渴望。他的一生行将结束，像其他许多人的一生，伴着苦涩和悲哀的征兆，“尼科洛·马基雅维利，史家、喜剧作家和悲剧作家”，这是他在1525年10月的一封信中的署名。他当然写过历史和喜剧，但从未写过哪怕是一部悲剧：他提到的这部悲剧是他自己的一生，而他直到最后一幕才认识到这一点。

从出使卡尔皮胜利归来几个月后，1521年8月，尼科洛得意地看到他写的一部重要作品《论战争艺术》由佛罗伦萨出版商菲利波·迪·琼塔出版了。他在前言中说，他写这本书，是为了不让自己在环境所强加的无所事事之中迷失。这似乎还说得过去。马基雅维利最恨的就是懒人和游手好闲之辈，这些人虚掷生命，不做任何有用或重要的事情。他在《李维史论》中精彩地写道："破坏宗教、虚耗王国与共和国以及敌视德能、文学和其他为人类带来实利和荣誉的各门艺术的人则是恶名昭彰而惹人嫌弃的。"(*D*, I. 10) 他之所以写这本新书，也是为了他在石蕊园的朋友们，他们像他一样，对古代特别是古罗马传奇般的军事组织非常着迷。

他把这本新书献给洛伦佐·迪·菲利波·斯特罗齐，这个人曾经在最黑暗的年代里帮助过他，不时给他礼物，还促成他被引荐给枢机主教朱利奥·德·美第奇。或许因为写的是战争和国民军，使他觉得自己仍然是国务秘书，或许因为他在石蕊园的年轻朋友们仍然视他为国务秘书，他向读者介绍自己时自称为"佛罗伦萨国务秘书和公民尼科洛·马基雅维利"(*Opere*, 529)。

此外，他捍卫的观点，至少在一定程度上，是他担任国务秘书时提出并试图付诸实践的观点。这部著作的出发点是一个根本宗旨，那就是，战争艺术实践既是公民生活的顶点，也是它的基础；没有武力支持，优良的公民生活习惯实际上是"虚的"，注定要失败，就像一座"豪华而高贵的宫殿"里的房间，"尽管用宝石和金子来装饰"，却没有用来遮挡雨水的屋顶（*Opere*，530）。

1512年8月，时间已经过去了九年，那时西班牙步兵团甚至没有战斗，便蹂躏和摧毁了马基雅维利心心念念和一手组建起来的国民军。朋友们和敌人们必定无数次当着他的面或在他背后提醒他想起那次可耻的失败。现在他可以回答他们所有人，大声地明确宣告，仅仅一次失败并不证明国民军思想是错误的。罗马军队和汉尼拔的军队都打过败仗，但仍然没有人质疑罗马或迦太基的军事组织的价值。佛罗伦萨国民军在普拉托战败了，因为它没有受到良好的指挥，也没有得到良好的训练，但这不意味着把保卫共和国的任务托付给由公民和乡村居民组成的国民军——而不是雇佣的士兵和将领——的思想本身是错误的。应该整军经武，而不是废除军备。马基雅维利不厌其详地说明了如何整顿常备军。

除了战争艺术方面的建议以外，《论战争艺术》中还包含许多重要的政治教诲。马基雅维利阐明，没有任何治理良好的王国或共和国曾让它的臣民或公民把战争作为职业，成为职业军人。战争艺术应有的目标不在于战争本身，而在于防御。王国要想保护其臣民，共和国要想保护其公民，其统治者必须“热爱和平并懂得如何发动战争”（*Opere*，544）。他赞美武德，尤其是勇气、力量和纪律，但他从不赞美战争，不论战争是一种权力的佐证还是一种浩大而恐怖的事件。他从亲身经历中知道，战争所爆发的残酷，骇人而丑陋，对平民和弱者尤为残忍。他知道最坏的战争是由雇佣兵发动的战争，他们打起仗来无法无天，不守纪律，也不要荣誉。他尤其知道，终止战争不能靠祈祷、乞求或金钱，只能靠训练有素的国民军。

正如在《李维史论》中一样，马基雅维利时常对相比于当时意大利的悲惨境况的古罗马的辉煌倾慕不已。他没有认识到可移动大炮的引入正在改变战争的方式，诚然这个变化也不过刚开始发挥威力。他从未说过大炮不重要，他只是说，战争的“中枢”仍然是步兵。在这件事情上，他真诚地相信古代的伟大可以重新获致：他的政治思想的全部力量和缺陷（更多的是一种细节上的缺陷，而非实质性的）尽在于此。准确地说，他到底希望从古典政治那里复活什么，这在《论战争艺术》一书中要比在他别的任何一本书中都论述得更清楚：“奖掖英才，不避贫贱，重军纪军规，令公民互敬互爱，摒弃派系之争，重公益亦不废私利，重视其他一切合乎时代的事物。”他相信，不难说服人们相信这样一个模式要远远优于当前的生活方式，而且任何人都会明白，一个按照古代原则组织起来的共和国会像一棵大树，没有人能比在其树荫底下活得更富足、更幸福了（*Opere*，536）。

马基雅维利希望通过《论战争艺术》给年轻的读者和子孙后代提供他通过研究和经验所积累的知识。如今，他感觉他已经老了，他知道他是不再有机会施用他毕生的学识了，他曾希望把这种学识转变为适于许多国家和人民的新的生活方式。最要紧的是，他想把他的智慧宝库抢救出来，使它不至于在他死后湮没。正是出于这个原因，而不是为了博取文学虚名，即便如此也不是不可原谅，他写下了这部著作。他的遗产充满了对造化的怨恨，认为“它应该要么不使我成为这方面的行家，要么让我有权力把它变为现实”。而且他还受到了一个想法的鼓舞，那就是，真正的战争艺术大概真的要在意大利复兴了，因为“这片土地似乎注定要让死去的事物复活，正如她在诗歌、绘画、雕塑中做到的那样”（*Opere*，689）。

这部作品受到了广泛的赞誉，赞扬者不乏一些重要人物。枢机主教乔瓦尼·萨尔维亚蒂于 1521 年 9 月 6 日写信对他说，这本书给他留下深刻的印象，因为马基雅维利“已使最优秀的古代战法与对现代战争中配备一支无敌军队有益的一切事物珠联璧合了”。枢机主教评论说，即便您的书没有任何其他成就，它至少表明，“在我们这个时代里，意大利并非无人通晓真正的为战之道”（*L*，380）。

不出几年，枢机主教就会亲眼看到，不让懂战争艺术的人主持军事、却让不懂的人尸位素餐给教会和意大利带来的苦果。枢机主教的话当然使马基雅维利感到高兴，他若知道他的作品仅在 16 世纪就重印了七次，而且译成了多种欧洲国家的语言，肯定会更高兴。尽管如此，赞美与名声却丝毫没有减轻他因被排除在政治之外所产生的失望情绪，他成天待在佩尔库西纳的圣安德烈亚的老宅里，周围是些园莺和小鸡。

在马基雅维利作为军事专家的声誉有所增长的同时，他继续投入到教宗利奥十世和枢机主教朱利奥·德·美第奇委托给他的《佛罗伦萨史》的写作中。并不是说教宗有多么关心此事，不管怎样，他没有活着看到马基雅维利努力的成果，事实上，他死于1521年12月1日，留下枢机主教朱利奥成为佛罗伦萨政府的唯一主宰。像以前一样，朱利奥为美第奇家族没有直系继承人而担忧，因此又一次想到对该城的宪法进行改革，恢复某种形式的共和政权。又一次，他征求了包括马基雅维利在内的佛罗伦萨的治国专家的意见，马基雅维利以《佛罗伦萨政体改造论》作为答复，仿佛改革的决定已经作出，只差贯彻执行似的。

正如他1520年为教宗利奥十世写的《论佛罗伦萨的政务》中所说的，佛罗伦萨政治问题的解决办法在于和平恢复共和政府，这既可以维护枢机主教朱利奥的权力，又可以确保伊波利托和亚历山德罗·德·美第奇（分别是朱利亚诺和洛伦佐的私生子）的财产和地位。必将有一个由美第奇家族控制的过渡时期，也是一个通往共和制的过渡时期。共和制意味着大议会，意味着“修复那庄严的大厅”，这是大议会开会的地方。马基雅维利这一切说得直截了当，而许多学者竟然说马基雅维利晚年放弃了共和理想，这简直不可思议（*Opere*，746—752）。

这个想象中的过渡时期丝毫没有导向共和制，这跟教宗利奥十世时代人们所谈的那次过渡时期十分相似。一个令人沮丧的因素是，1522 年 6 月 1 日，一个阴谋被发现了，有人打算在圣体节（6 月 19 日）刺杀枢机主教朱利奥·德·美第奇。主要的阴谋者是马基雅维利的两个朋友，扎诺比·布昂德尔蒙蒂和诗人路易吉·迪·皮耶罗·阿拉曼尼。其他一些经常参加石蕊园聚会的人也受到了牵连，马基雅维利曾在那里讲过诛杀暴君。尽管在《李维史论》这部与石蕊园关系最密切的书中，马基雅维利论证说采取阴谋手段反对君主的做法既困难又危险，但是，有充分理由相信，他参与或至少帮着煽动过这个计划。他的确险些被再次投进监狱并遭受酷刑，而这一次他肯定不会活着走出来了。

所幸，没有人打扰他。路易吉·迪·托马索·阿拉曼尼和雅各布·达·迪亚塞托就没有这么幸运了。他们受到酷刑折磨，后来招供了，于 6 月 6 日被斩首。扎诺比·布昂德尔蒙蒂和路易吉·迪·皮耶罗·阿拉曼尼设法逃亡，保住了性命。这标志着石蕊园集团的终结。马基雅维利从这些青年人那里得益甚多，他也因深深的尊敬、感激和喜爱之情与他们连在一起。在他生命中最艰难的岁月里，他们的关注和他们对政治事务和古罗马的兴趣促使他写出许多杰作。在他看来，他们是一群胸襟宽阔的人，以他们的德能和高贵的社会地位，是能够成就一些他只能梦想的伟大事业的。死刑与流放把石蕊园集团驱散之后，尼科洛立即再次陷入孤独和绝望中。

更使他痛苦的是，1522 年 6 月初他收到正义旗手罗伯托·普奇的来信，说他的弟弟、1510 年 1 月当上神父的托托生命垂危。托托是一个善良、和蔼的人，即使在最黑暗的那些日子，他仍然与他狂野的哥哥走得很近。尼科洛欣赏善良的人，也知道如何感恩，而且他爱他的弟弟。他尽其所能给了神父文森佐一些钱，让他坚持在托托的教区做弥撒，以便那里的农民能得到安慰。

几个月后，在 10 月间，他写了一篇简短的建议送给拉法埃洛·吉罗拉米，吉罗拉米作为佛罗伦萨大使，即将前往马德里朝见住在西班牙的查理五世皇帝。我们不难想象他在给这个即将出使的年轻人写建议时的心情。对于这项出使的任务，他肯定特别希望自己去。他在那几页纸上凝结了他有幸在欧洲各大宫廷中代表共和国时所积累的最好的政治智慧。《给拉法埃洛·吉罗拉米的建议》对我们的故事有着特殊的重要性，它使我们得以了解马基雅维利的外交思想，以及在事隔十多年后他如何回忆自己的经历。这篇文章就像一篇小小的自传，值得仔细玩味。

这篇建议的开头是对担任大使的公民们衷心而忧郁的赞美："担任大使是一项给公民个人带来荣誉的公职，谁不适于领有这个职衔，谁就不适于在政府里工作。"马基雅维利说，要干好这份工作，一个大使必须格外地有"声望"，以行为举止表明自己是一个"能干的"、大度的、正直的人，“既不吝啬，也不两面三刀”，他一定不能被人认为是一个“口是心非”的人。表里不一的大使既不会见信于接待他们的君主，也就不能够有效地进行谈判。

当然，一个大使不能总是说实话。有时候“您需要用言辞掩盖事实”。一个优秀的大使必须善于伪装，在露馅儿的时候，必须敏于应对。而真正的挑战在于，对“已决定的和完成的事”了如指掌，对“正在讨论的事”和“将要处理的事”十分熟悉。哪些事已决定下来，哪些事已完成，找到这方面的准确信息相对容易（秘密协议的情况除外），要掌握正在进行的谈判、知道君主的计划就很困难了，因为很明显，君主总是试图隐藏、掩饰自己的真实意图。

要成功地完成这部分工作，经验丰富的马基雅维利建议说，一个大使应该运用“判断”和“推理”。就是说，他应该对事实进行准确的分析和推测。他还应该熟练地从宫廷周围的许多“好事之徒”那里搜集信息。获得信息的最佳途径是向别人透露信息，因为“任何人想要别人把他们知道的告诉他，他必须把他知道的告诉别人”。因此，一个好的大使能够独立地理解事物，并通过与别人交换信息来扩大自己的见闻。

最后，马基雅维利劝告说，一个大使必须懂得如何把他的观点陈述给他的统治者，以便它们看起来不是一己的观点，而是对政治和军事形势的客观分析。为达到这个目的而应该采用的技巧，在这里我们看到老外交家多年来的经验，就是下面这条原则："那么，请考虑我所写下的这一切，智虑周详的人认为结果将会如此这般。"（*Opere*, 729—731）

马基雅维利把这个宝贵的建议送给吉罗拉米之后，便一头扎进《佛罗伦萨史》的写作中。我们从他 1523 年 9 月 26 日给弗兰切斯科·德尔·内罗的信中可以看出这一点，信中要求给他支付一笔以前承诺过的薪水。尼科洛写道，相应地，为了弥补"我带给您的麻烦"，我将"代您问候这些小鸡"。在佩尔库西纳的圣安德烈亚，他能做的就是如此了。一年之后，在 1524 年 8 月下旬，他仍然在努力撰写《佛罗伦萨史》。他向圭恰迪尼写信，抱怨那年没有园莺，然后说他仍在一心一意撰写那部作品，而且乐意花十个索尔多和他明智的朋友探讨如何处理佛罗伦萨史中一些棘手的事件，"对事实的夸大或淡化"而不得罪活着的佛罗伦萨人。他努力地"修撰，以便——依然道出真相——无人会对之有任何抱怨"，最终他的确找到了一个巧妙的策略。例如，他不能公开说出科西莫·德·美第奇"以何种方式和用何种手段"在佛罗伦萨积聚了如此强大的权力，因为是美第奇家族资助他写这本书的，他便让科西莫的敌人说出这些话（*L*，389）。

关于马基雅维利如何写作《佛罗伦萨史》的这条重要信息，我们要感谢多纳托·詹诺蒂，一个像马基雅维利一样出身低微的年轻人，晚年以许多重要的政治著作而闻名，特别是两篇对话，《佛罗伦萨共和国论》和《威尼斯共和国论》。詹诺蒂担任过最后一个佛罗伦萨共和国的秘书，该共和国于1530年再次被外国军队摧毁。马基雅维利向他吐露这个关于《佛罗伦萨史》的写作的小秘密时，他是马基雅维利的密友。

撰写历史的平静日子被许多出人意料的事件打断了。马基雅维利开始经常出入于富有的、人称“烧窑工”的雅各布·法尔科内蒂的宅邸，他因政治原因被软禁在佛罗伦萨城的圣弗雷迪亚诺门外面的一座别墅中。他在这里举办宴会和舞会，邀请佛罗伦萨的男女公民和贵族。这些女人中就有年轻可爱的巴尔贝拉·萨卢塔蒂·拉法卡尼小姐，她是一名歌手和诗人。

尼科洛于1524年2月遇见她，他既不怕自己受到伤害，也不想掩饰自己的欲望，完全被她的魅力迷倒了，他是如此着迷，以至于成了朋友们随意取笑的对象。弗兰切斯科·韦托里写信对弗兰切斯科·德尔·内罗说，告诉马基雅维利，“我认为偶尔把‘烧窑工’晾在一边，与巴尔贝拉小姐一起吃个晚饭，要比在晚餐时分站在一扇等老半天也不开的门前面要好得多”(*Ridolfi*，324)。菲利波·德·内利的话更加刻薄，他于1525年3月1日写信给弗兰切斯科·德尔·内罗：由于“马污”是您的亲戚和朋友，也是我的好朋友，我务必告诉您，在摩德纳这儿，每个人都在说他的闲话呢，人们说这个“有家有室的男人”

神魂颠倒地爱上了“某个我还是不说名字为好的女人”（*L*，541）。因此，遇见巴尔贝拉小姐一年后，“马污”肯定陷进新的情网了。

很多人对巴尔贝拉小姐献殷勤，巴尔贝拉小姐也对其他人表示好感，他似乎对这一点既不吃惊也不担心。圭恰迪尼在1525年8月的一封信中指出：“你已习惯于你的巴尔贝拉小姐，她以她那种人的方式去讨好每个人，追逐貌似而非真是。”（*L*，398）但马基雅维利知道这些。1526年1月3日，就《曼陀罗》在摩德纳演出的事（后来取消了），他写信给圭恰迪尼：“至于巴尔贝拉小姐和那些（演唱轻松歌曲和剧间合唱的）歌手，我相信有15索尔多到1里拉就可以带她去，除非有其他因素阻止您这样做。我提到这一点是因为她的某些情人可能会碍事。不过，可以设法让他们闭嘴。”（*L*，415）

无论如何，只要有机会，尼科洛就乐于跟一个以上的女人谈恋爱。敏感的圭恰迪尼了解这一点：你“是所有女人的情人”，他写道（*L*，399）。尽管马基雅维利对巴尔贝拉小姐的感情非常热烈，他对一个名叫玛丽斯科塔小姐的女人的魅力也不是无动于衷，这个女人是他1525年代表佛罗伦萨政府出使圭恰迪尼的宫廷时在法恩扎遇上的。事实上，当他准备因计划好的《曼陀罗》演出去摩德纳时，他要圭恰迪尼为巴尔贝拉小姐安排住处（与修士们住在一处，这会让他们疯狂的：他只要与修士们打交道，就忍不住要玩一把恶作剧）的同时，要他代自己向玛丽斯科塔小姐致以亲切的问候。巴尔贝拉小姐、玛丽斯科塔小姐、疯狂的修士们以及准备上演的《曼陀罗》，这绝对是“一个快乐的狂欢节”，正如他在写给圭恰迪尼的一封信中所言，我们在前面已提到这封信，其署名的措辞堪比一幅肖像画：“尼科洛·马基雅维利，史家、喜剧作家和悲剧作家。”（*L*，411）

这并不是说他的感情是浅薄无聊的。他写到巴尔贝拉小姐和玛丽斯科塔小姐的时候总是含有深深的爱意和眷恋，让人联想起他数年前提到里恰小姐时的那些话。他告诉圭恰迪尼，他发现巴尔贝拉小姐“身上聚集了如此多的温柔和怜悯，简直能装点一整座城堡”（*L*，399）。在他力所能及的范围内，他努力用不时的宠爱来回报她的体贴和好意。当她1526年春天去罗马的时候，马基雅维利写信给圭恰迪尼：“您若能帮她什么忙，她就拜托给您了，她比皇帝对我还要好。”（*L*，412—413）1525年8月3日，他再次写信给圭恰迪尼：“知悉玛丽斯科塔小姐对我的眷恋之情，这令我无比自豪，胜于我在世上所拥有的一切。”（*L*，397）

在56岁的年龄，既不富有，也没有权势，却仍然因诗人的灵魂和胸怀强烈的欲望而引人注目的马基雅维利，把女人的爱情当作给他的生命带来美好和温暖的珍贵礼物。他仍然知道如何让一个女人爱上他。玛丽斯科塔小姐告诉圭恰迪尼，她在法恩扎期间对尼科洛的“举止言谈”充满感激，而巴尔贝拉小姐竟然帮助他得到了他从未得到的竞选公职的权利。此外，1544年，在他死后17年，她请求洛伦佐·里多尔菲以“他记忆中尼科洛·马基雅维利的情人”的名义为她提供保护，这件事情表明，她乐于记起她和“马污”之间的韵事，没有丝毫懊悔与怨言。

但是56岁的年龄是个问题。马基雅维利像菲利波·德·内利一样对流言蜚语毫不在意，终其一生他都无所畏惧地对自己的罪恶供认不讳，而且他始终奉劝那些在意名声的朋友遵从自然的冲动，“做了后悔总比后悔不做好”，所以他也不大可能现在开始在乎别人的看法。然而他为爱上一个比他年轻很多的女人这件事忧心忡忡。否认自己的感情或知难而退都不是“马污”的风格，所以他代之以自己的方式，付之一笑，编写一部喜剧，让自己成为剧中的笑柄。

为了讨好“烧窑工”，同时也是对巴尔贝拉小姐的恭维，他写了一部新的喜剧，它将于1525年1月13日在“烧窑工”的别墅演出。他以古代普劳图斯的作品《卡西娜》为蓝本，将它自由改编，并以《克莉齐娅》为题。剧中的主人公是一个“炽烈地爱着”一个年轻小姐的老男人。巧合的是，他的名字叫尼科马科。整部喜剧围绕着这个人因激情而变得荒唐的过程展开：看一个谈恋爱的老男人是“一件非常恶心的事”，剧中有个人物说。好像这还不够似的，马基雅维利在第二幕和第三幕之间插入了一首可爱却残忍的短歌。很有可能，它是由巴尔贝拉小姐本人演唱的：

爱情在年轻人的心里是多么美妙！
而在一个花季久已消逝的人那里
是多么不协调。
爱的力量随年龄而衰减，
在我们这样的花季它博得尊敬，
在老人那里它的荣誉消失殆尽。
所以，尔等多情的老人，把求爱的事
留给热情洋溢的年轻人才算有勇气，
因为他们是丘比特之箭更合适的靶子。（*SL*，209）

笑声与诙谐的背后是锥心的痛苦，因为他的精力已经不济，与他对巴尔贝拉小姐的真实而强烈的欲望不相称。这是时间的无情判决，抱怨它是没有用的。对于他从未想着去抵抗——或者没有成功地抵抗——这样可爱的一个女人的魅力，除了他自己之外他不能责怪任何人。我们已经知道尼科洛多么不情愿谈到他的激情和烦恼，以及他对此多么明了，正像《克莉齐娅》中的一个人物所说，“有许多人让你把话说出来，仿佛他们富有同情心似的，然后就在背后嘲笑你”（*SL*，197）。但是这一次，他在诗句里敞开心扉，向伴其一生的激情与幻想作了诀别。他为巴尔贝拉小姐而写，可能同时也想着过去的几个情人：

如果我的价值
如我的欲望一般巨大，

怜悯，现在仍在昏睡，终究会醒来。
但是鉴于欲望和精力

并不是总能互相协调，
我必定要忍受
长时间的悲哀，我的主。
我并不责备你——

我为此自责：
高贵的美丽自有它的福佑——
我明白，我忏悔——
在较为年轻的时候。（*SL*，17—18）

在这段时期，马基雅维利完成了《佛罗伦萨史》。1525 年 3 月初，他打算把这部作品呈现给枢机主教朱利奥·德·美第奇，现在的教宗克雷芒七世（他于 1523 年 11 月 19 日当选为教宗）。尽管旧的烦恼未断，新的爱欲又起，尼科洛仍然卖力地工作。事实上，或许这样说更准确：撰写历史和治国艺术方面的文章减轻了他的痛苦，让他在爱情的狂暴中得到片刻休息，而烦恼愈深，爱欲愈烈，他的作品就愈优美、愈引人入胜。

不过，他直到 5 月底才动身去罗马呈送《佛罗伦萨史》。韦托里建议他不要 3 月去，为人一直小心谨慎的韦托里指出，这个时候不宜于“阅读和赏赐”。韦托里说得对。2月24日，神圣罗马帝国皇帝查理五世的军队打败了法国国王弗朗索瓦一世的军队，克雷芒教宗与后者曾建立了联盟关系。这次胜利使意大利处于查理五世的掌控之下，而总在考虑一己私利的教宗试图达成一份能够保证教宗领地的条约。但是皇帝迟迟不在这份条约上签字，个中原因尤其在于其中有一项条款要求把勒佐从费拉拉公爵手中转让给教宗。这样就可以理解，罗马教廷应该忙于其他事务，而不是一部新的佛罗伦萨史。

在这个关头，尼科洛的人生轨迹几乎要发生一个辉煌的新变化。由于对查理五世的迟疑不决感到担心，克雷芒教宗决定派遣一个德高望重的大使前往西班牙，这个大使就是枢机主教乔瓦尼·萨尔维亚蒂，教宗还认真地考虑过派马基雅维利陪着去（这个想法是乔瓦尼的父亲雅各布·萨尔维亚蒂提出的）。无疑，无论在才能还是经验方面，都没有人能比他更胜任眼前这项任务。跟枢机主教乔瓦尼·萨尔维亚蒂一起去皇帝的宫廷！这会使马基雅维利整整年轻三十岁。而如果这项命令抵达圣安德烈亚的话，我们又可以想象他会写出什么篇章来，而且会多么迅速地骑马赶到罗马去。然而命运女神在最后一刻抛弃了他。“尼科洛·马基雅维利，”雅各布·萨尔维亚蒂于5月24日写信给他的儿子说，“不再是候选人了”。

所以，马基雅维利的这次罗马之行并不是为了动身去西班牙，而是为了呈送《佛罗伦萨史》。不过，这次罗马之行仍让他得到一百二十达克特金币，这是教宗自掏腰包给他的赏赐。马基雅维利用这笔钱的大部分为女儿巴尔托洛弥娅（人称“么么”）置办嫁妆，她后来嫁给乔瓦尼·德·里奇并生了朱利亚诺·德·里奇，他精心搜集并保存了外祖父的许多信件和文稿，若非如此，这些东西可能早已经永远消失了。毫不客气地说，那一百二十达克特金币的赏赐或许是克雷芒教宗唯一做对了的事。

马基雅维利回报了一条只有他才想得出来的建议。如果您希望拯救教会和意大利，那么您必须有勇气采取非常措施：将罗马涅区的臣民武装起来，利用他们与皇帝的军队作战。这个主意当即得到赞成：马基雅维利被派往法恩扎，把这个计划送给圭恰迪尼，以便由他判断它的可行性，因为他熟悉有关地区和人民的情况。他于 6 月 10 日或 11 日从罗马出发，带着一份由教宗的秘书雅各布·萨多莱托写的教廷指示，其中说现在需要考虑“极端的补救措施”，因为所有常规的解决办法都被证明不适当。要仔细听取马基雅维利的计划，对他充分信任。要迅速而秘密地作出回复，以便于计划的实施。萨多莱托写道，这是关系极为重大之事，它可能决定对教宗的领地、意大利以及差不多是整个基督教世界的拯救。

马基雅维利于 6 月 21 日抵达法恩扎。22 日，圭恰迪尼在一封给他在罗马教廷的代理人切萨雷·科隆波的信中对教廷的指示作了回复。第二天，他在另一封信中作了进一步的分析，这封信也是写给科隆波的，随信有一个要求，要他把信给教宗看，仔细观察“他的举止和言辞”，并将一切向他报告，他还打算把这封信给教宗的顾问们看。

圭恰迪尼的意见是否定的。他解释说，要武装罗马涅区的臣民并把他们组成一支军队，如果可行，将是“圣座承担的最有益和最值得赞美的事业之一”。但在当前情况下，这样做是非常危险的，因为那里的人民长期以来被政治斗争所分化，教会在那里既没有党羽也没有朋友：想过安生日子的人不喜欢教会，他们想要的是能为他们提供保护的政府；惹是生非和邪恶的人不喜欢教会，因为他们把混乱和战争当作报复他人并为自己谋取利益的机会。

至于像马基雅维利曾经建议的，从罗马涅区的人民那里获得哪怕是一部分钱财去支持一支国民军，圭恰迪尼认为这个地区早已被榨干了，再想从那里获取金钱只能依靠武力，这就使得成功的可能更为渺茫。最后，若教宗无视这些困难，仍然实施这项计划，他就应该全力实施，用乐观的态度面对每一次挫败。对于一些优柔寡断、缩手缩脚的人，比如克雷芒七世，这最后一条建议就相当于告诉他不要再去想这件事情了（*LC*，1568—1572）。

马基雅维利也给萨多莱托写了封信，向教宗及其顾问们为自己的观点辩护。7 月 6 日，萨多莱托回信说教宗想要“对此再考虑一段时间”(*L*，393)。马基雅维利又等了一些日子，享受着丰盛的膳食、玛丽斯科塔小姐的陪伴以及与圭恰迪尼的交谈。7月26日，罗马涅区国民军这一想法显然早已被放弃，他动身返回佛罗伦萨，当然不是怀着愉快的心情，但也不是愁眉苦脸或怒气冲冲。他或许已经被更为谨慎的圭恰迪尼的论点折服了，显然对他的朋友没有怨恨。事实上，在他访问法恩扎以后，他们之间的友谊似乎因这一插曲而更牢固了。

比如说，我们注意到，圭恰迪尼让他的朋友察看一下他事先没有过目就购买的两处地产。如以往一样勤奋的尼科洛于8月3日以自己独特的风格作了回复，顺带机智地揶揄了这个不提前看好就购买地产的朋友。他写道，在菲诺基耶托方圆三里的地方，看不到任何“令人愉快的景象，简直跟阿拉伯佩特拉没两样”。房子本身倒不算差，但也不能算好。最好把它整修一番，然后把它卖掉。以它目前的状况，您大概永远卖不掉它，除非有人像您一样，看也不看就把它买下来（*L*，395—396）。

这个消息让圭恰迪尼心情很差。像他那样在乎钱财的人，是不会乐于听到别人说他买错东西的，更不愿因此被嘲笑。起先，他曾试图一笑了之，并在8月7日用礼貌的语气要马基雅维利停止使用夸张的称谓（特别是“杰出的”），对他只使用“用在您头上时您乐于接受”的称谓（*L*，397）。同一天，他寄给他另一封长一些的信，在信中以受冒犯的“菲诺基耶托土地娘娘”的口气说话，和蔼地答复了他这位恶语伤人的朋友，对他说，他跟芭芭拉小姐之间的韵事想必已让他知道，凡事不能光看外表。像芭芭拉小姐，名字看上去显得“十足的残忍和凶恶”，她却既温柔又善良，菲诺基耶托也隐藏着许多值得称赞的好的方面，而不是像生性急躁的尼科洛所说的那般不堪。这个被冒犯的土地娘娘总结说，那么还是学着点吧，不要太相信你过于急促的判断，因为很多辩解之辞，在别人是可以被容忍的，但是在某个像你这般聪明且经验丰富的人，就“不可接受”了（*L*，398—400）。

圭恰迪尼终究是一个十分严肃的人，这些费心思的戏谑之辞依然掩饰不住他的恼怒。不过，这些信件并没有使马基雅维利不高兴。8 月 17 日，他告诉圭恰迪尼，他过几天要去威尼斯，讨论一个叫焦万·巴蒂斯塔·多纳的人对佛罗伦萨商人们犯下的严重过失，在回来的路上打算在法恩扎待一晚，会会他和他们的朋友们（*L*，402）。

关于他这次出使威尼斯，我们多少知道一些情况。菲利波·德·内利写于 9 月 6 日的信告诉我们，佛罗伦萨的商人们抱怨说，马基雅维利把时间都浪费在写东西上，根本没有尽职。我们也知道他的佛罗伦萨朋友们由于“马污”这个“一切邪恶的根源”的缺席而难过，他们再也不会像以前那样聚会了，因为“您不在这里，总是没有人把这帮人聚拢在一起”（*L*，404—405）。在佛罗伦萨，谣传马基雅维利在威尼斯赢了彩票，兜里有两三千达克特。如果说在 1525 年 9 月的那段日子有什么想头使他高兴的话，那就是想想在法恩扎等他的玛丽斯科塔小姐和在佛罗伦萨等他的巴尔贝拉小姐。当最后这几个情人逐渐淡出时，当他写完了他所写的历史和政治著作时，生命开始失去美丽和梦想的色彩。留下来的，是人类的恶意和愚蠢的表演，其中领头的是教宗、皇帝和国王们。只可惜，这不是一出喜剧，而是一出悲剧。

21

最后一次在旧宫和战场上

当自己的生命走向尽头的时候，许多人开始放松对此世界的控制。他们让别人安排未来。他们抛弃了梦和幻想，任自己的激情冷却。他们把交往范围限于自己的家人尤其是自己的孩子们。最重要的是，他们寻求安宁，仿佛在为永生的恬淡、宁静和寂寞作准备。有的人，想到等待着他们的永恒的黑暗、阴冷和孤独就会感到恐惧，因此在期待永生的光明和温暖中寻求慰藉，梦想着和他们亲爱的人儿团聚。

部分因为时事的冲击，部分因为天性，尼科洛把他生命的最后几个月投入到政治和战争之中：他敦促君主和军队将领作出决定，把意大利从奇耻大辱中解救出来；他从一个地方飞驰到另一个地方；他检阅军队，视察他们的食宿情况，检查和设计防御工事；他试图训练军队，尽管他对此已完全不能胜任；他呼唤一个可以举起战斗的旗帜并领导起义、将意大利从蛮族手里解救出来的指挥官。他对玛丽埃塔夫人、他的子女以及一般的孤弱无助者表现得格外慈爱，但他同时也全身心地投入国家大事中。他早已把谈情说爱这等事情放在一边，这多半是因为迫不得已，而不是因为对孤独和冥想的渴望。事实上，这最后的几个月是一段激情澎湃的时光，这些激情铸造了力量非凡的言辞，使我们感觉到几乎触手可及的痛苦在他灵魂深处翻腾。

当我们阅读他晚年的信件时，当我们看着他与时间赛跑，以阻挡大群渴望劫掠的德国和西班牙士兵向意大利推进时，我们可能会想到这样一个人，脸上印着太多的苦痛，身体因经受了太多煎熬而弯曲。但他仍然是尼科洛，尽管无赖流氓的“马污”现在已经退居幕后。

1525 年秋，马基雅维利从威尼斯返回后，再次着手撰写历史，试图通过谴责那些统治着意大利却把她推向崩溃边缘的君主来发泄心中的愤懑。悲剧迫近的最初征兆很快就出现了。佩斯卡拉侯爵和西班牙军队的将领费尔南多·德·阿瓦洛斯于 10 月 15 日下令逮捕米兰公爵弗兰切斯科·斯福尔扎的秘书吉罗拉莫·莫洛内，以劝说他转而效忠反对皇帝的一方。看到有机可乘之后，西班牙人就利用时机夺取了米兰境内的几乎所有堡垒，很快成为米兰公国的主人。马基雅维利评论说，莫洛内被抓起来了，而“米兰公国也完蛋了”。同样的命运很快就会降临到意大利其他王国头上，“现在不可能有任何补救措施了”（*L*，411）。

他准确地预见到了事态的发展。如果说他有远见的话，部分因为他早就明白，意大利诸国没有武装，四分五裂，被软弱而愚蠢的君主们统治着——再加上位于半岛中央的教廷那个道德与政治腐败的老巢——很难免于落入外国人之手。他如果知道事情将是怎样的结局和如此结局的原因，撰写历史又有什么意义呢？他曾经把佛罗伦萨的事务放在了意大利历史的背景中，接着对此作了解释：由于派系斗争和国内冲突，佛罗伦萨人未能“使他们自己和他们的祖国变得强大”而成为拯救意大利的决定性力量（*IF*，Proemio）。

他写作《佛罗伦萨史》是为了给统治共和国的公民一个教训，告诉他们派系的无情斗争会产生的可怕后果。他确信他的作品可以劝导佛罗伦萨人在将来变得更为明智，因为“如果共和国的每一个事例都可以打动人心的话，那么与读者本人相关的事例就更是如此，而且更有用处”（*IF*，Proemio）。

为了从他所在城市的历史中总结出它的全部“意义”和“味道”，他对比了古罗马的社会冲突与佛罗伦萨的派系斗争，让即便最愚钝的读者都能明白佛罗伦萨在政治和军事上衰败的原因。在罗马，社会冲突以商讨、通过法律来解决；在佛罗伦萨，社会冲突以公开斗争以及许多公民的流放和死亡来解决。在罗马，社会冲突的结果是加强了军队的力量；在佛罗伦萨，则是将它削减。

导致此种不同结果的原因在于冲突的性质。罗马人民想同贵族分享统治者的光荣，而佛罗伦萨人民则希望自己进行统治。罗马人民的合理要求既没有冒犯贵族，也没有让贵族感到恐惧；佛罗伦萨人民的“有害而非正义的”要求，迫使佛罗伦萨的贵族阶层利用一切可能的手段进行自卫，包括杀人和流放。佛罗伦萨人民一旦取得胜利，就把贵族的公共荣誉剥夺。结果，“勇武的美德和慷慨的精神在贵族身上消灭了，而在人民那里，它们从来不曾存在过，也不可能被重新激起”，所以佛罗伦萨变得越来越卑下可怜（*IF*，III. 1）。

他曾经解释过，秩序不良的共和国总在不停地改变它们的政体。不过，它们不是像许多人认为的那样，是从自由走向僭主政治，而是在僭主政治与放纵或过度自由中摇摆。这两者都是不稳定的，因为“前者使好人不高兴，后者使贤明的人不高兴；前者极易引起祸患，后者则几无好处可言；在前者，是骄横的人掌握过多的权力，而在后者，则是愚蠢之辈擅权专横”（*IF*，IV. 1）。这既是对佛罗伦萨政治史的概括，也是对马基雅维利时代众多意大利公国的刻画，还是对未来意大利的许多政体的性质的预见——这些政府或由傲慢的独裁者、或由怯懦的奴才们构成，无论哪个主要人物在当时都趾高气扬、呼风唤雨。

在那段日子里，马基雅维利再度从他的佛罗伦萨同胞身上看到了这些旧日的罪恶。种种迹象表明，战争即将来临，然而没有任何人想要“去做任何值得为之出生入死的光荣而勇敢的事”，他于 1525 年 12 月 19 日在致圭恰迪尼的信中这样写道。公民们表现得“万分的恐惧”（*L*，412—

413)，毫无决心去抵抗即将把他们吞噬掉的皇帝。最糟糕的是教宗克雷芒七世，这个美第奇家族学校的毕业生，永远都是优柔寡断，随时准备靠耍花样或拖延，从来就意识不到他是在给予“敌人时间”。圭恰迪尼表示赞同，他于12月26日回信说，他从未见过任何人“看到厄运要来了还不想方设法自保的，只有我们毫无防备地坐以待毙”(*L*，414)。

尽管克雷芒教宗因佩斯卡拉侯爵之死而感到安心，寻找机会想搞一笔政治交易，然而马基雅维利确信，战争不可避免而且迫在眉睫，对此必须有所准备，必须作出有胆量的、光荣的决定，而不是坐以待毙或忧心忡忡：“就我所知，人们总是在打仗或讨论战争。人们现在谈论它，过不久就会宣战，当战争结束后，人们又开始谈论它。”(*L*，416)

这些话写于1526年1月3日。14日，弗朗索瓦一世为了获得自由，与查理五世皇帝在马德里签订了一个条约，放弃了他对米兰和那不勒斯的权利，交出他的孩子们作人质。“马德里条约”让马基雅维利大为吃惊，因为他从未料到查理五世会犯如此明显的错误。他也错误地预计了弗朗索瓦一世的下一步行动，他以为法国国王在获得自由之后会遵守协约中的条款。事情并非如此。马基雅维利的正确之处在于预见到将要发生战争，而且是大规模的战争：“无论事情结果如何，我相信意大利的战争不可避免，且即将到来。”他于3月15日写信给圭恰迪尼说（*L*，420)。

在以神圣罗马帝国的查理五世皇帝为一方、以法国国王和意大利诸国为一方的战争即将来临的情况下，马基雅维利向圭恰迪尼提出了一项乍看起来鲁莽、奇怪甚至荒谬、却因应了时代之荒谬的冒险计划，并希望他向教宗谈到这个想法。为什么不暗地里为伟大的卡塔丽娜·斯福尔扎的儿子、人称“黑条”乔瓦尼的乔瓦尼·德·美第奇提供武器和资助呢？在意大利，没有哪个军事将领，比他更能让军队心甘情愿地服从，也没有人像他那样深受西班牙人敬畏。每个人都承认“黑条”乔瓦尼“勇敢而冲动”，有“伟大的想法”，能作重大决定。给他足够数量的士兵，西班牙人就会不知所措，他们极有可能放弃他们蹂躏托斯卡纳和教宗领地的计划，而一旦意大利人停止喋喋不休的闲聊，“拿出行动给他看看”，法国国王就会真心实意地帮助意大利人（*L*，421）。

这个建议也被拒绝了。菲利波·斯特罗齐在3月31日的信中解释说，如果教宗打算帮助“黑条”乔瓦尼，他就是以查理五世为敌，他或许也会这样做。但更保险的做法是仰赖法国国王的智慧，并希望查理五世不会注意到他有一个使自己成为意大利主人的“千载难逢的良机”。这就等于在碰运气，符合克雷芒七世的一贯风格，他可真是优柔寡断和荒谬可笑。教宗的确了解一个基本事实：随着战争的迫近，加强佛罗伦萨的防御工事或许是明智之举。怀着这样的想法，他把西班牙的逃亡者、以“熟练的军事工程师”闻名的佩德罗·纳瓦罗伯爵派到佛罗伦萨，而且鉴于《论战争艺术》中所表现出的军事知识的力量，派马基雅维利前往协助。

正如马基雅维利4月4日给圭恰迪尼的信中所说，加固佛罗伦萨的城墙和防御工事、使之能够抵御“任何一种强劲而猛烈的进攻”，令他兴奋和投入（*L*，425）。他终于有机会为祖国做点有用的事情，一些具体的而不是书本知识方面的事情。他与纳瓦罗见了面，并立即动身去罗马呈报一份防御工事方案：教宗和圭恰迪尼对这个方案十分满意，因此还设立了一个新的官职——城防官，负责监督环城城墙的加固工作。城防官的新负责人和秘书当然就是马基雅维利。十四年之后，他又一次在旧宫效力。

他一定感觉自己又当上了国务秘书。他全身心地投入这项新的工作，其他什么都不想。“我满脑子都是城墙，其他什么也装不进去。”他在5月17日致圭恰迪尼的信中坦言（*L*，426）。如果他不在考虑城墙和防御工事，他便是在考虑查理五世及其军队所带来的危险，他们现在控制了米兰，或许不久就会攻占整个意大利。当米兰人民起来反抗西班牙占领者的消息传来时，他敦促——实际上是恳求——圭恰迪尼不要错过这个天赐良机，要与敌人作艰苦的斗争，要坚毅，要拿出勇气来。

我们仿佛是在阅读他担任国务秘书时说服佛罗伦萨统治者抛弃他们拖延时间的可鄙政策的那些信件：“您很清楚多少时机都已错过：不要再错过这次机会了，也不要把您自己交给命运女神和时间老人之手，相信它错过以后还会再来，因为时间老人并不总是造成同样的局面，命运女神也并非总是一成不变。”这些话使人联想到他用以结束《君主论》的著名的“奉劝将意大利从蛮族手中解放出来”：“使意大利摆脱长期的患难，清除那些除了面孔和声音之外没有一处是人类的野蛮畜生。”（*L*，427）时过境迁未曾使他有任何改变：他依然对意大利的困境和不幸感到愤怒，依然不能容忍君主们的愚蠢和懦弱，依然热切地渴望看到蛮族被远远地赶到阿尔卑斯山北面。他依然是马基雅维利。

圭恰迪尼表示赞同，但他提醒说，当权贵们设法达成协议时，事情总是进展缓慢。最终，（多亏了圭恰迪尼的耐心而坚决的外交手腕，）法国国王、教宗、佛罗伦萨和威尼斯于 5 月 22 日在科纳克结成了一个反对查理五世皇帝的神圣同盟。率领威尼斯部队的是乌尔比诺公爵弗兰切斯科·马里亚·德拉·罗韦雷，圭多·兰戈尼指挥教宗的士兵，维泰洛·维泰利指挥佛罗伦萨的军队，“黑条”乔瓦尼是“整个意大利部队的最高统帅”，最高副官是弗兰切斯科·圭恰迪尼。

理论上而言，这支军队能够打败皇帝的部队，特别是如果各位指挥官果断而迅速地进军米兰的话。然而事实上，这支军队却因内部斗争和怨恨而分裂。谁能料到，当“科纳克协定”规定，圣莱奥堡从乌尔比诺公爵手中转给佛罗伦萨并为佛罗伦萨所有时，这位公爵会如此坚决地反对呢？另一个因素是费拉拉公爵，当皇帝的部队从德国开进意大利时，他原本可以轻易就成为一个强大障碍的，却拒不加入同盟，因为教宗坚持收回雷焦和鲁别拉。整个意大利即将被吞噬，而每个人，尤其是教宗，都只想保护一己私利。

一旦真的开战，神圣同盟联军的无能就立刻清楚地表现出来了。不等法国援兵的到来——不管怎么说，有无援兵还是个未知数——他们就向米兰进军，并于 6 月 24 日占领洛迪，洛迪投降了。7 月 7 日，同盟联军向米兰进军。当他们遭到西班牙人的抵抗时，对所有战术决策拥有最后决定权的乌尔比诺公爵却向圣马蒂诺和马里尼亚诺撤退了，正如圭恰迪尼在他的《意大利史》中所写的：*veni*，*vidi*，*fugi*——我来，我见，我逃跑。

马基雅维利也在马里尼亚诺军营。他劝教宗不要理睬扩大城墙周长以便圈起圣马蒂诺的建议，然后离开了防御工事。他现在有另一项极端重要的工作（受圭恰迪尼或代表教宗统治佛罗伦萨的科尔托纳枢机主教之托）：他要去“重新整顿国民军”，如圭恰迪尼在 7 月 18 日写给罗伯托·阿恰约利的信中所说。马基雅维利一到军营便立即向圭恰迪尼报告：他认为这支国民军中的腐败程度高得不得了，他不得不放弃这项任务。他会袖手旁观，“嘲笑这人性的缺陷，因为要纠正它们是不可能的”（*L*，593 n. 2）。

除了嘲笑他无法纠正的缺陷而外，他想着巴尔贝拉小姐，她一直没有写信给他。他向“烧窑工”抱怨这一点，后者告诉他，巴尔贝拉小姐 8 月 5 日曾向他保证说她写过信给尼科洛，并且因为“不知道您到底爱不爱她”而闷闷不乐。现在她知道您很高兴收到她的信，她会每星期都写给您的，而且她还请您不要生她的气。他又谨慎地加上一句：“您现在比我更了解她：我不知道该不该完全相信她。”（*L*，434）

马基雅维利在没有痴痴地想念巴尔贝拉小姐的时候，就努力加强他的部队的军事训练。有一次，他甚至试图依照他在《论战争艺术》中详细描述过的设想，把他最钦佩的指挥官“黑条”乔瓦尼的士兵集合起来检阅，这些设想在纸上谈论起来似乎理由充分、简单易行，但在战场上，情况可就有点不同了。对马基雅维利而言，不幸的是，这个插曲的目击者之一是马泰奥·班戴洛，他是一个修士、侍臣，也是著名的小说家，班戴洛在叙述由我们这位冒牌指挥官所闹出的洋相时毫不留情。“尼科洛，”班戴洛写道，“那天让我们在太阳底下晒了两个多钟头。他试图用他著作中描写过的方法把三千名步兵集合起来检阅，他这样做可吃了不少苦头呢。”最终“黑条”乔瓦尼结束了这场闹剧，他让马基雅维利站在一边看着应该怎么做。“一眨眼的工夫”，随着战鼓雷鸣，乔瓦尼便使士兵们走出让所有参观者“极为敬佩”的步伐来。班戴洛尖刻地写道，这个故事说明，“一个通晓世务但从不把他所通晓的东西付诸实践的人与一个既通晓世务又经常撸起袖子投入实干的人之间有多么巨大的差别”(*Ridolfi*，357—358)。这一次，尼科洛只能忍受成为一个修士的笑柄这一耻辱。

不过，他作为军事和政治专家的名声，并没有因为在马里尼亚诺闹出这样一个洋相而受到严重损害。他在此期间发出的有关部队情况以及政治和外交方面进展的信件，在佛罗伦萨被人们怀着极大兴趣和敬意阅读。“我深切期待您的来信……对我来说，它们像神谕一样珍贵。”巴尔托洛梅奥·卡瓦尔坎蒂于 8 月 11 日致信对他说（*L*，442)。像卡瓦尔坎蒂这样的年轻佛罗伦萨人深切地关心祖国，并在令人肃然起敬的马基雅维利以他独有的清晰与激情写就的信件中，找到了一种处理政治“大事”的典范。

与此同时，神圣同盟的军事行动以一如既往的风格继续着，也就是说，没有战略部署，没有秩序。放弃了突袭米兰——米兰公爵弗兰切斯科·斯福尔扎早已投降并把城堡交给了西班牙占领者——的计划之后，乌尔比诺公爵派遣他的部分军队去包围克雷莫纳。这次进攻看起来又是一次对时间和人力的毫无意义的浪费。为防止从米兰撤退那样的惨败，圭恰迪尼派马基雅维利去攻城大营。在这么多傲慢自大、心怀恶意、疑神疑鬼的首领和指挥官中间，他只能依靠马基雅维利。

他的指示很具体：马基雅维利去劝说威尼斯的全权代表和其他指挥官，除非克雷莫纳在五六天之内陷落，否则他们应当拔营向热那亚进发，以阻止西班牙援军的到来。

他于 9 月 9 日出发，13 日他加入了一个战争顾问团。他写了一个攻打克雷莫纳的计划，大概是因为别人都不愿写。该城于 9 月 23 日投降，不过是通过谈判，而不是被征服。这不是一个辉煌的胜利，但依然好过在米兰城下所受的那场耻辱。

正当士气稍微振作起来时，一阵来自罗马的冷雨随即降临，一条几乎令人无法置信的消息称，教宗克雷芒七世与强大的科隆纳家族已签订了一份休战协定，从而免除了他的士兵们的义务！男爵科隆纳家族与皇帝的代表雨果·德·蒙卡达合作，曾于 9 月 19 至 20 日夜间把部队派回罗马城，洗劫了梵蒂冈和圣彼得教堂，迫使教宗在圣安杰洛城堡避难。更糟的是，教宗和雨果·德·蒙卡达签署了一份为期四个月的休战协定，其中一条是教宗答应将自己的部队撤出伦巴第。

马基雅维利在 10 月初写信给巴尔托洛梅奥·卡瓦尔坎蒂说，看起来不可能输掉的战争已经演变到如此纠缠不清的混乱局面，恐怕连耶稣基督都没有办法收拾。这个烂摊子要归罪于教宗：他一开始拒绝“用其他教宗曾使用过的方法”筹措资金，后来让自己“像个婴孩一样”被俘虏。更糟糕的是，那些“野心勃勃和十分讨厌”指挥官已经竭尽全力地打败仗了，而教宗的部队却离开了战场，他们就像狗一样打仗。最糟糕的要数乌尔比诺公爵，这个“违背我们所有人的意志的人，不干好事，尽干坏事”(*LC*，616)。

尽管圭恰迪尼“反应迅速而且尽心尽职”，伦巴第之战还是以神圣同盟的失败而结束。马基雅维利只能返回佛罗伦萨。途中，他在摩德纳停下来，在那里把菲利波·德·内利取笑了一番，咨询了一个预言家，这个预言家声称自己早就预见到教宗的逃跑和战役的失败，还警告说，“倒霉的日子”远远没完，未来还有更多的苦难等着呢。

摩德纳的预言家是正确的；就像恶毒的菲利波·德·内利为了报复尼科洛经过摩德纳时对他的奚落而在信中所说的那样，尼科洛挨不过即将来临的冬天，不会再纠缠在多纳托·德尔·科尔诺的店里，把那里搞得臭气熏天了。

22

爱祖国甚于爱自己的灵魂

欲把西班牙军队逐出米兰的战役失败之后，意大利诸国，特别是佛罗伦萨和教廷辖地，面临着由西班牙步兵团和德国步兵所组成的皇帝军队进军半岛的威胁。马基雅维利比任何人都更明了，这样一伙暴徒能够实施怎样的暴行，而他在佛罗伦萨有家有室，那里有他的子女。他对家人怀有一种深切的慈爱，他对祖国的爱比以往更强烈。他的祖国是自由的佛罗伦萨共和国，是意大利。而没过几个月，意大利就经历了“罗马之劫”的惨祸，再次驱逐了美第奇家族之后重建的佛罗伦萨共和国，也抛弃了马基雅维利。

如果尼科洛打算在忏悔和赎罪中寻求安慰的话，那么他生命的最后几个月就是一段大好时光。可我仍然认为，尼科洛在永远闭上双眼之前，从未就自己对人生、对祖国以及对女人的过分的爱而忏悔或请求上帝宽恕。他或许希望得救，但不是跟他不喜欢的圣徒和受到祝福的人在一起，而是跟伟大的政治家、立法者、政治哲学家、武士和英雄在一起，他们不需要上帝，因为他们已经通过其思想和心灵使自己变成了神，他们生活在完全属于他们的世界里，沐浴在真正荣耀的光芒之中。

11 月初，格奥尔格·弗伦茨贝格率领的德国雇佣兵驻扎在波尔查诺，从那里他们向波河进军，没有遇到威尼斯人的抵抗。唯有指挥官“黑条”乔瓦尼于 1526 年 11 月 25 日在曼图亚附近的博格堡抗击他们。在这场战斗中，乔瓦尼的大腿中了火枪子弹。11 月 30 日，他死于曼图亚。乔瓦尼之死是马基雅维利曾经写下的这段话的最好例证：当命运女神想让一个民族遭受“巨大的毁灭”时，她会把“协助实施毁灭”的人安排在管事的位置，任何人若可能导致她的计划失败，“她要么杀了他，要么剥夺他的一切能力，使他什么也干不成”（*D*，II. 29）。

战胜了这次抵抗之后，德国士兵于 11 月 28 日在奥司蒂里亚穿过了波河。现在他们显然要么进军米兰，要么进军佛罗伦萨和罗马。佛罗伦萨的统治者想知道，这股可怕的大洪水会转向哪里，驻在米兰的西班牙部队接下来想干什么，而要紧的是，必须想办法阻止他们。他们需要一个人前往摩德纳与圭恰迪尼商议此事。年老的马基雅维利被选中，他们让他去说，他们对拯救佛罗伦萨已经感到绝望，他们想要缔结“某种协定”，“因形势所迫”，委托圭恰迪尼代表该城去谈判（*L*，1413）。

对一个 58 岁人而言，冬天骑马翻越亚平宁山脉可不是闹着玩的。像往常一样，这趟差事的报酬极其微薄，所能带来的荣誉更是微乎其微。马基雅维利仍然动身去了摩德纳，于12月2日傍晚抵达。他立即和圭恰迪尼会面，并在当晚写信让佛罗伦萨方面知道圭恰迪尼关于军事形势和达成协定之可能性的看法。他报告说，有些人说德国的士兵有一万五或一万六，另一些人说根本不超过一万。看样子他们打算进军米兰，去跟西班牙军队会合。从那里，他们或者进军威尼斯，或者进军教廷在罗马涅区的领地，要不就是进军托斯卡纳。在他们身后的是乌尔比诺公爵的军队，乌尔比诺公爵无意进攻，尽管圭恰迪尼已“屡次请他这么做”。总体来看，神圣同盟有大约两万人的部队。如果他们联合成一支军队，而且如果教宗的资金尚未枯竭，那么根据圭恰迪尼的看法，我们还是有信心的。然而他立即指出，只要部队是分散的，而且指挥官们彼此不信任，“我们就很难指望有什么好结果”。

至于有多少士兵可以保卫佛罗伦萨，马基雅维利报告说，圭恰迪尼说他能确保提供的只有“教会在这里拥有的六七千名步兵”，他也会在他的权力范围内尽可能地联合各支军队，以便更多地帮助佛罗伦萨。因此，佛罗伦萨人应该抛弃尝试进行和平谈判的想法：要收买德国人或把他们从西班牙人身边拉过来是绝无可能的事情，因为他们已经合为“一体”。不过，如果佛罗伦萨人仍然想试一试，那么他们应该从罗马开始，直接与那不勒斯总督查理·德·拉努瓦，要么就是雨果·德·蒙卡达接触。

在这封从摩德纳寄出的信中，马基雅维利报告的全都是圭恰迪尼所说的话。他自己未作任何评论和劝告。这个时候它们都不必要了，因为圭恰迪尼的每句话他都同意。他唯一加上的是一则奇怪的简短附言：“诸位大人想必已听闻乔瓦尼勋爵之死，他的死值得所有人哀悼。”（*L*，1414—1415）这之所以奇怪，因为没有理由告诉佛罗伦萨人他们已经知道的事情。这些话是一次爆发，他不能接受命运女神竟杀死了这个唯一可能改变战争进程并将失败延迟的雇佣兵队长。

他翌日再次写信，汇报说战争已经向帕尔马和皮亚琴察转移，圭恰迪尼已赴帕尔马，并重复说——以防他们没有领会要旨——在圭恰迪尼看来，乞求和平是“完全徒劳、有害的做法，对任何人都没有好处”。圭恰迪尼一离开，马基雅维利就没有什么可做的了，只能骑上马返回佛罗伦萨。他于 12 月 5 日出发，骑得很慢，“似乎没有必要再让自己劳累了”（*L*，1417）。

可怕的 1527 年来了，正如圭恰迪尼后来在他的《意大利史》中所写的，这一年“充满了许多世纪以来闻所未闻的暴行和大事件：政府的垮台，君主的无耻，对城市最可怕的洗劫，大饥荒，一次最恐怖的几乎遍及全意大利的瘟疫，到处是死亡、溃逃和抢劫”。大多数人两眼一抹黑，只有极少数人看清了事情的本来面目，圭恰迪尼是其中之一，他警告佛罗伦萨人提防前路上等待着他们的灾难。他于 1 月 31 日写道，很多人认为，皇帝的军队将向托斯卡纳进发。人们只能“作出最坏的打算”，尤其有必要“尽可能有力地”采取适当措施（*LC*，1617）。

为了迈出形势所要求的有力步伐，外务八人委员会派遣马基雅维利去帕尔马会见圭恰迪尼。后者曾竭力要求如此，以便身边有个信得过的、跟自己对事物的看法相一致的人，一个在他跟那些为反对皇帝而联合在一起的军队指挥官艰难协商时担任助手的人。马基雅维利直到 2 月 7 日才抵达帕尔马，部分原因在于敌军的阻碍，部分原因在于在异常寒冷、多雨多雪的冬季，路不好走。

当晚，他写信向佛罗伦萨汇报说，圭恰迪尼也希望乌尔比诺公爵和萨卢佐侯爵的部队开进托斯卡纳，驻扎在德国人和西班牙人前方——而不是后方。他还就一次应圭恰迪尼的邀请同乌尔比诺公爵的会晤作了汇报。尽管他使出了浑身解数——我们知道他是个多么有说服力的谈判家和演说家——乌尔比诺公爵依然坚持远远地跟在皇帝的部队之后。他们将于翌日再次会晤，“拿起笔”制订计划和互惠协定（*L*，1419）。

2 月 11 日，马基雅维利向佛罗伦萨人报告说，由于缺乏资金和补给，皇帝的军队无法再长久地团结一致了，它只能指望联盟的失误和犹豫不决：“这里的战争专家认为胜利将属于我们，除非拙劣的建议和缺乏资金导致我们失败。”（*L*，1422）三天后，他再次报告说皇帝军队的“供给十分匮乏，如果我们能够拖延时日，那么他们想在这场战争中取胜是根本不可能的”。他敦促佛罗伦萨人准备进行一次顽强反击，建议他们向伦巴第人学习，他们听说了西班牙人在米兰的暴行后感到无比恐惧，宁愿“立即死去”也不愿让西班牙军队到他们那里。他还给他们提了另一条同样重要的建议：把可憎的圣莱奥堡还给乌尔比诺公爵，这样一来他可能会抛弃他那总是落在皇帝部队后面的荒唐战术（*L*，1424）。

同一天，圭恰迪尼写信给罗马提出同样的建议，试图让教宗明白这个道理：“没有威尼斯人的支援，我们的兵力不足以保护我们。除非满足乌尔比诺公爵的要求，否则他们的援助几乎毫无用处。我想知道那个让他裹足不前的堡垒到底有多大价值，因为拒不奉还的话，我们就有被彻底毁灭的危险。”（*LC*，1611）马基雅维利向佛罗伦萨或圭恰迪尼向罗马的劝告都没有获得希望的效果，因为教宗对乌尔比诺公爵行事的动机更多地在于“根深蒂固又在最近重新被唤起的仇恨”，而不在于什么“道理”。仇恨和积怨也是费拉拉公爵行事的主要动力，他为皇帝的军队提供粮食、火药和大炮，包括致命地打伤了“黑条”乔瓦尼的那杆火枪。更不用说随时等着德国和西班牙部队一到达托斯卡纳就同样行事的锡耶纳人。在这种情况下，即便一支比皇帝军队还要弱的军队也能轻易地让意大利人屈服。

尽管缺乏资金和补给，皇帝的军队仍不容小觑。有时它似乎就要瓦解了，但它坚持住了。在如此多的“敌方城镇和城市中，面对着人数远远超过他们的敌人”，其指挥官们“没有钱，没有枪支弹药，没有工兵，没有一个提供食物的组织”却仍毅然决然地挺进意大利的决心，使包括圭恰迪尼和马基雅维利在内的所有人都惊讶不已。“德国人的决心”甚至还要令他们惊讶，“他们每人拿到一达克特就从德国出发，在意大利耗了这么久，每人总共拿到不超过两三达克特，他们不顾一切士兵，尤其是德国士兵的惯常做法，坚持向前推进，除了取胜的希望之外，没有任何奖赏或保证”（*Storia d'Italia*，XVIII. 4）。

诚如圭恰迪尼所言，推动德国人前进的首要因素当然是他们指挥官格奥尔格·弗伦茨贝格的权威和攻占罗马的想法。而人们也不应忘记，这支部队是路德会教友，驱使他们的虽然或许是劫掠的贪欲，但他们也为一种对腐败的罗马教廷予以惩罚的宗教狂热所驱使。此外，独特的组织方式使各支部队在指挥官面前有较大的自主性。这个因素的重要性在3月17日弗伦茨贝格因中风而放弃指挥时可以看得清清楚楚。就算到了那个时候，他的军队仍旧保持完好，他的离任根本不像马基雅维利在3月18日写于博洛尼亚的信中预测的那样，是皇帝的军队开始“溃败”的标志，当时马基雅维利正在一个覆盖着“一码厚积雪”的城市里尽情地享受枢机主教因诺琴佐·奇波的热情款待（*L*，1433）。

不过，弗伦茨贝格的离任的确使得与皇帝的军队达成一个协定变得更加困难。跟那不勒斯总督查理·德·拉努瓦或者跟查理五世的总兵、指挥皇帝军队的波旁公爵谈判根本就是徒劳，因为这两个人的影响力都不足以让士兵们接受一份协定，如果他们对协定的条款感到不满足的话。在这一点上，唯一能让他们满足的是洗劫佛罗伦萨或罗马。克雷芒教宗自己付出了代价才认识到了这一点。由于厌倦了法国国王的食言和乌尔比诺公爵的犹豫——这主要因为无力作出决定和资金不足，他于 3 月 16 日和总督查理·德·拉努瓦签订了八个月的休战协定。协议规定，教宗付给皇帝的军队六万达克特，皇帝的部队撤回波河对岸。然而，协定刚一签署，波旁公爵便进军佛罗伦萨，并于 3 月 29 日告诉教宗，一份休战协定需花十五万达克特。

在马基雅维利这样一个曾在《李维史论》中称赞过“从不以金钱而是以武功来求和平”（*D*，II. 30）的罗马范例的人看来，安全有赖于精良的武备，而不是条约或休战协定，金钱应该用于备战，而不是用来付给敌军让敌军更强大，这个道理显而易见。他与圭恰迪尼再次持相同的意见。所以，当圭恰迪尼往罗马写信，力劝中止一切谈判、通过指定新的枢机主教来筹集资金、并逮捕总督的时候，马基雅维利也于 4 月 2 日从伊莫拉往佛罗伦萨写信，激励佛罗伦萨人准备防御工事，进行抵抗，而不是为皇帝的军队提供金钱从而使这个城市更加贫穷。

马基雅维利倾尽所有的激情为自己的看法提供理由。他解释说，皇帝的军队已经显露出他们“对意大利、特别是对这个城市的意图”，那就是他们想抢劫。无论他们的指挥官还是威尼斯总督都没有力量阻止他们。要阻止他们进攻佛罗伦萨，迫使他们接受我们可以忍受的条约，我们必须准备作战：“因为，在你们和他们还隔着阿尔卑斯山的时候，他们就问你们三天之内要十万弗罗林，十天之内要十五万弗罗林，你们还能指望从这样的敌人身上得到什么样的休战协定呢？”当他们到达你们面前时，他们会要走你们拥有的一切，因为他们只为“抢劫你们的诱惑”所吸引。唯一的解决办法是，在他们越过亚平宁山脉之前，尽你们所能用一切办法改变他们的主意。不要在“平安地经历了大风大浪”之后在阴沟里翻船。相反，下定你们的决心，宁愿花十弗罗林“换得某种自由”，而不要花四十个，“用它们来奴役和毁灭你们自己”（*L*，1441—1442）。

那天他也给他的儿子圭多写了信。这两封信给了我们一个难得的机会，近距离地观察作为公职人员的马基雅维利与作为个人的马基雅维利。那封公函向我们展示了一个全力工作、绞尽脑汁挽救祖国的人，而这封私人信件则显示了他多么和蔼可亲。这封给圭多的信当然流露出一种由于害怕战争越来越逼近佛罗伦萨而特有的紧张，但这不可能是一时的事，因为他对家人的慈爱并不是一时半会儿冒出来的。这封信比其他信件更多地向我们表明尼科洛掩藏在笑容背后的面孔。

圭多的病刚刚痊愈，他终于能够回到他喜爱的学业上。尼科洛对这个儿子寄予厚望，希望帮助这个孩子，让他感到自己就在他身旁。他想以一个朋友、而不是一个父亲的语气安慰他、鼓励他。他提供了自己的帮助和他还拥有的朋友们的帮助，但他最想让圭多明白，出人头地的最佳途径就是学习、做好自己的事情。若上帝让我们活命——这可不是一句空言，德国士兵正向佛罗伦萨袭来："我会让你成为地位优越的人，只要你肯做你的分内之事……但是你必须学习。既然你再也没有生病这个借口，你就要下苦功学习文学和音乐，因为你知道我拥有的那点能力给我带来了多少荣誉。因此，我的儿子，如果你想让我高兴，想得到荣誉和富贵，那就好好学习，刻苦攻读，因为你若成全自己，每个人就会成全你。"（*L*，455）

另外一则更好的教诲与小圭多喜爱的但显然疯掉了的一头小骡子有关。圭多害怕人们会把这头骡子捆起来或发生更糟的事情，所以请求父亲介入。设想他读到这些话时的喜悦："小骡子疯了，但对待它的方式，应该与对待疯人的方式相反，疯人被绑着，我希望放它自由。把它交给万杰洛吧，让他带它到普利亚诺山去，解开笼头和缰绳，它想去什么地方就让它去什么地方，让它重新恢复自己的生活方式，发泄自己的疯狂。村庄很大，那畜生很小，它不可能有害的。"（*L*，456）

圭多快乐的答复于 4 月 17 日到来了：“小骡子还没有被送到普利亚诺山，因为那里的草还没长起来。不过无论气候如何，他会被送到那里去的。”（*L*，460）很难想出更好的办法让一个孩子懂得，自由对思想是有利的，并且即便最软弱最不幸的动物也值得我们怜悯。

尼科洛在信中尽力安慰圭多和其他人。他向玛丽埃塔夫人保证，他会在“任何危险来临之前”到家，并让她“打起精神来”，无论在佛罗伦萨流行什么样的关于德国雇佣兵即将来临的谣言。当他说他从没有像现在这样渴望待在佛罗伦萨时，他的确是这样想的。然而，他必须留在圭恰迪尼那里，继续关注战争的进程，防止教宗和君主们的愚蠢和吝啬酿成大祸，这场大祸的首要受害者将是他在佛罗伦萨最亲爱的人们。不过他在信中设法安慰他的“帮派”：圭多写道，既然您已承诺要和我们在一起，“我们就不再害怕德国雇佣兵了”。玛丽埃塔夫人“不再担心了”，而小“么么”知道您为她买了条“漂亮的小链子”，便再也不想其他事了。为了让尼科洛更高兴，圭多写道，他正在学习分词，当尼科洛回来的时候，他可以将自己已经用心学了的奥维德《变形记》第一卷整卷背给他听。

同时，德国雇佣兵继续向佛罗伦萨进军。4 月 5 日，马基雅维利写信给弗兰切斯科 · 韦托里说，如果遇到重大抵抗，这支军队根本不可能获胜，但真正的危险在于意大利没有任何君主愿意抵抗它，他们被战还是不战的争论搞得四分五裂，皇帝的军队却只有一种想法：战争。关于这一点，他的信里充满了无数绝望的祈祷：他4月16日给韦托里写信说，假如波旁公爵明天把部队开进来，那么我们必须将所有心思都转到战争上来，“丢开一切和平的幻想”。现在慢慢腾腾已经太迟了，必须要有“某种鲁莽精神”（*L*，457）。敌人缺乏大炮，而且是在敌方的国土行军。让我们聚集“尚有的一些活力”，让我们使神圣同盟的部队同心协力，让我们一劳永逸地迫使敌军要么撤退，要么接受一个合理的协定：“我爱弗朗切斯科·圭恰迪尼先生，我爱祖国甚于爱自己的灵魂。”（*L*，459）他这些长久深藏于内心的话终于倾泻而出。在佛罗伦萨，“爱祖国甚于爱自己的灵魂”确实是一句现成话，其源头可追溯到14世纪的八圣徒之战。但马基雅维利的这些话绝不是什么现成话，它们是真挚情感的告白，是他眼看着意大利遭受蹂躏、尽管他知道人们需要做什么却无能为力时深切悲痛的告白。因此“我爱弗兰切斯科·圭恰迪尼先生”：在过去的几个月里，圭恰迪尼明白人们需要做什么，竭尽全力地向聋子发出劝告，让瞎子看到光明，在那么多胆小鬼的心中注入些许勇气。只有圭恰迪尼采取了行动，能够为他们共同的祖国做些事情，这就是为什么马基雅维利爱着他。这些话绝非陈腐的爱国词句，他用这些话向他朋友倾诉的是他自己一生的意义和痛苦。

最终，在马基雅维利以及尤其是圭恰迪尼作了无休无止的解释和慷慨陈词之后，神圣同盟的部队集合在佛罗伦萨附近，以保卫该城，抵抗皇帝的军队。就连乌尔比诺公爵在佛罗伦萨把圣莱奥堡还给他之后也积极行动起来，向前进军。波旁公爵知道防守严密的佛罗伦萨这颗坚果太硬，根本撬不开，所以转而进军罗马了。4 月 22 日，马基雅维利在离开近三个月后回到佛罗伦萨。城中充满了紧张不安的情绪和对美第奇家族的憎恨，科尔托纳枢机主教仍以摄政者的身份代表美第奇家族的两个私生子伊波利托和亚历山德罗统治。4 月 26 日发生了一场暴乱，最终，美第奇家族的反对者占领了旧宫，反对者中包括佛罗伦萨贵族阶层的优秀分子。科尔托纳枢机主教在乌尔比诺公爵的赞同下威胁说要以武力肃清这个建筑。多亏了弗兰切斯科·圭恰迪尼的影响力和政治才能，该城才侥幸避免了一场对城里几乎全部贵族的屠戮以及前来保卫该城的部队对它的洗劫。即便如此，科尔托纳枢机主教还是批评了圭恰迪尼那天的行动，因为他使得美第奇家族的势力不能总是“以武力和全体公民的鲜血”来得以确保，而叛乱者也批评他为了美第奇家族的利益而说服他们“不必要地投降”（*Storia d'Italia*，XVIII. 7）。

与此同时，除了拥有五千名步兵和一千名骑兵的圭多·兰戈尼伯爵之外，没有人为阻止皇帝的士兵进军罗马操过心，这些士兵如今更像是一群亡命之徒而不是一支军队。似乎没有人意识到，这些士兵的绝望意味着他们什么事都干得出来。他们于5月4日抵达罗马城下，6日，涌入罗马城，洗劫。

正如人们常说的，这的确是“意大利在精神上的覆灭”。这也是美第奇家族在佛罗伦萨的统治的终结。5月16日，更多的是由于胆怯而不是情势所迫，科尔托纳枢机主教允许佛罗伦萨公民恢复共和政府，条件是保证他本人、他的侄子们以及年轻的美第奇家族成员的安全。尼科洛·卡波尼当选为正义旗手，任期一年，最多可以连任三年。翌日，他召集大议会，授权它通过法律和任命所有官员。经过十五年之后，“市政厅”终于再次被打开，佛罗伦萨又自由了。

这个时候，马基雅维利正在和圭恰迪尼一起营救教宗克雷芒七世，教宗由于自己的愚蠢，最终未能避开“罗马之劫”的悲剧。马基雅维利回到佛罗伦萨后，看到公民们正在为他们新获得的自由而欢欣鼓舞。如果说他们充满喜悦，他也一样，事实上，没有人比他更加高兴。他也是一位共和主义者：他曾以热情、智慧和无比的忠诚为共和政府服务了十五年。美第奇家族把他从国务秘书的职位赶走后，他曾写了现代共和思想的奠基之作《李维史论》，这部书倾注了他对“自由生活”的热爱。在《李维史论》之后，他写了《论战争艺术》和《佛罗伦萨史》，再一次让人们懂得，只有在法治下借用武力，消弭派系斗争的祸害，才能最好地捍卫自由。他曾经以共和理想教诲了许多后来成为最后一个佛罗伦萨共和政府的重要成员的佛罗伦萨青年。而且一有机会，他便告诉美第奇家族，唯一适合佛罗伦萨的政府是基于大议会主权的秩序良好的共和政府。

他希望重新恢复的共和政府让他官复原职，担任国务秘书，这是很自然的。两个来自石蕊园的老朋友扎诺比·布昂德尔蒙蒂和路易吉·阿拉曼尼对他的这个希望予以鼓励。然而，6 月 10 日，一个叫弗兰切斯科·塔鲁吉的人得到了这个职位，这个人从 1525 年 6 月起就担任外务八人委员会的秘书，因此是美第奇的支持者。

在这一决定中，对马基雅维利不利的一个因素是，在这场反对皇帝的不幸战争中他支持了教宗克雷芒七世；这个因素当然是不公平的、不幸的，更是荒谬的。然而，更重要的是，人们普遍认为，马基雅维利是一个邪恶的人，一个异教徒，一个暴君们的顾问。据同时代的一个人说，人们因为《君主论》而憎恨他：富人认为他写《君主论》是为了教公爵如何攫取他们的一切财富，剥夺穷人的一切自由；痛哭派（萨沃纳罗拉的信徒）将他视为异教徒；好人认为他罪孽深重；坏人认为他更坏，或者比他们自己更能干——所以他们全都憎恨他（*Ridolfi*，388—389）。

佛罗伦萨人任命别人当国务秘书，没有什么能比这件事更让马基雅维利痛苦了。在一个月间，尼科洛曾经痛苦地看到自己欲将意大利从奴役中解脱出来的努力付之东流，然后又眼睁睁地看着自己再次被排斥在旧宫之外，这次排挤他的人不是美第奇家族的成员，而是一个共和政府。他以前从未像现在这样透彻地理解彼特拉克的一段话，他以这段话来结束他写于这一时期或者稍微早一些时候的《劝忏悔辞》：

> 使我悔恨，使我幡然醒悟
> 世间的欢乐不过是一个飞逝的梦。

马基雅维利最小的女儿“么么”的儿子朱利亚诺·德·里奇记载，他的外祖父属于许多在俗团体或者说兄弟会，这些团体的成员集中“在遍及这个城市的祈祷室里唱晚祷曲，做晨课，参加苦行修炼，做其他善事”。这些团体的一个习惯是，指定某个在俗教友写一篇在大斋节期间宣读的劝忏悔辞。因为马基雅维利是一位“合格而虔诚的人”，人们就请他捉刀。

朱利亚诺·德·里奇的话难以令人信服。他所关心的无疑是消除马基雅维利是邪恶的无神论者这一名声，因此把他描写成一个笃信、虔诚的人。而我们如何能相信，终身信奉“做了后悔总比后悔不做好”——这句格言当然是对忏悔的最辛辣嘲讽——的尼科洛，竟归隐于修道院里，劝其听众忏悔呢？因此，《劝忏悔辞》显然是用布道者的陈词滥调、对《诗篇》和《福音书》的释义和引用拼凑起来的。简言之，这是一篇应景之作，就像马基雅维利写的其他许多演说辞和诗歌一样。或许正如弗兰切斯科·包西说的那样，马基雅维利的《劝忏悔辞》是他的面具（*Bausi*，319）。

6月10日之后，马基雅维利立即就病倒了，得的似乎是急性腹膜炎。20日，他服用了可能过量的一剂他长期用来治疗胃痛和头痛的芦荟丸。21日，在对一个修士作了忏悔以后，他死了。这个修士，并不像安杰洛·玛丽亚·班迪尼基于一封据说出自马基雅维利13岁儿子皮耶罗的书信所声称的，名叫马泰奥，而很可能是安德烈亚·阿拉曼尼，我们知道，他5月底在佛罗伦萨（Procacci，423—431）。在说了教宗、神父和修士的那么多坏话之后，尼科洛临终时决定忏悔，这一点也不奇怪。他始终不遗余力地抨击那些败坏基督教、使基督教变成一种统治工具的人，却并不反对基督的教诲。他选择安德烈亚·阿拉曼尼做他的忏悔神父，这恰恰向我们表明，他并不想让忏悔变成一种空洞的仪式。与马基雅维利一同来自圣灵区的修士安德烈亚·阿拉曼尼是一个博学、精明、正直的人，精通外交事务，他还是路易吉·阿拉曼尼的堂兄弟。路易吉·阿拉曼尼是石蕊园的常客，马基雅维利曾经和他“十分亲近”，还把《卡斯特鲁乔·卡斯特拉卡尼传》题献给他和扎诺比·布昂德尔蒙蒂。路易吉·阿拉曼尼也是美第奇家族的顽强反对者，因参与1522年反枢机主教朱利奥·德·美第奇的阴谋而逃亡法国。尼科洛可能与安德烈亚修士谈到基督教的救赎，而且很可能还谈到后来被基督教吸纳的异教神话，那就是国家的伟大创建者和统治者死后进入天堂，享受永恒的幸福。对于把自己的一生献给祖国的尼科洛来说，这种想法必定是莫大的慰藉，如果在他临终时给予他安慰的人是禀性虔诚的修士安德烈亚·阿拉曼尼，就更是如此了。

22 日，他葬于圣十字教堂。在生病的日子里，他给他的朋友们讲了一个他做过的梦，就是本书开篇说的那个梦。我们已看到，他离开这个世界时说，他宁肯下地狱，跟古代伟人们在一起谈论政治，而不愿上天堂，跟受祝福者和道德高尚的人做伴。这是他的最后一个笑话，他讲给他的朋友们听，好让他们一起来嘲笑地狱和天堂，向他们表明他仍然是“马污”，就连死亡也无法抹去他的微笑或把他的脸凝结成一副恐惧的面具。

尼科洛·马基雅维利就是这样死去的，带着与生前一模一样的微笑。如今我们知道，他是用这微笑回应人生的苦难，使自己不被悲痛、侮辱和忧郁所压倒，使人们和命运女神无法因看他哭泣而获得残酷的满足感。不过，这微笑不仅仅是对人生的反抗，也是他使自己沉迷于生活之中的一个办法。他的微笑里有对自由和公民平等的热爱，这始终是他身上的一股强大力量，因为只有在自由平等的人们中间，而不是主人和仆人之间，才可能有真正的笑。最为重要的是，他的微笑里有一种深厚而真诚的仁爱，这种仁爱使他爱这个世界的千姿百态，让他心中充满对祖国的热爱，这种善意的仁爱“不嫉妒，不执拗，不张狂，不野心勃勃，不追求私利，不发怒，不计算人的恶，不喜欢不义，不耽于虚荣，忍受一切，相信一切，盼望一切”，他在《劝忏悔辞》里如是说。尼科洛从别处借来并据为己有的这些话，或许是理解他的微笑之美和他的人生智慧的最终密钥。

意大利大事年表（1494—1527）

1494 年　法国国王查理八世进军意大利，争夺那不勒斯王国的王位。在米兰，“摩尔人”卢多维科从他的侄子詹·加莱佐·斯福尔扎二世手中取得米兰公爵之位。在佛罗伦萨，皮耶罗·德·美第奇被黜，共和政府成立。比萨脱离佛罗伦萨的统治。

1495 年　查理八世进入那不勒斯。反法同盟建立（由“摩尔人”卢多维科、教宗、威尼斯、西班牙和神圣罗马帝国组成）。在福诺伏战役中，法军大败，国王收拾残部退回法国。

1498 年　查理八世去世。在佛罗伦萨，萨沃纳罗拉被处决。

1499 年　法国的新国王路易十二与威尼斯、教宗亚历山大六世和佛罗伦萨缔结反对“摩尔人”卢多维科的联盟。教宗的儿子切萨雷·博尔贾，即瓦伦蒂诺公爵，开始在罗马涅区通过征服建立个人的统治。

1500 年　法国人在瑞士人的支援下在诺瓦拉之战中获胜并俘虏“摩尔人”卢多维科。《格拉纳达条约》规定意大利南部由法国与西班牙瓜分，但这只是一纸空文。

1502 年　佛罗伦萨设终身正义旗手之职。

1503 年　亚历山大六世去世，瓦伦蒂诺公爵的统治垮台。在庇护三世的短暂教宗任期后，朱利亚诺·德拉·罗韦雷当选为教宗尤利乌斯二世。法国与西班牙之间的战争以西班牙在加里利亚诺战役中获胜而结束。

1504 年　根据里昂停战协定，那不勒斯被割让给西班牙。

1506 年　教宗尤利乌斯二世向博洛尼亚宣战。

1508 年　教宗尤利乌斯二世建立反对威尼斯的康布雷同盟（包括西班牙、法国、神圣罗马帝国以及萨伏伊、费拉拉、曼图亚这三个公国）

1509 年　威尼斯在阿尼亚德洛被打败。比萨投降，再次屈服于佛罗伦萨的统治。

1511 年　反对法国国王路易十二的神圣同盟（成员为教宗、威尼斯、西班牙、英国、瑞士和神圣罗马帝国）成立。路易国王反过来在比萨召集会议，要推翻教宗。

1512 年　尽管法国人在拉韦纳战役获胜，但在瑞士人入侵伦巴第后，法国人被迫撤出意大利。在米兰，“摩尔人”卢多维科的儿子马西米利亚诺·斯福尔扎收回米兰公爵之位。在佛罗伦萨，“普拉托之劫”后，美第奇政权复辟。

1513 年　教宗尤利乌斯二世去世，乔瓦尼·德·美第奇当选为教宗利奥十世。败于瑞士人之手的法国人被迫放弃米兰。

1515 年　法国的新国王弗朗索瓦一世在马里尼亚诺击败瑞士人，重新征服米兰及其领地。教宗利奥十世宣布放弃他对帕尔马和皮亚琴察的权利。

1516 年　根据“努瓦永条约”，西班牙国王和后来的神圣罗马帝国皇帝查理五世（1519 年当选）承认法国对米兰公国的权利，弗朗索瓦一世国王放弃他对那不勒斯王国的权利，归西班牙人所有。

1521 年　查理五世与弗朗索瓦一世之间的首次战争随着皇帝的军队入侵米兰人的领土而开始。教宗利奥十世去世。

1522 年　阿德里安·弗洛伦兹·博埃延当选为教宗阿德里安六世。法国人在比科卡被打败。

1523 年　阿德里安六世去世，朱利奥·德·美第奇当选为教宗克雷芒七世。

1524 年　弗朗索瓦一世再度征服米兰。

1525 年　弗朗索瓦一世在帕维亚战役中战败被俘。

1526 年　根据“马德里条约”，弗朗索瓦一世割让米兰给西班牙，并重新放弃他对那不勒斯的权利，他回到法国，同教宗、威尼斯、斯福尔扎、热那亚以及佛罗伦萨建立干邑同盟。西班牙占领米兰。

1527年　查理五世率领的西班牙和德国的军队洗劫罗马。在佛罗伦萨，美第奇家族被推翻，共和政府得以恢复。

主要参考书目

Albertini, Rudolf von, *Firenze dalla repubblica al principato*, Einaudi, Torino 1970.

Baron, Hans, *La crisi del primo Rinascimento italiano*, Sansoni, Firenze 1970.

Bock, G., Skinner, Q. e Viroli, M. (a cura di), *Machiavelli and Republicanism*, Cambridge University Press, Cambridge 1990. Chabod, Federico, *Scritti su Machiavelli*, Einaudi, Torino 1993.

De Grazia, Sebastian, *Machiavelli all'inferno*, Laterza, Roma-Bari 1990.

Dionisotti, Carlo, *Machiavellerie*, Einaudi, Torino 1980.

Garin, Eugenio, *Dal Rinascimento all'Illuminismo*, Nistri-Lischi, Pisa 1970.

Gilbert, Felix, *Machiavelli e Guicciardini*, Einaudi, Torino 1970.

Gilbert, Felix, *Machiavelli e il suo tempo*, Il Mulino, Bologna 1977.

Martelli, Mario, *Preistoria (medicea) di Machiavelli*, in «Studi di filologia italiana», 29 (1971), pp.377—405.

Martelli, Mario, *Schede sulla cultura di Machiavelli*, in «Interpres», 6 (1985—86), pp.283—330.

Martelli, Mario, *Machiavelli e gli storici antichi*, Salerno editrice, Roma 1998.

Martelli, Mario, *Machiavelli politico amante poeta*, in «Interpres», 17 (1998), pp.211—256.

Matteucci, Nicola, *Alla ricerca dell'ordine politico. Da Machiavelli a Tocqueville*, Il Mulino, Bologna 1984.

Nitti, Francesco, *Machiavelli nella vita e nelle dottrine*, a cura di S. Palmieri e G. Sasso, vol.I, Il Mulino, Bologna 1991 (ristampa anastatica dell'edizione Napoli 1876) .

Parel, Anthony J., *The Machiavellian Cosmos*, Yale University Press, New Haven-London 1992.

Procacci, Giuliano, *Machiavelli nella cultura europea dell'età moderna*, Laterza, Roma-Bari 1995.

Ridolfi, Roberto, *Vita di Niccolò Machiavelli*, Sansoni, Firenze 1978.

Sasso, Gennaro, *Machiavelli e gli antichi e altri saggi*, 3 voll., Riccardo Ricciardi, Milano-Napoli 1987—88. Sasso, Gennaro, *Niccolò Machiavelli*, 2 voll., Il Mulino, Bologna 1993.

Skinner, Quentin, *L'origine del pensiero politico moderno*, vol.I, Il Mulino, Bologna 1989.

Tommasini, Oreste, *La vita e gli scritti di N.Machiavelli*, 2 voll. (il secondo in due parti), Loescher, Roma 1883—1911.

Villari, Pasquale, *Niccolò Machiavelli e i suoi tempi*, 3 voll., Le Monnier, Firenze 1877—82.

Viroli, Maurizio, *Machiavelli*, Oxford University Press, Oxford 1998.

译名对照表

Acciaiuoli, Roberto, 罗伯托·阿恰约利

Adriani, Marcello Virgilio, 马尔切洛·维尔吉利奥·阿德里亚尼

Alamanni, Andrea, frate, 安德烈亚·阿拉曼尼，修士

Alamanni, Luigi di Piero, 路易吉·迪·皮耶罗·阿拉曼尼

Alamanni, Luigi di Tommaso, 路易吉·迪·托马索·阿拉曼尼

Alberigo di Giacomo Malaspina, 阿尔贝里戈·迪·科拉贾科莫·马拉斯皮纳

Alberto da Orvieto 阿尔贝托·达·奥尔维耶托

Albizzi, Anton Francesco degli, 安东·弗兰切斯科·德利·阿尔比齐

Albizzi, Luca degli, 卢卡·德利·阿尔比齐

Alessandro VI（Rodrigo Borgia），papa，亚历山大六世（罗德里戈·博尔贾），教宗

Alfonso II, re di Napoli, 阿方索二世，那不勒斯国王

Alighieri, Dante, 但丁

Amboise, Carlo di, 查理·德·安布瓦兹

Andrea di Romolo, 安德烈亚·迪·罗莫洛

Annibale, 汉尼拔

Anselmo di Ser Bartolo, 安塞

尔莫·迪·巴尔托洛先生
Antonio da Venafro，安东尼奥·达·韦纳弗罗
Appiani，famiglia，阿皮亚诺家族
Appiano，Jacopo IV di，雅各布四世·迪·阿皮亚诺
Ardinghelli，Pietro，彼得罗·阿尔丁吉利
Ariosto，Ludovico，卢多维科·阿廖斯托
Aristotele，亚里士多德
Argnani，Gabriella，加布丽埃拉·阿尔尼亚尼
Avalos，Ferrante di，marchese di Pescara，佩斯卡拉侯爵费尔南多·德·阿瓦洛斯
Baglioni，Giampaolo，詹保罗·巴廖尼
Baldraccani，Antonio，安东尼奥·巴尔德拉卡尼
Bandello，Matteo，马泰奥·班戴洛
Bandini，Angelo Maria，安杰洛·玛丽亚·班迪尼
Bandini，Bernardo，贝尔纳多·班迪尼
Bartoli，Domenico，多梅尼科·巴尔托利
Bastiano da Castiglione，巴斯蒂亚诺·达·卡斯蒂廖
Bausi，Francesco，弗兰切斯科·包西
Beaumont，Ugo di，雨果·迪·博蒙
Becchi，Ricciardo，里恰尔多·贝基
Bentivoglio，famiglia，本蒂沃利奥
Bentivoglio，Giovanni，乔瓦尼·本蒂沃利奥
Bobbio，Norberto，诺贝托·博比奥
Boccaccio，Giovanni，薄伽丘
Borgia，famiglia，博尔贾家族
Borgia，Cesare，*detto* il duca

Valentino，切萨雷·博尔贾，瓦伦蒂诺公爵
Borgia，Francisco，vescovo，弗兰切斯科·博尔贾，主教
Borgia，Rodrigo，*vedi* Alessandro VI. 罗德里戈·博尔贾，见“教宗亚历山大六世”
Boscoli，Pietro Paolo，彼得罗·保罗·博斯科利
Bracciolini，Poggio，波焦·布拉乔利尼
Brancacci，Giuliano，朱利亚诺·布兰卡奇
Briçonnet，Guillaume，vescovo，纪尧姆·布里松尼，主教
Brucioli，Antonio，安东尼奥·布鲁恰利
Bruni，Leonardo，莱奥纳多·布鲁尼
Bruto，Marco Giunio，布鲁图斯
Buonaccorsi，Biagio，比亚焦·博纳科尔西
Buondelmonti，Zanobi，扎诺比·布昂德尔蒙蒂
Caligola，卡里古拉
Cambi，Giovanni，乔瓦尼·坎比
Camillo，Furio，福里乌斯·卡米卢斯
Cancellieri，famiglia，坎切列里家族
Capponi，Agostino，阿戈斯蒂诺·卡波尼
Capponi，Niccolò，尼科洛·卡波尼
Capponi，Piero，皮耶罗·卡波尼
Cardona，Raimondo Folch di，viceré di Napoli，雷蒙多·迪·卡尔多纳，那不勒斯总督
Carlo VIII，re di Francia，查理八世，法国国王
Carlo V d'Asburgo，imperatore

e re di Spagna，哈布斯堡的查理五世，皇帝兼西班牙国王
Carlo di Borbone，duca，查理，波旁公爵
Carvajal，Bernardino，cardinale，贝尔纳迪诺·卡瓦哈尔，枢机主教
Casavecchia，Filippo，菲利波·卡萨韦基亚
Castracani，Castruccio，卡斯特鲁乔·卡斯特拉卡尼
Cavalcanti，Bartolomeo，巴尔托洛梅奥·卡瓦尔坎蒂
Cesare，Caio Giulio，恺撒
Chabod，Federico，费德里科·沙博
Ciacchi，Iacopo，雅各布·恰基
Cicerone，Marco Tullio，西塞罗
Cipriano di Pontassieve，frate，奇普里亚诺·迪·庞塔西乌，修士
Clemente VII（Giulio de' Medici），papa，克雷芒七世（朱利奥·德·美第奇），教宗
Colonna，famiglia，科隆纳家族
Colonna，Marcantonio，马尔坎托尼奥·科隆纳
Colonna，Prospero，普罗斯佩罗·科隆纳
Corella，don Michele de，唐米凯莱·德·科雷拉
Corno，Donato del，多纳托·德尔·科尔诺
Corsini，Marietta，玛丽埃塔·科尔西尼
Corsini，Piero，皮耶罗·科尔西尼
Costanza，vedova romana，科丝坦扎，罗马寡妇
Croce，Benedetto，贝内德托·克罗齐
Cybo，Innocenzo，cardinale，因诺琴佐·奇波，枢机主教

Frosino da Panzano，弗罗西诺·达·潘萨诺
Frundsberg，Giorgio，格奥尔格·弗伦茨贝格
Gabburra，macellaio，加布拉，屠户
Giacomini Tebalducci，Antonio，安东尼奥·贾科米尼·泰巴尔杜西
Gianna，*vedi* Jeanne. 詹娜，见“让娜”
Gianni，Astorre，阿斯托雷·詹尼
Giannotti，Donato，多纳托·詹诺蒂
Giovan Battista da Montesecco，焦万·巴蒂斯塔·达·蒙泰斯科
Giovanni dalle Bande Nere，*vedi* Medici，Giovanni de'，*detto*，“黑条”乔瓦尼，见“美第奇，乔瓦尼·德”
Girolami，Raffaello，拉法埃洛·吉罗拉米
Gisondi，Marcello，马尔切洛·吉松迪
Giulio II（Giuliano Della Rovere），papa，尤利乌斯二世（朱利亚诺·德拉·罗韦雷），教宗
Giunta，Filippo di，. 菲利波·迪·琼塔
Gonzaga，Francesco，duca di Mantova，弗兰切斯科·贡萨加，曼图亚公爵
Gonzalo de Córdoba，*vedi* Fernández，Gonzalo. 贡萨洛·德·科尔多瓦，见“贡萨洛·费尔南德斯”
Gramsci，Antonio，安东尼奥·葛兰西
Gualberto，Giovanni，*detto* il Rovaio，frate，乔瓦尼·瓜尔贝托，绰号“北风”，修士
Guicciardini，Antonio，安东尼奥·圭恰迪尼

Guicciardini, Francesco, 弗兰切斯科·圭恰迪尼

Guicciardini, Luigi, 路易吉·圭恰迪尼

Guidetti, Francesco, 弗兰切斯科·圭代蒂

Guinigi, Michele, 米凯莱·圭尼基

Ilarione, frate, 伊拉廖尼，修士

Isaac, Heinrich, 海恩里希·伊萨克

Jeanne o Gianna o Janna, 让娜，或詹娜，或扬娜

Lannoy, Charles de, viceré di Napoli, 查理·德·拉努瓦，那不勒斯总督

Leone X（Giovanni de' Medici）, papa, 利奥十世（乔瓦尼·德·美第奇），教宗

Leonini, Camillo, vescovo, 卡米洛·莱奥尼尼，主教

Licurgo, 莱库古

Lisandro, 吕山德

Livio, Tito, 李维

Lomellini, Davide, 达维德·洛梅利尼

Lorenzo di Giacomino, 洛伦佐·迪·贾科米诺

Lorqua, Ramiro de, 拉米罗·德·洛尔卡

Lucrezia, detta la Riccia, 卢克雷齐娅，绰号“里恰小姐”

Lucrezio Caro, Tito, 卢克莱修

Luigi XII, re di Francia, 路易十二，法国国王

Machiavelli, famiglia, 马基雅维利家族

Machiavelli, Bartolomea, *detta* Baccina, 巴尔托洛弥娅·马基雅维利，绰号“么么”

Machiavelli, Bernardo di Niccolò, padre di Niccolò, 贝尔纳多·迪·尼科洛·马基雅维利，马基雅维利的父亲

Machiavelli, Bernardo, figlio

Clemente VII. 朱利奥·德·美第奇，见“克雷芒七世”
Medici, Ippolito de', figlio naturale di Giuliano duca di Nemours, 伊波利托·德·美第奇，内穆尔公爵朱利亚诺的儿子
Medici, Lorenzo de', duca di Urbino, 洛伦佐·德·美第奇，乌尔比诺公爵
Medici, Lorenzo de', *detto* il Magnifico, 洛伦佐·德·美第奇，称号“豪华者”
Medici, Piero de', figlio di Cosimo, 皮耶罗·德·美第奇，科西莫的儿子
Medici, Piero de', figlio di Lorenzo il Magnifico, 皮耶罗·德·美第奇，“豪华者”洛伦佐的儿子
Michelozzi, Niccolò, 尼科洛·米凯洛齐
Moncada, Hugo de, 雨果·德·蒙卡达
Montefeltro, famiglia, 蒙泰费尔特罗家族
Montefeltro, Guidobaldo da, duca di Urbino, 圭多巴尔多·达·蒙泰费尔特罗，乌尔比诺公爵
Morone, Girolamo, 吉罗拉莫·莫洛内
Mosè, 摩西
Nardi, Iacopo, 雅各布·纳尔迪
Nasi, Alessandro, 亚历山德罗·纳西
Nasi, Giovanbattista, 焦万巴蒂斯塔·纳西
Navarra, Pietro, conte, 佩德罗·纳瓦罗，伯爵
Nelli, Bartolomea de', 巴尔托洛梅·德·内利
Nerli, Filippo de', 菲利波·德·内利
Nerone, 尼禄

Oliverotto da Fermo, *vedi* Eufreducci, Oliverotto. 奥利韦罗托·达·费尔莫，见“奥利韦罗托·欧福里杜奇”
Ordelaffi, famiglia, 奥尔德拉菲家族
Orsini, famiglia, 奥尔西尼家族
Orsini, Francesco, duca di Gravina, 弗兰切斯科·奥尔西尼，格拉维纳公爵
Orsini, Giambattista, 詹巴蒂斯塔·奥尔西尼
Orsini, Giulio, 朱利奥·奥尔西尼
Orsini, Paolo, 保罗·奥尔西尼
Ovidio Nasone, Publio, 奥维德
Pacchierotto, 帕基耶罗托
Panciatichi, famiglia, 潘恰蒂奇家族
Panciatichi, Bartolomeo, 巴尔托洛梅奥·潘恰蒂奇
Parenti, Stefano, 斯特凡诺·帕伦蒂
Pazzi, famiglia, 帕齐家族
Pazzi, Francesco dei, 弗兰切斯科·德·帕齐
Pazzi, Iacopo dei, 雅各布·德·帕齐
Petrarca, Francesco, 彼特拉克
Petrucci, Pandolfo, 潘多尔福·彼得鲁奇
Piero di Martino, 皮耶罗·迪·马蒂诺
Pio, Teodoro, 特奥多罗·皮奥
Platone, 柏拉图
Plauto, Tito Maccio, 普劳图斯
Plutarco, 普鲁塔克
Pompeo, Gneo, 庞培
Procacci, Giuliano, 朱利亚诺·普罗卡奇
Possente, Bastiano, 巴斯蒂亚诺·迪·波森特
Pucci, Giannozzo, 詹诺佐·

普奇
Pucci, Roberto, 罗伯托·普奇
Rangoni, Guido, 圭多·兰戈尼
Riario, Girolamo, conte, 吉罗拉莫·里亚里奥，伯爵
Riario, Ottaviano, 奥塔维亚诺·里亚里奥
Ricci, Giovanni de', 乔瓦尼·德·里奇
Ricci, Giuliano de', 朱利亚诺·德·里奇
Riccia, *vedi* Lucrezia. 里恰，见“卢克雷齐娅”
Riccio di Donato, 里乔·迪·多纳托
Ridolfi, Giambattista, 詹巴蒂斯塔·里多尔菲
Ridolfi, Lorenzo, 洛伦佐·里多尔菲
Ridolfi, Niccolò, 尼科洛·里多尔菲
Ridolfi, Roberto, 罗伯托·里多尔菲
Robertet, Florimond, 弗洛里蒙·罗贝泰
Romolino, Francesco, cardinale, 弗兰切斯科·罗莫利诺，枢机主教
Romolo, 罗慕路斯
Rucellai, Bernardo, 贝尔纳多·鲁切拉伊
Rucellai, Cosimo, 科西莫·鲁切拉伊
Sadoleto, Iacopo, 雅各布·萨多莱托
Salutati, Coluccio, 科卢乔·萨卢塔蒂
Salutati Raffacani, Barbera o Barbara, 萨卢塔蒂·拉法卡尼，巴尔贝拉或芭芭拉
Salviati, Alamanno, 阿拉曼诺·萨尔维亚蒂
Salviati, Francesco, arcivescovo, 弗兰切斯科·萨尔维亚蒂，大主教

Salviati, Giovanni, cardinale, 乔瓦尼·萨尔维亚蒂，枢机主教
Salviati, Iacopo, 雅各布·萨尔维亚蒂
Sano, ser, 萨诺君
Sanseverino, Federico, cardinale, 费德里科·圣塞韦里诺，枢机主教
Sanseverino, Gaspare（Capitan Fracassa），加斯帕雷·圣塞韦里诺（“箱子兄”队长）
Santi, Sigismondo, 西吉斯蒙多·桑蒂
Savello, Luca, 卢卡·萨韦洛
Savonarola, Girolamo, 吉罗拉莫·萨沃纳罗拉
Scala, Bartolomeo, 巴尔托洛梅奥·斯卡拉
Scipione, Publio Cornelio, *detto* Africano, 大西庇阿，称号“阿非利加努斯”
Scipione, Publio Cornelio, *detto* Emiliano, 小西庇阿，称号“埃米利努斯”
Sforza, Francesco I, duca di Milano, 弗兰切斯科一世·斯福尔扎，米兰公爵
Sforza, Francesco II, duca di Milano, 弗兰切斯科二世·斯福尔扎，米兰公爵
Sforza, Giovanni, 乔瓦尼·斯福尔扎
Sforza, Ludovico, *detto* il Moro, duca di Milano, 卢多维科·斯福尔扎，绰号“摩尔人”，米兰公爵
Sforza Riario, Caterina, 卡塔丽娜·斯福尔扎
Silla, Lucio Cornelio, 苏拉
Sisto IV（Francesco Della Rovere），papa, 西克斯图斯四世（弗兰切斯科·德拉·罗韦雷）
Soderini, Francesco, vescovo di Volterra, cardinale, 弗兰切斯

科·索德里尼，沃尔泰拉主教，枢机主教
Soderini, Giovan Battista, 焦万·巴蒂斯塔·索德里尼
Soderini, Paoloantonio, 保罗安东尼奥·索德里尼
Soderini, Piero, 皮耶罗·索德里尼
Solone, 梭伦
Strozzi, Filippo, 菲利波·斯特罗齐
Strozzi, Lorenzo, 洛伦佐·斯特罗齐
Strozzi, Matteo, 马泰奥·斯特罗齐
Tacito, Publio Cornelio, 塔西佗
Tafani, famiglia, 塔法尼家族
Tafani, Niccolò, 尼科洛·塔法尼
Tarugi, Francesco, 弗兰切斯科·塔鲁吉
Terenzio Afro, Publio, 泰伦斯
Tiberio, 提贝里乌斯
Tibullo, Albio, 提布卢斯
Tornabuoni, Lorenzo, 洛伦佐·托尔纳博尼
Tosinghi, Pier Francesco, 皮耶尔·弗兰切斯科·托辛吉
Tucidide, 修昔底德
Valori, Francesco, 弗兰切斯科·瓦洛里
Valori, Niccolò, 尼科洛·瓦洛里
Vangelo, contadino, 万杰洛，农夫
Vernacci, Giovanni, 乔瓦尼·韦尔纳奇
Vespucci, Agostino, 阿戈斯蒂诺·韦斯普奇
Vespucci, Bartolomeo, 巴尔托洛梅奥·韦斯普奇
Vettori, Francesco, 弗兰切斯科·韦托里
Vettori, Paolo, 保罗·韦托里
Vincenzo, cappellano, 文森

佐，教堂神父
Virgilio Marone，Publio，维吉尔
Vitelli，famiglia，维泰利家族
Vitelli，Paolo，barone，保罗·维泰利，男爵
Vitelli，Vitello，维泰洛·维泰利
Vitelli，Vitellozzo，维泰洛佐·维泰利
Vivanti，Carrado，卡拉多·维万蒂